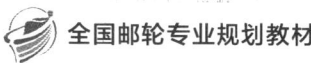
全国邮轮专业规划教材

邮轮港口规划与管理

CRUISE PORT
PLANNING AND MANAGEMENT

主　编　甘胜军
副主编　程爵浩　陆光原
参　编　任声策　郭　训

北京·旅游教育出版社

责任编辑:张 萍
封面底图提供:微图网

图书在版编目(CIP)数据

邮轮港口规划与管理／甘胜军主编． ――北京：旅游教育出版社，2016.6
 全国邮轮专业规划教材
 ISBN 978-7-5637-3385-9

Ⅰ．①邮… Ⅱ．①甘… Ⅲ．①旅游船—港口规划—高等学校—教材②旅游船—港口管理—高等学校—教材 Ⅳ．①F590.7

中国版本图书馆 CIP 数据核字（2016）第 082599 号

全国邮轮专业规划教材
邮轮港口规划与管理
甘胜军　主　编
程爵浩　陆光原　副主编

出版单位	旅游教育出版社
地　　址	北京市朝阳区定福庄南里1号
邮　　编	100024
发行电话	(010)65778403 65728372 65767462(传真)
本社网址	www.tepcb.com
E-mail	tepfx@163.com
排版单位	北京旅教文化传播有限公司
印刷单位	北京甜水彩色印刷有限公司
经销单位	新华书店
开　　本	787毫米×1092毫米　1/16
印　　张	12.75
字　　数	237千字
版　　次	2016年6月第1版
印　　次	2016年6月第1次印刷
定　　价	30.00元

(图书如有装订差错请与发行部联系)

全国邮轮专业规划教材编委会

主　任： 肖宝家
副主任： 刘　斌　郑炜航　杨丽萍　程爵浩
成　员： 任声策　李　华　孙玉琴　郑玉香
　　　　　甘胜军　刘义军　王建喜　刘　伟
　　　　　佟和龙　郭一明　郭　训

序

邮轮产业被誉为漂浮在水道上的黄金产业。

自20世纪80年代至今，邮轮业的发展以每年7.6%的平均速度增长。综观全球邮轮旅游市场，虽然目前国际邮轮旅游市场仍主要集中在北美和欧洲，两地区的发达国家邮轮旅游占了市场的最大份额，但随着国际邮轮产业将发展重点转向亚洲尤其是中国内地这一新兴市场，亚太地区邮轮业发展迅速，增长速度已明显高于世界平均值。

我国的邮轮产业经历了近10年的磨砺前行，已经步入飞速发展阶段。中国交通运输协会邮轮游艇分会（CCYIA）的统计数据表明，2006—2014年，中国港口接待邮轮数量从115艘次增加到466艘次，同比增幅达到267.8%。中国以优越的地理位置、独具魅力的东方文化、丰富的旅游资源和潜力巨大的客源市场成为亚洲邮轮市场的核心组成部分，越来越受到邮轮公司的重视。随着国民经济实力的不断提升和对外开放程度的不断加强，邮轮旅游为越来越多的人所熟知和接受，中国已经成为未来最具潜力的邮轮市场。

海洋是各国经贸文化交流的天然纽带，在建设"21世纪海上丝绸之路"的战略蓝图下，我国邮轮产业的发展将有利于重现海上丝绸之路的繁荣，促进沿线国家的经济发展与共同富强。同时邮轮经济的健康持续发展也将为实现我国海洋强国的梦想起到推波助澜的作用。在我国经济发展新常态下，邮轮旅游作为旅游产业中的新兴产品，因其较强的产业关联性，将成为现代服务业发展的新经济增长点，进一步促进整体经济结构的升级和变革。

邮轮产业涉及邮轮建造业、邮轮经营业、邮轮母港服务以及邮轮旅游四大环节。目前我国邮轮的"产业化"格局尚未形成，邮轮经济的乘数效应仍未得到明显体现，邮轮业务的发展对港口城市带来的综合影响很小，本土经济受益有限。其原因在于与邮轮经济发展相关的制度法规体系、人才培养体系、产业服务体系以及文化意识培育等还不够系统。

伴随着国际邮轮公司在华运营力度的加大、各大邮轮品牌争相布局中国、国内邮轮港口的规模化建设，以及本土邮轮公司的起步和发展，中国邮轮产业的发展无疑将需要大批通晓国际邮轮运营、港口管理、邮轮产品销售、邮轮服务等知识和技能的专业人才。据估算,到 2020 年我国邮轮人才的需求量将超过 30 万。因此,加强和规范邮轮人才的培养任务非常紧迫。

上海海事大学是一所以航运、物流、海洋、经济管理为特色学科的综合性大学。结合邮轮产业蓬勃发展的契机,上海海事大学有责任承担在上海市"国际航运中心"建设中为中国,乃至全球提供邮轮中高端人才培养的任务。为了休闲旅游产业的蓬勃发展,2012 年 4 月 18 日,上海海事大学与英国海贸集团、上海国际港务集团等共同成立了亚洲邮轮学院,开启了旅游管理(邮轮管理方向)本科人才培养之路。随后,立足国际邮轮产业发展前沿,针对中国邮轮产业面临的诸多前瞻性问题,以教育带动问题研究,上海海事大学首创开设了邮轮管理 EMBA 班,致力打造汇集邮轮产业产、学、研、政、商、资本等各领域碰撞和融合的平台。

本套邮轮系列规划教材由上海海事大学组织兄弟院校共同编写,集结了我国邮轮行业专家和学者的智慧和力量,主要包括《邮轮运营管理》《邮轮旅游地理》《邮轮港口规划与管理》《邮轮旅游服务管理》《邮轮市场营销》《邮轮英语》《海洋旅游学》《水上旅游管理》和《航运市场营销管理》共 9 本,意在为我国中、高端邮轮人才培养提供一套全面系统的邮轮专业教材。

我衷心地希望通过本系列教材的出版,有更多的学生选择邮轮管理专业,更多的旅游从业者选择邮轮行业,并参与邮轮管理相关培训和学习,切实提高自身综合素质和业务能力,真正推动上海乃至全球邮轮产业朝着更规范和可持续发展的方向迈进贡献力量。

也祝愿全球邮轮产业蓬勃发展!

中国交通运输协会会长 钱永昌

前　言

随着我国经济社会稳步发展和人民生活水平日益提高，邮轮旅游市场呈现持续快速发展态势，邮轮运输正在成为我国水路运输新的增长点。"十二五"期间，上海港、天津港、三亚港和厦门港已建成10个邮轮泊位，设计年通过能力420万人次。青岛港、深圳港和北海港等港口在建邮轮泊位15个，设计年通过能力465万人次。2015年，吴淞口国际邮轮港全年接靠邮轮279艘次，接待出入境游客152万人次，分别约占全国总量的50%和60%，成为年发送旅客数量全球排名前8位的世界级邮轮母港和亚洲最大的邮轮母港。天津国际邮轮母港2015年全年接待国际邮轮96艘次，同比增长74.5%，进出境邮轮旅客46万人次，同比增长91.7%。2015年厦门母港始发邮轮47艘次，母港始发邮轮旅客吞吐量9.8399万人次，比2014年2.0009万人次增长391.77%。该港挂靠港邮轮19艘次，邮轮旅客吞吐量7.7394万人次，比2014年(3.6435万人次)增长112.42%。

总之，我国邮轮港口市场规模快速扩张，但是其建设还处于起步发展阶段，而邮轮港口规划与管理方面的教材还处于空白状态，难以有效地指导企业实践活动。基于这个原因，我们结合我国邮轮港口建设的实践，借鉴国外邮轮港口的建设经验，编写《邮轮港口规划与管理》教材，以弥补邮轮管理专业教材不足的缺陷，丰富邮轮管理专业的教学内容。

本书以港口规划与管理的理论为基础，根据我国国情，从港口的行政管理和企业管理两个方面阐述当代邮轮港口规划与管理的主要研究成果与可操作的方法。内容涉及基础知识(绪论、邮轮港口的演变)、行政管理(邮轮港口管理模式、邮轮港口的规划与建设、邮轮港口行政管理)、企业管理(邮轮港口战略管理、邮轮港口经营管理、邮轮港口运营管理、邮轮港口管理信息化、邮轮港口突发事件管理)等内容。书中还配备了若干个案例。

本书在编写上具有三个特征：第一，系统性：本书系统、全面地介绍了邮轮港口规划与管理的基本理论、实务、工具与技术等。第二，本土化：本书每章精心编排了"本章导读"和"案例分析"，结合我国管理的特点和经验，介绍了国内多家邮轮港口的成功经验，让学生在学习过程中有身临其境的感觉，不至于生涩难懂。第三，适用性：本书适当精简了理论的介绍，贴近邮轮港口管理的应用与实践活动。本书适合旅游管理专业的本科生、研究生、EM-BA、MBA，还可以作为各级干部的学习、培训参考用书。

本书由上海海事大学经济管理学院教师甘胜军和任声策、亚洲邮轮学院秘书长程爵浩、上海吴淞口国际邮轮港有限公司总经理陆光原、上海市旅游培训中心研发部经理郭训共同编写。全书的框架、思路由甘胜军、陆光原拟定,全书的统稿工作由甘胜军负责。全书共分10章内容,分工如下:甘胜军编写第1章、第3章、第4章、第7章和第8章;程爵浩编写第5章和第6章;任声策编写第9章和第10章;郭训编写第2章。在本书的编写和出版过程中,旅游教育出版社给予了大力的支持,对本书提出了许多宝贵的意见,并做了大量的工作,在此特地致谢。

限于时间和水平,书中肯定有许多不足之处,敬请各位同行和读者予以批评指正。

甘胜军

2016年2月于上海

目 录

第1章 绪 论 ·· 1
 第一节 邮轮港口的基本概念 ·· 1
 第二节 邮轮港口的作用 ·· 5
 第三节 国际航运中心的形成与发展 ·· 6
 第四节 区域邮轮港口的竞争与合作 ·· 10

第2章 邮轮港口的演变 ·· 16
 第一节 邮轮港口的兴起 ·· 16
 第二节 主要邮轮港口 ·· 25
 第三节 邮轮港口的发展态势 ·· 36

第3章 邮轮港口管理模式 ··· 42
 第一节 世界邮轮港口的管理模式 ·· 43
 第二节 中国邮轮港口的管理体制 ·· 49
 第三节 区域港口一体化 ·· 52

第4章 邮轮港口的规划与建设 ·· 60
 第一节 邮轮港口的选址要求 ·· 61
 第二节 邮轮港口的规划步骤 ·· 65
 第三节 邮轮港口的建设工艺 ·· 70
 第四节 邮轮港口的建设评估 ·· 74

第5章 邮轮港口行政管理 ··· 81
 第一节 邮轮港口行政管理的内容 ·· 82
 第二节 邮轮港口规划与建设管理 ·· 82
 第三节 邮轮港口经营的审批与管理 ······································· 86
 第四节 邮轮港口安全与监督管理 ·· 87
 第五节 邮轮港口行政性收费管理 ·· 91
 第六节 邮轮港口的行业组织 ·· 95

第6章　邮轮港口战略管理 ······ 101
 第一节　邮轮港口发展战略的概念 ······ 101
 第二节　邮轮港口发展战略的制定 ······ 104
 第三节　我国邮轮港口的发展战略 ······ 108

第7章　邮轮港口经营管理 ······ 119
 第一节　邮轮港口的经营环境 ······ 119
 第二节　邮轮港口经营管理的职能 ······ 124
 第三节　邮轮港口的经营性收费 ······ 125

第8章　邮轮港口运营管理 ······ 131
 第一节　国际邮轮母港运营服务体系 ······ 131
 第二节　国际邮轮母港运营服务标准 ······ 134
 第三节　我国主要邮轮母港运营现状 ······ 143

第9章　邮轮港口管理信息化 ······ 155
 第一节　管理信息系统 ······ 155
 第二节　口岸管理的信息 ······ 156
 第三节　邮轮港口运营的决策支持系统 ······ 159
 第四节　邮轮港口管理的仿真技术运用 ······ 163

第10章　邮轮港口突发事件管理 ······ 174
 第一节　邮轮突发性群体事件的风险分析与界定 ······ 174
 第二节　邮轮港口突发性事件风险预警与评价 ······ 177
 第三节　邮轮港口突发性事件的应急处置 ······ 181
 第四节　国内外案例经验解析 ······ 189

参考文献 ······ 194

第1章 绪　论

 本章导读

据不完全统计,中国大陆及香港特别行政区的七大国际邮轮港接待国际邮轮出入境游客从2011年的68.59万人次猛增到2014年的195.27万人次,4年内总增幅达到185%,而2015年与2014年相比,预计也至少有30%～35%的增幅。而2016年到2017年根据各大邮轮公司公布的消息,在中国放投的邮轮总运力每年至少都有50%的增长。

中国邮轮经济自2006年歌诗达号第一艘邮轮来到中国,虽经过10多年快速发展,但总体还是起步阶段。目前,主要围绕国外邮轮公司服务,即进行一些国外承接与港口服务。而上游的邮轮制造、中游的民族品牌邮轮公司,皆属空白。

邮轮港口是发展邮轮经济的重要节点。本章主要介绍邮轮港口和邮轮母港的含义,邮轮港口的作用,国际航运中心的概念、形成条件和特征,区域邮轮港口的竞争与合作等内容。

第一节　邮轮港口的基本概念

一、港口的概念

(一) 港口的基本含义

1. 港口

港口是指具有船舶进出、停泊,旅客上下,货物装卸、驳运、储存等功能,具有相应的码头设施,由一定范围的水域和陆域组成的区域。港口可以由一个或多个港区组成。

现代港口具有运输、工业、商业以及城市依托等功能。

2. 港界

港界是指港口范围的边界线。根据地理环境、航道情况、港口设备以及港内工矿企业的需要等进行规定。一般利用海岛、山角、河岸突出部分，或岸上显著建筑物，或者设置灯标、灯桩、浮筒等，作为规定港界的标志，也有按经纬度划分的。

3. 港区

港区是指为保证港口生产、经营的需要，按照港口的规划，经政府批准而划定的水域和陆域。

（1）营运港区：是指已建成并投入使用的港口区域。

（2）规划港区：是指根据港口规划为港口进一步开发、建设划定的具有明确界线的预留水域和陆域。

4. 码头

码头是指供船舶靠泊、货物装卸和旅客上下的水工建筑物。

5. 泊位

泊位是指供一艘船舶靠泊的码头长度。

6. 港口设施

港口设施是指为港口生产、经营而建造和设置的构造物和有关设备，分为港口基础性设施和港口经营性设施。

（1）港口基础性设施包括防波堤、导流堤、港口航道、护岸、港池、锚地、船闸、道路、码头、趸船、栈桥、浮筒、客运站、铁路、给排水、公共通信、供电和环保、助导航设施等。

（2）港口经营性设施包括机械、设备、车辆、船舶、仓库、水上过驳平台等。

（二）中国港口发展史

中国水运发展的历史源远流长，从新石器时代，到封建王朝，再到新中国成立，中国港口建设有着自己的历史脉络。

早在新石器时代，先人已在天然河流上广泛使用独木舟和排筏。从浙江河姆渡出土的木桨，证明在距今2000多年前，中国东南沿海的渔民已使用桨出海渔猎。

春秋战国时期，水上运输已十分频繁，港口应运而生，当时已有渤海沿岸的碣石港（今秦皇岛港）。

汉代的广州港以及徐闻、合浦港，已与国外有频繁的海上通商活动。长江沿岸的扬州港，兼有海港与河港的特征，到唐朝已是相当发达的国际贸易港。广州、泉州、杭州、明州（今宁波）是宋代四大海港。

鸦片战争后，列强用炮舰强行打开中国国门，一系列不平等条约的签订，使沿海海关和港口完全被外国人所控制，内河航行权丧失殆尽。港口长期受制于外来势力，成为帝国主义侵略掠夺我国资源财富的桥头堡。

新中国成立前，中国港口几乎处于瘫痪状态，全国（除台湾省）仅有万吨级泊位60个，码头岸线总长仅2万多米，年总吞吐量只有500多万吨，多数港口处于原始状态，装卸靠人抬肩扛。

新中国成立后，中国水运和港口开始获得新生，中国港口建设先后经历了五个不同的发展时期。

第1章 绪 论

1. 第一个发展时期（新中国成立初期的20世纪50年代初至70年代初）

由于帝国主义的海上封锁，加上经济发展以内地为主，交通运输主要依靠铁路，海运事业发展缓慢。这一阶段港口的发展主要是以技术改造、恢复利用为主。在这一时期，沿海港口平均每年只增加一个多深水泊位，其中大多系小型泊位改造而成。

2. 第二个发展时期（20世纪70年代）

随着中国对外关系的发展，对外贸易迅速扩大，外贸海运量猛增，沿海港口货物通过能力不足，船舶压港、压货、压车情况日趋严重，周恩来总理于1973年年初发出了"三年改变我国港口面貌"的号召，开始了第一次建港高潮。从1973年至1982年全国共建成深水泊位51个，新增吞吐能力1.2亿吨。首次自行设计建设了中国大连5万/10万吨级原油出口专用码头。这一时期锻炼和造就了中国港口建设队伍，为以后港口发展奠定了较好的基础。

3. 第三个发展时期（20世纪70年代末至80年代）

中国经济发展进入一个新的历史时期，中国政府在"六五"（1981—1985）计划中将港口列为国民经济建设的战略重点。港口进入第二次建设高潮，港口建设步入了高速发展阶段。"六五"期间共建成54个深水泊位，新增吞吐能力1亿吨。经过五年建设，中国拥有万吨级泊位的港口由1980年的11个增加到1985年的15个，1985年完成吞吐量3.17亿吨。"七五"期间是沿海港口建设40年发展最快的五年，共建成泊位186个，新增吞吐能力1.5亿吨。其中深水泊位96个，比新中国成立后30年建成的总和还多，共建成煤炭泊位18个，集装箱码头3个以及矿石、化肥等具有当今世界水平的大型装卸泊位。拥有深水泊位的港口20多个，年吞吐量超过1000万吨的港口有9个。

4. 第四个发展时期（20世纪80年代末至90年代）

随着改革开放政策的推行与实施以及国际航运市场的发展变化，中国开始注重泊位深水化、专业化建设。特别是七届人大四次会议后，通过了中国10年发展纲要和"八五"计划纲要，明确了交通运输是基础产业。为适应社会主义市场经济发展的进一步深化，出现了第三次建港高潮。建设重点是处于中国海上主通道的枢纽港及煤炭、集装箱、客货滚装船三大运输系统的码头。至1997年年底全国沿海港口共拥有中级以上泊位1446个，其中深水泊位553个，吞吐能力9.58亿吨，是改革开放之初的4倍。完成吞吐量由1980年的3.17亿吨增长到1997年9.68亿吨；基本形成了以大连、秦皇岛、天津、青岛、上海、深圳等20个主枢纽港为骨干，以地区性重要港口为补充，中小港的适当发展的分层次布局框架。与此同时，与港、航相配套的各种设施、集疏运系统、修造船工业、航务工程、通信导航、船舶检验、救助打捞系统基本齐备，还建设了具有相当规模和水平的水运科研设计机构、水运院校和出版部门，初步形成了一个比较完整的水运营运、管理、建设和科研体系。

5. 第五个发展时期（20世纪90年代末至21世纪初）

贸易自由化和国际运输一体化的发展，现代信息技术及网络技术也伴随着经济的全球化高速发展，现代物流业已在全球范围内迅速成长为一个充满生机活力并具有无限潜力和发展空间的新兴产业。现代化的港口将不再是一个简单的货物交换场所，而是国际物流链上的一个重要环节。特别是进入21世纪以后，经济全球化进程加快，科技革命迅猛发展，产业结构不断优化升级，综合国力竞争日益加剧。为适应国际形势变化和国民经济快速发展的需要，在激烈的竞争中立于不败之地，全国各大港口都在积极开展港口发展战略研究，开发建设港口信息系统，并投入大量资金进行大型深水化、专业化泊位建设，掀起了又一轮港口建设高潮。截至2011年年底，全国沿海港口共有生产用码头泊位31 968个，其中万吨级以上泊位1762个，全国港口完成货物吞吐量首次突破百万亿吨，达到100.41亿吨。

二、邮轮港口的概念

（一）邮轮港口的含义

邮轮港口是邮轮驻泊的基地，是邮轮航线的主要停靠点，可供邮轮停泊和上下访客及行李、货物装卸等。邮轮码头通常是跨境运输，所以由出入境海关设立。邮轮码头是物流中所说的客流的便利设施。

邮轮港口分为母港、停靠港以及航线节点港。

邮轮停靠港带来的收益主要是两大部分：游客在当地的交通、就餐、住宿、观光和购物等消费；邮轮公司的补给、维修以及靠泊费用，而母港消费要远大于停靠港。

同时，按照国际旅游组织的统计，每接待一位国际游客的收入是740美元，而邮轮接待一位游客的收入高达1341美元。这里的邮轮接待是指在母港接待游客。现在的国际邮轮的游客数量动辄上千，一艘邮轮搭载2000名游客是很平常的。

（二）邮轮母港的含义

邮轮母港具备多艘大型邮轮停靠及其进出所需的综合服务设施设备条件，能够为邮轮经济发展提供全程、综合的服务及其配套服务。母港是邮轮的基地，邮轮在此进行补给、废物处理、维护与修理，邮轮公司在母港所在地设立地区总部或公司总部。

研究表明，邮轮母港对所在区域的经济具有较强的推动力，母港的经济收益一般是停靠港的10~14倍。

2014年9月，交通运输部发函，将在天津、上海、厦门、三亚四港开展邮轮运输试点示范工作，先行先试开展邮轮产业发展各项工作，为促进我国邮轮运输业健康可持续发展积累经验、做好示范。

2015年4月22日，交通运输部公布《全国沿海邮轮港口布局规划方案》，发布国内沿海邮轮港口布局方案：辽宁沿海重点发展大连港；津冀沿海以天津港为始发港；山东沿海以青岛港和烟台港为始发港；长江三角洲以上海港为始发港，相应发展宁波—舟山港；东南沿海以厦门港为始发港；珠江三角洲近期重点发展深圳港，相应发展广州港；西南沿海以三亚港为始发港，相应发展海口港和北海港。

第二节 邮轮港口的作用

当一个港口成为邮轮母港,其所在城市就会受到邮轮产业发展的较大影响,包括扩大消费、赚取外汇、推动就业、提升服务水平和邮轮母港的国际形象等方面。

一、港区供应链的关键节点

当今的邮轮港口发展越来越离不开其供应链上下游环节的互动和整合。邮轮港口的发展已经不是孤立的了,它取决于与之相关的客运、交通、旅游目的地之间的协调性。邮轮公司将更多关注客流、交通、信息服务等整个成本,邮轮港口的经营者仅仅关注港口作业的成本控制已经不能满足邮轮公司的需求。因此,在供应链管理时代,原先那种邮轮港口之间的竞争已经转变为邮轮港口及其周边供应链之间的竞争。

二、城市经济发展的增长点

如果经济活动在以港口为中心的地区得到加强,越来越多的人汇聚在那里,就会形成新的城区。如果这个城区的消费增加且生产活动频繁,邮轮港口又会更加繁荣。这就是港口和城市相辅相成共同发展的规律。

邮轮港口的经济作用表现在经济发展效应、直接经济效应、区域经济效应、全国经济效应等方面。

在促进商业收入增加方面。邮轮产业中最为核心的产业是旅游观光业,对于邮轮母港所在城市而言,邮轮到访的首要贡献就是带来了大量的旅游观光者。旅游观光者在邮轮母港的消费增加了当地的旅游和各种商业收入。例如,在北美地区,邮轮旅游在 2010 年为其创造了约 180 亿美元的直接经济收益。伴随着邮轮母港对邮轮旅客吸引力的加大,每年到访的邮轮旅客将快速增长,商业收入将大幅增加。

在提升服务接待水平方面。随着来自世界各地的邮轮游客不断增加,邮轮旅游的服务需求也呈现多样化,为了更好地满足邮轮及邮轮旅客的需求,邮轮母港需要针对需求变化做出及时调整,不断提升服务标准;并且,由于邮轮产业具有较强的网络特性,因而区域内的邮轮港口往往通过加强合作,共同提高服务水平,以增强对邮轮客源的吸引力。

三、社会和谐发展的促进剂

邮轮港口以其各种功能影响着地区乃至国家的社会经济发展。港口发展的效应以各种互相依赖的形式出现,包括降低旅客出游的成本、提高生活水平、促进地区和国家繁荣。例如,港口开发可以吸引旅游业,创造就业机会,从而推动区域性社会经济发展。根据日本制订港口规划的经验,可以将港口发展的效应归结为以下几类。

(1)增加就业机会。从邮轮产业涉及的主体来看,邮轮码头方面,为了保证正常运营及满足业务发展的需要,需要雇用大批码头操作工人和具有管理经验的管理人员;邮轮公司方面,除了邮轮公司总部以外,通常会在邮轮航线布点城市设立代表处或办事处,在重要区域甚至设立地区总部,因此需要在当地雇用管理人员和船务人员;邮轮产业相关企业方面,由于邮轮产业涉及面广,与邮轮产业发展相关的上、下游产业也将受到邮轮产业发展的带动,刺激各种产业的用工需求,从而带动当地就业。

(2)增加收入。比达咨询(Big Data – Research)发布的报告数据显示,2015年全球邮轮市场人数规模达到2226.8万人次,增长率达3.3%;2015年全球邮轮市场收入规模达到385.9亿美元,增长率达10.6%;2015年中国邮轮市场达到218.5万人次,收入达45.3亿元。

(3)提高生活水平。

(4)促进地区和国家繁荣,加快当地城市化进程。邮轮旅游在实际运营过程中,会带动邮轮母港所在城市、周边城市或者境外城市人口在短时间内大量集聚;同时,由于大量邮轮旅客的到访,邮轮母港所在城市通常需要具备良好的景观、城市环境和生活配套设施。因此,邮轮母港所在城市为了满足邮轮及邮轮旅客的集散、观光、游玩、居住等出行和消费需求,必然会加大道路、景观等功能性设施的投资建设力度,提升整个城市的集散能力、疏导能力和接待能力,进而全面带动城市发展,提高城市国际知名度。由于邮轮产业的发展,邮轮母港所在城市将拥有更多鲜明独特的城市标签,能够更快、更方便地让国内外游客认识和了解邮轮母港所在城市;同时,邮轮母港所在城市为了吸引更多的邮轮及邮轮旅客到访,会大力进行城市形象的推广和营销,从而提升城市的国际知名度。例如,日本曾于2003年通过成立VJC(Visit Japan Companion)机构,向外推介日本邮轮港口,从而提升了港口城市的国际知名度,邮轮及邮轮旅客的到访数量不断增加,大阪和长崎一跃成为亚洲区域重要的邮轮挂靠港。

第三节 国际航运中心的形成与发展

一、国际航运中心的概念

(一)国际航运中心的定义

国际航运中心是指以综合经济实力较强的港口城市为依托,融合金融发达的航运市场、完善的服务体系、丰沛的物流、充足的客源、众多的航线为一体,集聚各种航运要素的经济区域或国际化港口城市。

(二)国际航运中心的历史

中国是一个具有漫长海岸线和辽阔海洋的国家,早在新石器时代就有最早开始乘舟弄潮的先民,秦汉时期航海事业就已经相当发达了。

公元2世纪,中国发明和使用了船尾舵,比欧洲早了近1000年。到了12世纪,宋代先民就最早开始使用指南针导航,而欧洲那个时候还是处于神权统治的时代。宋元时期中国的造船技术已经举世称雄,而明代郑和将军统率的宝船队更是当时世界上最庞大的远洋船队。1275年,来自威尼斯的探险家马可·波罗来到中国,在中国古都南京的心脏地带看到这个庞大的船厂,惊叹不已。许多船有165米长,载重量达到1500吨,当中包括巨型宝船。根据明朝编年史记载,宝船的船身长44丈即147米,比哥伦布的旗舰还要长5倍。船内有多重舱壁,跟泰坦尼克号一样。舱壁把船只分为多个不透水的隔水舱,外层船体铺上三块厚板,以加强力量。中国利用自己发明的船尾方向舵驾驶船只,每艘大宝船耸立着和支撑着船帆的桅杆多达9根。

1405年7月11日,郑和将军奉明成祖朱棣之命,率领2.7万余人从江苏太仓刘家港出发,出使中国南海以西的国家和地区,史称为"下西洋"。在28年的时间里,郑和将军曾先后以福州为驻泊基地和开航起点,7次率船队远航,到过东南亚、印度洋、红海、东非北岸等30多个国家和地区。在世界航海史上,郑和将军被认为是开辟了贯通太平洋西部与印度洋的直达航线的航海家。他把当时先进的丝绸、瓷器、度量衡、历法等商品和科技带到沿途国家,被誉为中国的"和平使者"。

15世纪早期以前,中国的航海技术遥遥领先于欧洲,上海、南京等地90%的经济与造船和航海有关,是当时名副其实的国际航运中心。

郑和将军的成就验证了15世纪中国航海家们在世界海运技术上的领先地位,然而郑和将军却无法延续这种辉煌。1433年,明政府突然停止航海,船舶被焚烧,造船被禁止。63年之后,欧洲航海家伽玛绕过好望角;87年以后哥伦布发现美洲大陆;114年后麦哲伦从西班牙出发,绕过南美洲,发现麦哲伦海峡,然后横渡太平洋,完成第一次环球航行;150年以后库克船长到达了澳大利亚。到16世纪,欧洲的海运业有了飞速的发展。

马可·波罗回到意大利后,中国的航海技术在威尼斯和热那亚得以广泛传播。威尼斯和热那亚是欧洲航海中心的摇篮。之后,安特卫普和阿姆斯特丹迅速崛起,造船和航海迅速发展,促进了生产和贸易的发展。

18世纪的伦敦不甘落后,航海热潮引发了工业革命,工业革命又加速了航运中心的建成。在工业革命中诞生的蒸汽机船带着航运中心的种子跨越太平洋,将航运中心的种子撒播在北美大陆肥沃的土地上。

进入20世纪中叶,航运中心开始万里跋涉,跨越大西洋,落户到了日本和韩国。

在新千年刚刚开始之际,国际航运中心于2004年又重新回到600年前的发祥地——中国。今天的中国面临着国际航运中心伟大复兴的重任。

二、国际航运中心的形成条件

(一)区位条件

区位条件即指核心港口所处的自然地理优势条件,主要表现如下。

一是位于国际主航道较近的位置,是国际航海运输的必经之路,具有海上通达四方的便利条件。国际航运中心的区位条件是决定国际航运中心的重要的基本条件,其区位条件使该港口具有战略性的重要地位,不仅拥有通航全球的便利条件,而且拥有这些区位条件的独占性。

二是具有便利的陆(公路、铁路)、空、水集疏运的地理位置,具有通达物品所需地的各种短途运输的便利条件。

(二)经济条件

经济条件即指能为该国际航运中心带来大量的物流货源的条件,主要是:

一是经济腹地的条件。具备建立航运中心的港口,其临近的腹地经济发达,处于经济长期上升、长期增长的势头中,为港口提供源源不断的货源。

二是经济开放条件。港口所处的地区,应该是经济极其开放、经济交流的国际化程度极高的地区,使该地区与国际的经济交往频繁,国际贸易、国际资本流动的程度非常高。在世界经济一体化的今天,该地区成为世界经济分工体系中重要的一环。由于参与世界经济分工程度高,该地区的国际贸易发展迅速,带动货源流量的增长和港口运输的发展。

(三)港口条件

深水港、深水航道是建设国际航运中心必备的硬条件。由于现代航运业发展的基本特点之一是船舶的大型化、集装箱化趋势,在这一趋势下,港口航道的水深条件成为其能否成为国际航运中心的具有决定意义的硬条件。提高集装箱运输和集装箱化水平成为世界主要港口竞争国际航运中心的主要手段,为此,建设深水港码头、开通深水通道,成为当今世界国际航运中心建设的重要内容。

(四)技术条件

要建设国际航运中心,必须运用现代化的技术手段管理港口,以支持港口的运作。具体体现于:

一是信息化技术的运用。鉴于现代国际航运中心的港口运作是远程的物流运作,大范围地调动货物,其涉及的环节、地区极其广泛,信息技术的运用可使物流远程化运作简化为近距离运作,并缩短运作的时间。因此,在国际航运中心建设中,信息中心建设是不可缺少的重要支撑。

二是港口现代化的技术支撑,包括港口环境保护、港口货物运输、港口设备、管理设备和手段的先进性,能确保进出的货物以最快的方式完成,运用最先进的手段使货物到达目的地。

(五)管理条件

国际航运中心建设的基础是港口,港口相关的管理部门涉及几十个管理部门,条线的冲突在所难免,因此,港口管理能否形成"一港一政"的管理体制和"一门式服务"的管理方式,形成统一规划、统一管理、统一协调、统一调度,合理配置资源,是确保港口有效、高效运作的重要前提。

三、国际航运中心的特征

国际航运中心与国际经济、贸易中心密切相关,世界上典型的国际航运中心均是以面向海洋、航运业发达的国际大都市作为依托。目前,世界主要的国际航运中心城市有伦敦、纽约、鹿特丹、新加坡和中国香港等。综观这些国际航运中心城市,它们一般具有以下一些特征。

（一）港城互动

国际航运中心是以港口为主要处理平台的城市整体功能定位。港口与城市形成了一种"港为城用,城以港兴"的良性互动关系。具体而言,两者在经济关系上结成密不可分的相互促进关系。

（二）区域协同

港口虽然以所在城市为主要依托,但其辐射范围又超越所在的城市,港口通过各种交通方式使其功能向城市之外的周边区域辐射与扩张;同时,港口周边区域的经济发展和产业提升也必须寻找合适的港口作为其市场和客流通道。为此,需要港口与周边区域的发展步伐协调一致,具有区域协同的作用。

（三）功能导向

国际航运中心与所在城市及其周边腹地之间的关系并不是僵化和被动的,而是灵活与主动的,即双方在经济发展的功能定位上可以互为引导与牵动。一方面,国际航运中心所在城市与周边腹地之间的经济发展与产业结构调整,可以直接影响到国际航运中心及其港口的功能定位;另一方面,国际航运中心的科学定位和建设发展也可以直接对城市与周边腹地的经济发展与产业结构调整产生引导作用。

 知识链接

"邮轮城"点睛之笔——上海长滩

"上海长滩"位于原上港十四区货集装箱码头,面积1000平方米,位于长江入海口,是长江第一滩,被誉为"上海长滩"。"上海长滩"项目规划用地77.62万平方米,总建筑面积约146万平方米。

宝山区近日发布"上海长滩"规划八大亮点,包括绿化面积相当于4个美兰湖,建设三大主题公园、1.8千米长的滨江休闲景观带、高180米的长江第一观光塔,并引入世界第三大的IMAX球体影院等。

"上海长滩"是宝山区正在建设的"邮轮城"点睛之笔。宝山区有关负责人介绍:"这是宝山邮轮港带动起来的一块地方,未来要建成集生态绿化、现代商务、休闲居住和邮轮游艇综合配套服务为一体的生态滨江综合服务区,带动宝山的产业升级转型。"

2011年,吴淞口国际邮轮港建成运营后,宝山区便开始谋划一盘更大的棋:从"邮轮码头"到"邮轮港",再到"邮轮城"。这一"水岸联动、港城融合"的发展理念,将全面推进滨江发展带"老港区、老码头、老堆场、老厂房"的升级转型。

(资料来源:解放日报. http://www.ccyia.com/news/xingyexinwen/2016/0105/2784.html,2016-01-05。)

第四节　区域邮轮港口的竞争与合作

一、区域邮轮港口的竞合关系

随着我国邮轮产业的形成和日益完善,邮轮港口之间呈现出激烈的竞争态势。这种竞争往往有以下几个原因。

(1) 区域内的邮轮港口都有着相同或相近的客源地。

(2) 区域内的邮轮港口有着相同的目的地港。

(3) 企业内的邮轮港口发展模式相似,业务高度重合。

简而言之,邮轮港口的竞争是港口市场化的产物,也是港口市场运行的必然结果,处理好港口竞争问题重要的是认识港口竞争问题。

据《中国水运报》微博消息,社会科学文献出版社2014年10月发布邮轮绿皮书《中国邮轮产业发展报告(2014)》。

该报告指出,根据我国邮轮港口市场基本要素最终评价指标体系计算,得出我国八个主要港口城市排名:上海、天津、厦门、大连、深圳、三亚、青岛、宁波。据悉,邮轮港口评价指标体系包括经济环境、制度支持与配套服务、旅游资源、基本设施、社会与文化环境等要素。

此外,该报告还建议将我国主要邮轮城市做以下划分和定位:中国邮轮港口市场一级优势地区——上海,定位为核心邮轮母港;中国邮轮港口市场二级优势地区——厦门、天津、大连,定位为一般邮轮母港;中国邮轮港口市场三级优势地区——青岛、深圳、三亚、宁波,定位为挂靠港。

二、区域邮轮港口的协调发展

(一) 统筹协调好港口与自然的关系

在邮轮港口发展的过程中,要加强环境治理与生态保护建设工作,这是落实科学发展观、构建和谐社会的必然要求,也是增强企业综合竞争力,获得邮轮港口长期、快速、稳定发展的重要保障。正确处理邮轮港口生产与环境保护的关系,邮轮港口建设要从过去注重生产性项目建设向生产性项目与环境改善性项目并重的方向转变,坚持发展和环境改善并重,以发展不断促进环境的改善,走环保效益型道路,努力朝着"绿色港口"的方向发展。

在自然界中,竞争不是结果,而是促进物种协同进化。中国邮轮港口不应该为了竞争而竞争,而应该在竞争中寻求合作,实现共赢。中国拥有1.8万千米的大陆海岸线和1.4万千米的岛屿海岸线,自北向南纵跨温带、亚热带、热带,沿海星罗棋布地点缀着众多的自然人文景观。邮轮港口之间应该冲破地域分割、各自为政的藩篱,充分利沿海丰富的旅游资源和各自的发展优势,通过资源整合、产业政策共享、集疏运交通网络营造以及整合营销等手段与其他邮轮港口开展合作,建立区域邮轮旅游共同体。上海港可以与舟山港等合作建立"长三角"邮轮旅游协作区,天津港可以与大连港、青岛港等开展合作建立"环渤海"邮轮旅游协作区,深圳港可以与广州港、湛江港等合作建立"珠三角"邮轮旅游协作区,逐步推动形成中国环渤海、华东、华南三个邮轮产业发展中心。

（二）统筹协调好港口与社会的关系

邮轮港口是社会这个大系统的有机组成部分,因此邮轮港口的发展要与社会发展相协调。要不断完善邮轮港口功能,提升邮轮港口等级,提高服务水平,积极为城市经济以及腹地经济的发展服务,做到邮轮港口与区域经济协调发展。此外,邮轮港口还应积极肩负起社会责任,在实现经济目标的同时,要更加注重企业的社会责任。

（三）统筹协调好港口与港口的关系

和谐港口不仅是追求自身的和谐发展,还要与邮轮港口群内其他港口之间保持和谐发展。邮轮港口间的和谐发展应体现在港口间公平有序的竞争,避免邮轮港口间的"价格大战"等恶性和不良竞争,并在竞争中积极寻找合作机会,在竞争合作中达到双赢或共赢。区域内的各邮轮港口应在统一的港口规划下,采用系统工程的指导思想,合理定位,实现优势互补、差异化发展。

（四）统筹协调好港口内部各种关系

要实现邮轮港口的和谐发展,就要统筹协调好邮轮港口内部的各种关系。在邮轮港口生产方面,要不断完善邮轮港口作业的流程,使得各作业环节协调运行,提高港口作业效率,并保障邮轮港口作业安全;在员工管理方面,要坚持以人为本,促进企业和员工的共同发展,全面贯彻尊重劳动、尊重知识、尊重人才、尊重创造的方针;通过企业文化建设不断优化人文环境,为广大员工搭建一个充分施展才华的舞台,激发每个人的积极性、主动性和创造性,推进邮轮港口不断发展。此外,要按照现代企业制度的要求,不断深化企业内部改革,完善内容工作和管理制度,激发企业活力,推进企业健康发展。

总体上看,现阶段中国邮轮产业仅仅局限于港口服务和邮轮客源代理,邮轮产业链的缺失使得邮轮港口收益受到极大限制,影响经济效益的同时也削弱了邮轮港口的影响力。邮轮产业链涉及采购、邮轮运营管理、邮轮产品销售及信息等服务和乘客服务等经济活动。研究表明,邮轮旅游在完善的产业链下,可产生 $1:10\sim1:14$ 的高带动比例系数,促进多产业共同发展,因此,其被誉为"漂浮在海上的黄金产业"。要发展邮轮产业,就必须要求各行业以邮轮港口为中心,城市腹地内航运、边检、旅游、观光、购物、餐饮等一系列服务协调配合,相互适应,形成健康的邮轮经济产业链。

三、区域港口一体化的模式

分析国内外先进港口群一体化的成功实践经验,可以总结出以下四种模式:行政管理一体化模式、以第三方为纽带的委托代理模式、以资本为纽带的股权参与的一体化模式、供应链模式。

（一）行政管理一体化模式

将区域港口涉及的所有行政管理权，包括港政、航政、口岸管理等，统一规划，归到一个区域港口上层管理部门，如一个省内区域港口由省政府、不同省份的港口间由交通部一体化管理或成立专门针对整体区域港口管理的港务局部门，进行统一管理。由于大部分港口由区域政府直接管理，在采取港口一体化管理措施时，往往由于历史遗留问题或地方保护主义而难以实施。由于涉及港区使用权、管理权、所有权、受益权等关联问题，这种模式非常适合跨行政区域间港口应用，可以有效避免因行政区域合并而产生的巨大阻力。但目前很多大型港口企业实现了政企分开，组建港口集团，以现代企业的方式、制度进行管理，政府参与减少，实行这种模式进行一体化管理不妥。

（二）以第三方为纽带的委托代理模式

目前，我国很多大型港口已经实现了政企分开，建立了港口企业集团。作为独立的企业集团，这些公司拥有对国有资产进行资本运作的权利；并且作为集团式股份企业按照现代企业的管理制度进行内部的企业改制，政府很难再采取统一规划的方式进行干预。

所以，这些大型的港口企业集团可以相互协商，共同建立一个便于彼此沟通、合作乃至关系协调的全国性或者区域性的港口行业协会。使用协会这个共同的平台，来实现港口企业集团之间的有序竞争以及市场价格秩序的维持，同时还可以互相学习彼此成功的经验以及汲取失败的教训，从而使各个港口企业集团少走弯路。当然作为一个协会，应该树立起协会的权威性，制订相应的规章制度，对于违反协会规则的会员，要根据协会的规章制度予以惩罚。

如美国东海岸的纽约、新泽西、威尔明顿、巴尔的摩、查尔斯顿、汉普顿6个港口组成的航运协会组织。这6个港口会员对于彼此的航运公司的费率是公开的，并且相互共享彼此的一些资源，如一直都对外保密的财政信息以及港口发展的长远规划等。从实际运用效果来看，6个港口的合作是富于成效的，这也是值得国内港口学习的。

（三）以资本为纽带的股权参与的一体化模式

随着港口体制改革的深化，我国很多大型港口纷纷成为了独立的市场主体，组建集团、建立并完善了企业法人结构。更有发展相对良好的港口积极利用外资和民间资本，建立合资公司，共同建设和经营港口，特别是集装箱码头。我国香港和记黄埔、阿联酋迪拜集团、新加坡港务集团等就通过股权参与进入我国内地港口的运营。我国港口企业引进了先进的管理经验和技术以及港口建设的资金，外来资本达到了进入港口集团的目的，合作双方都实现了各自的发展，得到了双赢的局面。需要指出的是，有实力的大型港口公司可以充分利用自身的资金实力和资源优势，通过参股的方式来实现和周围港口企业的合作。例如，上海港务集团在过去纯业务合作的基础上，不断扩大以资本为纽带的合作，相继同重庆、武汉、南通、芜湖、南京、扬州等港口签订了合资协议和合作意向，合资建立集装箱码头公司、物流公司和内支线运输公司，形成了从长江上游到下游的集装箱装卸、运输、代理一条龙服务的直线运营网络和喂给港群，从而使上海港集团的核心竞争力不断增强。

（四）供应链模式

建立健全有效的供应链系统，构建区域港口间物流平台，充分利用区域内运输网络的同时,也有效提高各港口自身运营效率,使区域内的各大小港口在物流转换、交通运输上都能够充分发挥自身的功能,从而让各港口所属企业在发展中互相扶持和相互推动,最终实现多方利益共赢。

由上面的分析可以看出,我国可以通过上述的四种区域港口一体化管理模式来实现各个港口的资源整合。当然,在具体运用中,这四种一体化模式并不是彼此割裂、互不相容的。事实上,它们可以并存,可以并合着使用。举一实例:香港国际集装箱码头有限公司、现代集装箱码头有限公司和中远国际集装箱码头有限公司共同组建合营公司——one Port 有限公司,这三家公司为船公司、货主、收货人、货运代理以及物流商之间提供一个共同的信息交流平台,充分利用这个平台的优势,最大程度上实现三个公司在数据、资源等方面的共享。三家公司通过合营公司实现合作,对外宣传港口优势,协商并向港口行政当局提出有关港口发展的建议,并实施竞争中的集体自律等。由此可见,区域港口在构建一体化的过程当中,可以根据自身的情况,运用一种或者多种方式来实现资源的整合,以最大的程度提高港口的经济与社会效益。

 知识链接

我国港口合作的方向

一、重点建设一批专业化集装箱码头

当今世界上,集装箱吞吐量已经成为衡量港口作用和地位的主要标志,国际航运中心以集装箱枢纽港为核心。为了适应航运事业发展的需要,今后10年内,我国港口要把集装箱码头建设作为重点,加大现有五大主要集装箱港口扩建和完善的力度,新建和改建一批能停靠第5~6代集装箱船的码头;使集装箱干线、支线港的布局更加合理;有更多的集装箱港口吞吐量进入世界前20名行列;集装箱枢纽港实现远洋集装箱船直达率超过80%。

二、加快大型深水专业化码头和深水航道建设

除重点建设集装箱码头外,还要分别建设一批20万吨级以上的原油、矿石和粮食供应等专业化码头以及煤炭专用码头,以适应船舶大型化和专业的需要。发展以石油制品及液体化工品、煤炭为主的专业化散装运输和汽车滚装运输。大力发展江海直达和干支直达运输,减少中间环节,提高运输效率。完成长江口航道整治工程,建设珠江口出海航道以及天津、深圳、湛江等主枢纽港深水航道,增加港口在国际航运市场上的竞争力。

三、提高港口生产和管理现代化科技应用水准

港口要在现代物流中起到重要节点和核心作用,必须满足现代物流发展需要,而满足上述需要是以现代科学技术为先决条件的。为此,港口要积极开发和广泛应用现代科学技术,使港口装卸工艺合理化、装卸机械设备自动化与电气化、管理手段现代化。采用计算机控制系统完成生产和管理各个环节的作业和监控。

四、加快港口信息化和网络化的进程

信息化和网络化开发与应用程度是港口先进与否的重要标志,也是港口是否有竞争力的关键之所在。加快沿海港口信息化步伐,建立中国港口运输业的EDI系统,以适应国际

航运市场日趋激烈的竞争需要。实现港口之间、内陆集疏运及箱务管理的信息交换电子化,实现与海关、国检、银行、保险等部门的电子数据交换,积极开展电子商务等网上业务。

五、加快传统港口向现代物流中心转化的步伐

按现代物流中心标准,港口发展应从原来的单纯装卸、仓储服务向制造商和销售商延伸,提供全方位的服务;要以港口为核心,建立多式联运体系,实现货物运输一体化;改变服务观念和经营模式,树立为客户服务思想,变被动服务为主动服务;加强信息化、网络化建设;建立科学的管理机构,采用现代化管理手段,提高现代化管理水准。

六、继续加强疏港公路建设

着重解决疏港公路与港口和地方路网的顺畅衔接,进一步提高疏港公路的有效通行能力。港口与公路、铁路、内河实现有效衔接。

七、积极引导和鼓励港口资源整合

鼓励各港口企业之间按照市场经济规律,以项目为切入点、以资本为纽带、以合资合作为主要实现形式进行资源整合。积极开展省内各港口以兼并、重组、股权置换或者项目的合资合作等多种方式组建战略性港口联合体的研究论证工作。加强省际港口之间、区域内港口之间的横向合作,坚持特色,突出重点,提升层次,避免恶性竞争和功能结构趋同。积极拓展港口发展的上下游产业空间,加快与临港产业的经济联系与融合,为港口可持续发展提供保障。

本章小结

邮轮港口是邮轮驻泊的基地,是邮轮航线的主要停靠点,可供邮轮停泊和上下访客及行李、货物装卸等。邮轮母港具备多艘大型邮轮停靠及其进出所需的综合服务设施设备条件,能够为邮轮经济发展提供全程、综合的服务及其配套服务,是邮轮的基地,邮轮在此进行补给、废物处理、维护与修理,邮轮公司在母港所在地设立地区总部或公司总部。

邮轮港口有3个方面的作用:第一,是港区供应链的关键节点;第二,是城市经济发展的增长点;第三,是社会和谐发展的促进剂。

国际航运中心是指以综合经济实力较强的港口城市为依托,融合金融发达的航运市场、完善的服务体系、丰沛的物流、充足的客源、众多的航线于一体,集聚各种航运要素的经济区域或国际化港口城市。国际航运中心的形成需要一系列条件,包括区位条件、经济条件、港口条件、技术条件和管理条件等。国际航运中心具有港城互动、区域协同和功能导向的特征。

在区域邮轮港口发展过程中要处理好竞合关系,谋求协调发展,并实现一体化发展。

思考题

1. 什么是港口?什么是邮轮港口?
2. 邮轮港口的主要作用有哪些?
3. 什么是国际航运中心?国际航运中心有什么特征?
4. 简述国际航运中心的形成和发展。
5. 简述区域邮轮港口的竞争与合作关系。
6. 邮轮港口一体化的主要模式有哪些?

第1章 绪 论

 **案例分析**

上海研究新邮轮码头布局

在全球具有影响力和规模的海事专业会展2015年12月1日在上海新国际博览中心拉开帷幕,来自世界各地2000多家企业将展示代表当前船舶海工业发展技术最前沿的产品,数十位行业领袖和专家将利用高级海事论坛分享其见解。对于坊间流传的将在临港建设一个新邮轮码头的传闻,上海市交通委副主任张林表示这只是一种研究,上海会根据航道能力规划布局邮轮码头。

中国国际海事会展融学术、展览、贸易为一体,自1981年起每逢单年在上海举办双年展,至今已连续举办17届。据了解,此次会展共吸引来自34个国家和地区的2000多家参展企业,及来自约90个国家和地区的6万多名专业观众,展览面积超过8万平方米,规模再创新高。境内馆组团参加的有中国船舶工业集团公司、中国船舶重工集团公司、江苏南通和浙江舟山。值得注意的是,中船集团和中船重工集团将首发多款国产船用主机。为了推进产学研协同创新,本届会展特别开辟了高校展区和大学生创客展区。同时,"21世纪海上丝绸之路""中国自主建造首艘豪华邮轮"等都将是本届会展的重要内容。

受全球经济影响,船舶工业市场不容乐观。2015年1~9月,全球船企承接新船订单量同比下降24.1%。进入10月,新船订单进一步大幅下跌,环比跌幅达78%。新船价格滞涨、交船难、融资难等问题致使企业经济效益出现下滑,船舶工业面临形势依然十分严峻。据张林介绍,目前中船集团旗下船厂正在自主设计建造中国首艘豪华邮轮,上海会利用这个契机,在设备进口、邮轮产业维修上进行配套建设,使邮轮产业特别是邮轮配套成为上海未来制造业的一个新亮点。

对于坊间热传临港将建一个邮轮码头的消息,张林做了回应。他表示,对于上海来说,已经有了北外滩和吴淞两个邮轮码头,吴淞码头二期建设已开工,到2017年将具有四船同时停靠的能力。上海会根据市场需求和基础设施能力,特别是航道能力来规划布局邮轮码头。在临港建邮轮码头只是一种研究,对于上海来说,制约最大的是长江口航道,因为航道制约,上海将根据资源能力有限地发展邮轮产业。

(资料来源:东方网. http://www.ccyia.com/news/xingyexinwen/2015/1201/2698.html,2015-12-01。)

结合案例思考以下问题:

1. 上海邮轮港口建设的现状如何?
2. 上海建设邮轮港口有哪些有利条件?
3. 建设邮轮港口对上海有什么作用?

第 2 章 邮轮港口的演变

 本章导读

2015年8月,中国交通建设集团有限公司与中国港中旅集团公司两大央企在三亚凤凰岛签署协议,成立合资公司,并与三亚市政府签署合作协议,三方宣布联手进军中国邮轮产业。据介绍,三方将以三亚凤凰岛邮轮母港为核心,共同打造中国邮轮的民族品牌。另外,还计划年内成立邮轮公司,组建中国交建集团、港中旅自有品牌的邮轮船队,完成相关航线的首航等。

关于我国邮轮产业,国家近年大力推动本土邮轮产业发展。在国家政策的支持以及各地沿海政府的推广和补贴下,我国邮轮产业出现了"井喷式"发展。

2014年1月,中央高层提出要大力发展邮轮旅游产业。2014年3月,交通部下发的《关于促进我国邮轮运输业持续健康发展的指导意见》中就多处提到,要扶持中资邮轮企业发展,鼓励通过新建、购置或租赁船舶等多种方式,逐步发展中资邮轮运力。

2015年8月,国务院办公厅发布了《国务院办公厅关于进一步促进旅游投资和消费的若干意见》,该《意见》不仅指出要积极发展"互联网+旅游",同时提出推进邮轮旅游产业发展,支持建立国内大型邮轮研发、设计、建造和自主配套体系,鼓励有条件的国内造船企业研发制造大中型邮轮。

中国邮轮新兴产业第一个国家级规划《中国邮轮旅游发展总体规划》也于2015年年底出台。该规划将推动我国邮轮经济发展进入快车道。

2015年4月,我国提出打造八大邮轮母港举措,包括升级改造老港区。

我国邮轮旅游业的快速发展也带动了邮轮港口建设的快速发展。本章主要介绍邮轮港口的演变,包括邮轮港口兴起和发展的四个阶段,世界各地主要的邮轮港口,以及邮轮港口未来发展的态势。

第一节 邮轮港口的兴起

现代邮轮产业的兴起起始于20世纪50年代的北美。由于航空业的发展,迫使大型轮运公司必须为旗下的船只寻求新的用途。轮运公司发现人们对充满异域风情的旅行和探险产生了极大兴趣,便逐渐将部分核心业务发展成以休闲娱乐为主的邮轮业务,并将船只停泊于气候温和、风平浪静与富有地方特色的港口。

一、过渡萌芽期(20世纪60年代末至70年代初)

20世纪60年代初期往返美欧大陆之间的跨大西洋客运班轮每年的客运量超过了100万人次,20世纪70年代初急剧下降到每年的25万人次左右。原来的客运班轮经营商迫于经营压力,不得不寻找新的经营方式,全球邮轮旅游业开始萌芽。

20世纪70年代是邮轮经营的痛苦转型时期,班轮公司正尝试由服务提供商的角色向提供邮轮设施及服务的角色转变。但客运班轮本身并不一定适合开展新型的邮轮旅游休闲服务,其过渡还面临很多的障碍,如没有空调、不舒适的三等舱以及甲板上下缺乏公共空间等。这一阶段,人们对邮轮知之甚少。

据考证,早在古地中海时代,人类因移民、战争、探险、商务等需要,就乘船航游于大海。由于当时技术落后,乘船航游区域十分有限,也十分危险。大约15、16世纪,这种依靠风帆动力的木制帆船,也达成了规模宏伟、名垂青史的远洋航行,如郑和下西洋访问亚非国家、哥伦布发现新大陆的探险之旅、麦哲伦的环球航行等,但那时乘船航游乘客少,主要目的是移民、战争、探险、商务等。

19世纪初期,蒸汽机推动了工业革命,轮船从风帆动力演进为蒸汽动力,19世纪中后期,木制帆船被钢铁构造的船舶取代,煤炭、石油作为燃料,轮船航行速度快。技术进步推动了船舶工业的发展,航运公司开始制造大型客船,大不列颠号、大东风号等大型客轮入市。人们为了探险、旅行、寻找新的生存地等,开展海洋旅行。1850年以后,英国皇家邮政允许私营船务公司以合约形式,帮助他们运载信件和包裹,由此,一些原本只是载客船务公司旗下的载客远洋轮船,变为悬挂信号旗的载客远洋邮务轮船。"远洋邮轮"一词便由此诞生。

20世纪初,轮船开始使用蒸汽涡轮发动机,船体大型,设施豪华,速度更快,如毛里塔尼亚号和露西塔尼亚号。这一阶段乘客主要是移民。1909年3月31日,泰坦尼克号始建于北爱尔兰的最大城市贝尔法斯特的哈南德·沃尔夫造船厂,船体于1911年5月31日下水,以煤为燃料,以蒸汽为推动力,最大时速可达23节,全长269.06米,宽28.19米,注册吨位46 328吨(净重21 831吨),总共可搭载3547名乘客和船员。船上配有室内游泳池、健身房、土耳其浴室、图书馆、升降机、壁球等,奢华和精致堪称空前,是当时最大、最有声望的载人邮船。

这些客轮外表雄伟壮观,舱位通常分为两到三个等级,一等是富人舱,二等是中等收入群体舱,三等为统舱,是大众舱。一般邮轮上,一、二等舱与三等舱乘客的比例大约为1:10,不同等级舱在住宿、就餐、饮食、娱乐等各方面差异明显。

第一次世界大战期间,大部分远洋轮船被征用改装成军队运输船。战后新一代轮船出现,客船更大、更豪华、更美观,特别是速度更快。1920年,美国禁酒令颁布,公海成为美国人饮酒的唯一去处,众多美国人以饮酒为目的乘船出游,客轮的休闲娱乐功能开始显现。

大约20世纪三四十年代,挪威号、伊丽莎白王后号、诺曼底号、卡罗尼亚号邮轮陆续诞生,用途主要是中产阶级乘船旅行以及作为"二战"时军队运输等。特别是1936年建造的玛丽女王号,成为20世纪30年代豪华和大型跨洋客轮的代表。这一时期客轮仍被看作一种以交通为主的工具,承担运输任务,但以休闲度假为目的的现代邮轮也正逐步成型。

1958年,喷气式飞机开辟飞越大西洋的商业服务,因其更为方便快捷,远洋客运陷入了不利的经营境地,加勒比海等地区的一些邮轮公司逐渐转向开拓新业务,即把客轮打造成海上流动的休闲场所。20世纪60年代后,许多远洋客轮配置多种娱乐设施,改装成以旅游功能为主的邮轮,现代邮轮业拉开帷幕。

20世纪60年代前的远洋客运是运输业的较小组成部分,尚未形成完整产业链,乘客数量和船公司收益增长缓慢,对区域经济的带动十分有限。其存在三方面特征:一是船票是船公司最主要的收益来源,而以三等舱船票为绝大部分;二是主体功能为运输,主要乘客是为了穿越海域到达彼岸,为此客轮一般不会中途停靠多个港口方便乘客下船观光;三是乘客呈两极分化明显,有的是寻求享乐的上流社会人士,但大多数是背井离乡、寻找生计的劳苦大众。现代邮轮的演化历程如表2-1所示。

表2-1 现代邮轮的演化历程

时期	船型	船型配置	标志事件	乘客特征
19世纪前	帆船	木制帆船,风帆动力	郑和下西洋、哥伦布发现新大陆等	乘客少,主要是移民、战争、探险、商务等需要
19世纪初叶	商船	蒸汽动力	首艘蒸汽动力船航运大西洋	探险、寻找新的生存地
19世纪中后期	客船	航行速度快,钢制船体,蒸汽动力	大不列颠号、大东风号等客轮入市	探险、旅行、寻找新的生存地
20世纪初	远洋客轮	船体大型、设施豪华、蒸汽涡轮发动机	毛里塔尼亚号、泰坦尼克号等问世	移民
20世纪中期	跨洋客轮	更大、更快、更豪华、更美观	挪威号、伊丽莎白王后号、诺曼底号、卡罗尼亚号邮轮诞生	中产阶级乘船旅行,美国禁酒期间的公海饮酒,"二战"时军队运输
20世纪60年代	旅游邮轮	更现代化	海洋号邮轮、挪威邮轮公司的向阳号销售邮轮假期	休闲度假、猎奇

注:根据国家发改委《我国邮轮经济发展研究》、董观志的《邮轮经济的空间系统研究》等有关资料汇总整理。

二、诞生引进期(20世纪70年代至80年代)

这一时期诞生了现代意义上的邮轮产业,邮轮旅游产品所包含的内容也具备了今天的雏形。1966年秋天,经营总部设在美国迈阿密的NCL(Norwegian Caribbean Line,后改名为Norwegian Cruise Line)公司首艘邮轮山河智能(Sunward)号投入正式运营,这标志着现代邮轮产业的诞生。NCL公司创始人Kloster的成功经营理念很快被邮轮业界接受,从此许多经营者陆续进入邮轮市场。一些专为跨洋旅游的邮轮也逐渐新造,如1965年建成的海洋号邮轮,1966年挪威邮轮公司的向阳号邮轮首开先河,销售3~4天的邮轮度假产品。

这一阶段人们对邮轮有了一定的了解,邮轮目标市场以本国游客为主,航线观光也是以本国观光地为基本港,但人们对邮轮的认识还局限在其豪华的外观、内部设施以及高昂的旅游费用方面。

这一时期,挪威邮轮、皇家加勒比、嘉年华以及P&O等公司相继正式组建各自的邮轮船队,涉足邮轮旅游。20世纪70年代早期,邮轮航线巡游不再仅仅是航运的概念,已经成为休闲产业的一个有机组成部分。

20世纪70年代是现代邮轮业诞生阶段,远洋轮船为化解与飞机竞争的不利困境,占取市场份额,便纷纷改装成以休闲娱乐为主的旅游邮轮:拆掉用于划分不同等级舱位的舱壁,扩大公共活动空间,装上空调,将多功能厅改建成舞厅、剧院,现代邮轮开始出现。为此,现代邮轮旅游业获得标志性发展。

20世纪80年代是现代邮轮旅游步入大众化阶段,邮轮公司纷纷建造度假邮轮,邮轮公司和航空公司联合销售客票,大大便利了乘客航游,乘邮轮旅游逐渐从精英阶层走向大众,嘉年华、皇家加勒比等邮轮公司纷纷组建邮轮船队。

三、成长拓展期(20世纪80年代至90年代中期)

20世纪80年代晚期,出现了将空中飞行和海上航线合二为一的"飞机+邮轮"(fly+cruise)这一旅行模式,进一步推动了邮轮旅游产业的发展。由于团体包机服务可以将机票价格降低到合理的水平,飞机和邮轮的结合,对不喜欢海上长途旅行的年轻群体来说具有特别大的吸引力。

这一阶段,嘉年华公司快速发展壮大,主要以引进二手改装船的方式进入加勒比海市场的角逐,采用强劲的"享受阳光"(fun in the sun)广告攻势,并结合有竞争力的价格策略,成功地撬开了大规模的青年消费市场。

这一时期,目前世界上规模最大的三大邮轮公司(嘉年华、皇家加勒比、丽星)都在邮轮旅游行业奠定了稳固的基础,并在欧美主流消费市场建立了各自的邮轮网络。与此同时,邮轮市场开始高度细分,提供的服务也不断丰富,市场得到拓展,人们对邮轮的需要逐渐增加。

20世纪80年代是现代邮轮研发创新阶段,许多超豪华邮轮建成下水,如20世纪80年代初挪威邮轮公司豪华装修的法国号,公主邮轮公司高舒适度的皇家公主号,计算机自动导航的风之星号,装备卫星新闻服务系统和温泉的伊丽莎白女王二号,以及总注册吨位当时最大达7.3万吨的皇家加勒比公司的海上君主号。

20世纪90年代是现代邮轮业规模化发展阶段,邮轮产品日趋多样,游乐和休闲功能更加齐全,总注册吨位超过10万吨的巨型邮轮逐渐诞生,邮轮市场日渐成熟,世界邮轮旅游业快速扩张,到后期,世界邮轮游客年均达 800 万人次。

四、繁荣成熟期(20 世纪 90 年代中晚期至今)

1993 年,一向处于全球邮轮市场边缘的亚太区域也有了变化——马来西亚丽星邮轮集团成立。该集团最初仅在新加坡和马来西亚提供邮轮服务,之后的业务扩展到整个亚太地区。2000 年之后又收购 NCL 和 Orient 东方邮轮品牌,进入欧美市场。丽星集团在全球邮轮市场占有 10% 左右的市场份额,成为世界第三大联盟邮轮品牌。

世界主要邮轮公司都是以欧美区域市场为邮轮经营的基地发展起来的,随着人们对邮轮认识的逐渐清晰以及世界旅游业的发展,邮轮旅游在北美和欧洲逐渐成熟,由昔日上流社会特定的旅游时尚演变为中产阶级的大众旅游休闲活动。

20 世纪 80 至 90 年代,北美和欧洲的邮轮市场就形成了系统的市场结构,市场发展进入成熟期,呈现出较为繁荣的局面。

21 世纪以来是现代邮轮业全面提升阶段,主要体现在三方面。

一是世界传统邮轮目的地吸引力趋减,北美客源市场增速放缓,而亚洲人口多,经济社会发展快,邮轮设施纷纷改善,东方文化独具魅力。皇家加勒比、丽星、嘉年华等国际邮轮公司纷纷拓展亚洲和中国市场,如 2004—2009 年,上海港邮轮停靠艘次年均增幅 74%。

二是嘉年华邮轮公司 2003 年收购公主邮轮公司,行业进一步垄断竞争;2004 年超豪华、总注册吨位达 14.8 万吨的玛丽王后二世号诞生;2009 年 12 月,排水量 22.5 万吨、载客量 5400 人的皇家加勒比海洋绿洲号下水,这是世界上最大、最豪华的邮轮,它拥有大型购物商场、百达汇欢乐城、中央公园等,邮轮的度假综合服务功能进一步增强。

三是国际邮轮上恐怖事件呈高发态势,邮轮业快速发展对港口空气、水等环境影响加大,如何加强社会规制、促进邮轮旅游持续快速健康和安全发展,已引起各方关注。

 **知识链接**

邮轮产业递变

1. 越洋客运时期

19 世纪末至 20 世纪前期,人类在飞行航空器发明之前,横越大洋的旅行大多以船舶运输为主力,此一时期是海上定期运输客轮的鼎盛时期。直至"二战"之后的 20 世纪 50 年代,喷射客机的发明并投入商业运转,引发一波航空运输的革命性发展,越洋客轮遂逐渐失去其海上运输之功能。

2. 客轮发展时期

20 世纪初,欧美客轮业者为顺应潮流之所趋,开始改变船舶吨位、船舱空间及加装各式休闲娱乐设施,配合南欧爱琴海周边希腊、西亚以及埃及三大古文明遗迹景点,着手开拓地中海邮轮旅游航线。其发展历程约分如下四个阶段。

(1)20 世纪初期:史上第一艘地中海邮轮 Prinzessin Victoria Luise,于 1901 年至 1914 年间,每年冬季以"避寒航行"方式,在地中海海域营运了 14 年之久。1912 年冠达邮轮引进

Laconia 及 Franconia 两艘客货两用轮船加入邮轮市场。

(2) 20世纪20年代至30年代：Laconia号于1922年率先从事环航世界之壮举，海上邮轮航线自此开始逐步扩及大西洋两岸海域、中美洲加勒比海，最后延伸至北达阿拉斯加、波罗的海，南至亚太地区以及南太平洋等海域航线。

(3) 20世纪40年代至70年代："二战"(1937—1945)之后，各家邮轮公司逐步推出较短天数、较低价位航线，以及装设各式新颖先进的游憩设施，除了吸引传统银发族群旅客外，也吸引了较年轻中产阶层旅客的参与。

(4) 20世纪80年代至90年代：20世纪80年代的惊悚电影《爱之船》以及20世纪90年代的灾难电影《泰坦尼克号》风靡全球，也激发了不少游客进行冒险探奇的旅行。20世纪90年代世界邮轮市场持续成长，更加速助长了邮轮产业的持续发展。

3. 奢华邮轮时期

20世纪初期的邮轮服务对象，大都以中老年有钱有闲之富商巨贾为主要客群。而邮轮有别于其他各式交通运输工具的附属设施，也成为百年来邮轮产业持续发展之一大特色。其中以1912年号称"永不沉没"却不可思议地撞上一座冰山而沉没的泰坦尼克号客船，即以其除装设有餐厅、酒吧、咖啡厅、游艺室、电影院外，并率先装设舞厅、游泳池和健身馆等游憩设施，开启而后邮轮产业竞相以各式奢华游乐设施以广招游客的先例。如今，一艘中大型的豪华邮轮，最起码的甲板设备及其基本设施，大致均有如下之配置。

(1) 运动甲板(Sun or Sports Deck)及丽都甲板(Lido Deck)。此两层为邮轮的最上两层，设施有游泳池、池畔酒吧、健身房、美容院、SPA三温暖、运动步道、网球场、小型高尔夫球场、自助餐厅、24小时简餐餐厅、小型舞厅等。

(2) 服务设施甲板(Promenade Deck, Upper & Lower)。此为邮轮的中间三层，基本设施大致有主餐厅、游憩场所、剧场、歌舞厅、电影院、卡拉OK、各式主题酒吧、咖啡厅、免税精品店、便利商店、相片冲洗店、会议中心、电脑上网设备、卫星通信、儿童游乐场、婴儿照护中心、医疗设施等。

(3) 客房区(Stateroom, Cabin)。邮轮以收取价位决定舱房的层级，大致可分为内舱(Inside Cabin)、外舱(Outside or Sea View Cabin)、阳台舱(Balcony or Veranda Cabin)、套房舱(Suite Cabin)四大类型。

4. 超级巨轮时期

目前世界上排前三名的邮轮公司，依邮轮船队规模排列次序为美洲嘉年华邮轮公司、皇家加勒比邮轮公司以及以亚太地区为根据地兼主力市场的丽星邮轮公司。各家邮轮公司船队新造加入营运的船只，也以大约每一个月下水一艘新船的惊人数字成长。尤有甚者，各家邮轮船队并竞相订造所谓"史上最大超级巨轮"而争奇斗艳，且几乎每年都会有一艘破纪录最高吨位邮轮面世。以近十几年为例，有三家邮轮公司的超级巨轮下水营运。

(1) 1999年"海洋航海家"系列邮轮：皇家加勒比公司旗下的13.8万吨级"海洋航海家"系列邮轮，于1999年下水营运，当时号称史上最大吨位邮轮，加以各船上都配备有高达70米的刺激攀岩设备，而造成一时轰动。

(2) 2004年"玛丽王后二世号"邮轮：冠达海运于2004年年初建造完成下水营运的"玛

丽王后二世号",船舶吨位高达14.8万吨,当时成为邮轮旅游史上最大吨位的一艘邮轮。

(3)2005年"海洋自由号"系列邮轮:皇家加勒比海船队不让冠达海运"玛丽王后二世号"专美于前,15.8万吨级的"海洋自由号"系列邮轮2005年在芬兰的造船厂建造完成下水。全长339米,比"玛丽王后二世号"略短6米,宽度则比"玛丽王后二世号"多15米。可搭载4000多名乘客,载客量超过"玛丽王后二世号"1.5倍。不过,海洋自由号"世界最大"的头衔,也没有保持太久,因为另一艘载客量高达5000多人的邮轮"海洋绿洲号"于2009年后问世。

(资料来源:京神州旅行网. http://www.tolvyou.com/zixunshow－27787.html。)

 知识链接

邮轮船队发展历程

目前全世界最知名邮轮船队约有40余家,常年运转于全球各海域的各式邮轮有250余艘。依其创立年代顺序,各知名邮轮船队发展历程简介如下。

1. 第一艘越洋客船

1819年蒸汽动力客运轮船"沙瓦纳(Savannah)号",为史上第一艘率先完成横渡北大西洋壮举的客船。

2. P&O邮轮船队

英国P&O邮轮船队创立于1837年,以纯粹英伦风格并提供中低价位水准收费为品牌诉求,是一支航线遍及世界各海域的豪华型老牌船队,也是现存全世界历史最悠久的邮轮公司之一。此外,所谓"邮轮"名称的由来,是源于P&O航运公司创办海上客运初期,载客的同时也兼营运送国际邮件业务。

3. 冠达海运邮轮(Cunard)

冠达海运邮轮船队始创于1839年,以纯粹英伦风格并提供高水准服务为品牌诉求,与P&O船队同属历史最悠久的老牌船队之一。1922年冠达海运"拉可尼亚号Laconia"客货两用邮轮,率先完成环游世界一周之壮举。

(1)1968年下水营运的7万吨"伊丽莎白二世女王号(QE2)",是当时全世界唯一采用五星、四星及三星船舱同时存在一艘船上的传统型邮轮,2001年被"贝里兹邮轮评鉴"评选为全世界最佳五星级大型邮轮。2008年,该邮轮于服役届满40年之际功成身退,由阿拉伯联合大公国购于迪拜港湾,用于纪念并建置为水上度假饭店"Floating Resort",供旅客住宿或登轮参观。

(2)2004年建造完成并下水营运的五星级"玛丽王后二世号(QM2)",船舶吨位高达14.8万吨,成为当时世界吨位最大的一艘海上邮轮。

4. 荷美邮轮(Holland America)

荷美邮轮船队创立于1872年,邮轮内装古典豪华,是融传统与现代风格为一体的老牌船队。船队以法式风味的餐饮品质、全柚木质甲板座椅及不强征收服务小费等为特色。

5. 泰坦尼克号邮轮(Titanic)

1912年4月14日深夜,白星海运公司号称"永不沉没"的泰坦尼克号在首航第四天即误撞冰山沉没。由于该邮轮配备救生设备不足,造成1500余人丧生的史上最大海难惨剧。如今,邮轮产业为记取泰坦尼克号惨剧的教训,并为了确保海上航行的安全,邮轮在精确导航、海上避碰、海上救生以及减免晕船等硬软件设施的要求上,均有一套严格规定和配备,主要配备、规定如下。

(1)全球自动定位系统(Global Positioning System,GPS):全球自动定位系统,除具有卫星自动导航功能外,又兼具海上航行自动避碰的安全作用。

(2)平衡翼(Stabilizer):通常新型或大型邮轮,均会加装预防船舶颠簸的平衡翼装置,以避免船舶在遭遇强风巨浪时,导致乘客船员晕船。

(3)救生船艇:联合国《海上安全公约》规定,船舶装备的紧急救生船艇必须能一次装载船上所有船员与旅客总数125%的容量,以确保万一轮船遇难倾侧时,不致重蹈"泰坦尼克号"的覆辙。

(4)救生演习:邮轮于每航次起航同时,依规定必须进行海上救生演习,旅客也应依规定一律亲自参加,以确保安全无虞。此为船上最重要的措施,每位乘客必须谨记自己的集合救生艇地点,以防万一。

6. 歌诗达邮轮(Costa)

意大利歌诗达邮轮船队创立于1965年,1997年起隶属于嘉年华邮轮公司旗下,以意大利式欧洲风格为品牌诉求,是极具欧式浪漫风格的船队。

7. 公主邮轮(Princess)

公主邮轮船队创立于1965年,以"爱之船(Love Boat)"为品牌诉求而享誉全球,2001年被 *Conde Nast Travel* 甄选为"收费最低廉、最优秀船队、游程节目最丰富"的最佳邮轮船队。旗下11万吨级巨型邮轮"星辰公主号",2002年年初来访我国台湾基隆港造成全台轰动。2004年公主邮轮船队被嘉年华邮轮公司并购。

8. 挪威邮轮(Norwegian)

挪威邮轮船队创立于1966年,以"Free Style"为品牌诉求,是配备健身运动项目最多、充满健康活力、强调不受拘束并深受年轻族群旅客欢迎的船队。2000年挪威邮轮船队被丽星邮轮船队公司并购。

9. 皇家加勒比国际邮轮(Royal Caribbean International)

皇家加勒比国际邮轮船队创立于1969年,以新型船舶、较大吨位、平实价位、设施多样为品牌诉求,是极具现代化风格且以每艘船均配备攀岩设施而著名的船队。

(1)2006年,加勒比邮轮船队旗下的16万吨级"海洋自由号(Freedom of the Seas)",以及稍早建造的三艘14万吨级航海级邮轮"Voyager of the Seas""Explorer of the Seas"以及"Adventure of the Seas"等,都是属于巨无霸型超级邮轮。

(2)2008年,皇家加勒比国际邮轮船队的8万吨级"海洋迎风号",原均以阿拉斯加8天航程为主,该公司根据于2008年2月起进军亚洲邮轮市场,并于2008年2月11日首航台湾基隆、高雄两港,一次性带来破纪录的近700位中国籍旅客访台,成为台湾旅游史上的一大盛事。

10. 嘉年华邮轮(Carnival)

嘉年华邮轮船队创立于1972年,而后再通过收购合并等手段,成为全世界最为庞大、经营最为成功的邮轮船队。目前旗下除嘉年华邮轮船队本身之外,尚有荷美邮轮、意大利歌诗达邮轮、冠达邮轮、世朋邮轮、风之颂邮轮以及公主邮轮等系列船队。

11. 世朋邮轮(Seabourn)

世朋邮轮船队创立于1984年,隶属于冠达海运邮轮公司,以北欧风格著称,提供极为优质的服务质量,属于极高水准的豪华型船队。

12. 精英邮轮(Celebrity)

精英邮轮船队创立于1986年,1999年改隶于皇家加勒比邮轮公司旗下,以中高价位提供高水准服务为诉求,船舱设计深具欧式风格,其餐饮素质之高位居1999年八大船队之首。

13. 风之颂邮轮(Windstar)

风之颂邮轮船队创立于1986年,隶属于嘉年华邮轮公司旗下,以"与众不同"为品牌诉求,为一少见的大型风帆游艇配备,是强调无敌海景的豪华客舱、行动不受拘束、充满健康活力而又兼顾罗曼蒂克气氛的船队。

14. 水晶邮轮(Crystal)

水晶邮轮船队创立于1990年,属高水准的豪华型邮轮船队,2001年被"贝里兹邮轮评鉴"及 *Conde Nast Traveler* 杂志选为最佳中型邮轮船队。其以无懈可击的高档服务品质、深具美西加州豪迈风格而闻名。

15. 日本邮轮(NYK)

日本邮船株式会社创立于1991年,目前仅以"飞鸟号(Asuka)"航行于日本海域以及环航世界95天航线为主。船队以搭载日本国籍旅客为主,航程中使用日本语并随船举办专家讲座是其特色。

16. 丽星邮轮(Star)

丽星邮轮船队创立于1993年,隶属于马来西亚云顶娱乐集团旗下,以"最适初次搭乘"为品牌诉求,并以亚太海域为主要营运市场。云顶集团旗下有丽星及挪威邮轮两支船队。

17. 银海邮轮(Silver sea)

银海邮轮船队创立于1994年,以超高级豪华型邮轮为品牌诉求,提供无懈可击的高档服务,2001年被 *Conde Nast Traveler* 选为"最佳小型邮轮船队"。

18. 瑞迪生七海邮轮(Radisson Seven Seas)

瑞迪生七海邮轮船队创立于1995年,属高水准的中小型豪华型邮轮船队,以"小型的豪华邮轮、大型的活动设施"的高度个人化的高档服务为品牌诉求而闻名。

19. 迪士尼邮轮(Disney)

迪士尼邮轮船队创立于1998年,隶属于迪士尼主题游乐集团,以"梦幻王国"为品牌诉求,是以老少咸宜、举家欢乐为主题的游乐式风格船队。

20. 海上居邮轮(Residen Sea)

海上居邮轮船队创立于2002年,首创海上豪宅式邮轮概念,特征是设备极端奢华,客舱与硬件设施非常宽敞高级。此外,邮轮豪宅式的阳台舱,并不采取传统的旅游体验方式销售,而是以每间客舱200万~750万美元不等的售价,以拥有50年使用权方式,贩售给各国富商巨贾。其"世界号(The World of ResidenSea)"海上豪宅式邮轮与传统邮轮最大的区别在于,其客房面积与容积的革命性变化。

(资料来源:京神州旅行网. http://www.tolvyou.com/zixunshow-27787.html。)

第二节 主要邮轮港口

随着邮轮经济近十年来的持续快速增长,许多国家和地区邮轮经济的发展逐步深入,目前世界版图内的邮轮港口已形成基于地理区域分布特征较为稳定的全球布局形态。

一、北美地区

北美地区是目前世界上邮轮港口最为集中的区域之一,按照地理区域可分为东北地区、东南地区、西北地区和西南地区。

(一)北美东北部

北美东北部主要邮轮港口及概况见表2-2。

表2-2 北美东北部主要邮轮港口及概况

港口	概况
巴尔的摩	处于帕塔普斯哥河岸,是美国东海岸最繁忙的港口之一。巴尔的摩邮轮码头距市中心仅4千米,设于高速公路I-95 180米处
波士顿	波士顿邮轮码头建于波士顿南部滨水地区,为北美地区最受欢迎的码头之一,在国际上排名第11位。2002年邮轮停泊次数93艘次,接待游客量20万人次。码头有通往各大邮轮目的地的航线,且被多数邮轮评为航线上最值得停靠的邮轮码头
布鲁克林	纽约布鲁克林邮轮码头位于红钩地区,于2006年开始接待邮轮,有总面积1.77万平方米的2层接待中心,可接待游客4000人。布鲁克林地区附近旅游景点丰富,有纽约水族馆、布鲁克林植物园,稍远一点的有中央公园
曼哈顿	20世纪30年代起就作为客运码头的曼哈顿邮轮码头如今是美国第4大邮轮码头,2004年接待邮轮游客845 778人次。曼哈顿邮轮码头是欧洲跨大西洋旅行的主要邮轮母港,嘉年华邮轮、挪威邮轮、公主邮轮等著名邮轮公司均在此设立母港。邮轮码头分别设在88、90、92号泊位。因毗邻曼哈顿中心街区,港口周围有许多酒店、餐馆和娱乐设施、购物场所

续表

港口	概况
蒙特利尔	位于圣劳伦斯河边的蒙特利尔邮轮码头一向以干净和安全著称,以北美游客为服务对象。邮轮码头周围辅助设施完善,酒店、餐馆、服饰店、购物商场、剧场等应有尽有。老港区的Iberville码头是专门的客运码头,每年接待成千上万的旅游者
诺福克	诺福克邮轮港位于重建的美国弗吉尼亚州诺福克市中心的半月邮轮中心,是皇家加勒比邮轮、嘉年华邮轮和荷美邮轮公司的母港,离诺福克国际机场仅有20分钟车程。近些年该港已经成为前往百慕大、巴哈马和加勒比地区的门户,是发展最为迅速的美国邮轮港之一。从邮轮港口出发只要步行就可以去码头附近的商业购物中心、餐馆以及其他艺术商店
魁北克	位于圣罗伦斯河旁的魁北克港,有两个专用邮轮泊位,长度共为530米。每年进出魁北克邮轮港的乘客接近10万人次。游客乘邮轮沿着美丽的圣罗伦斯河可领略冰河峡湾的壮丽风景,每年5月初到11月中旬,是当地观赏鲸鱼的最佳时机

以新泽西自由岬港为例,其发展历程如下。

该邮轮港口起源于20世纪30年代,是由私人购买的位于新泽西东部的人为建造的一个大约174公顷的私人小岛。由于当时正值第二次世界大战,美国国防部和海军总部要将该岛定位于工业用途,用于支持布鲁克林军港和筹备全面战争的需要。1941年12月8日日本偷袭珍珠港后,该港口作为海军军事基地的重要性与建设进度大大加快。干船坞的规划设计和建造则是为了容纳埃塞克斯级航空母舰和新设计的爱荷华级战列舰。Bayonne海军基地由于成为战时船舶大修的基地,通常有十几艘或更多的船只同时停泊,从而声名远扬。此外,该港口也是欧洲战区盟军的主要物流供应中心,数以百万计的货物进出港口。

1946年,美国海军潜水训练中心也从纽约搬迁至Bayonne基地。同年,美国海军陆战队训练学校也搬迁至此,据统计,有1/3的美国海军是在这里接受培训的。到了20世纪50年代,Bayonne海军基地成为了美国最繁忙的港口之一,它支持欧洲战后重建和马歇尔计划,并在冷战时期发挥重要的军事和民事作用。1965年,美国国防部决定加强Bayonne海军基地和布鲁克林陆军基地,并将Bayonne海军基地更名为Bayonne(MOTBY)军事海洋基地。在20世纪70年代和80年代,Bayonne(MOTBY)军事海洋基地的主要任务是对所有驻扎在西半球的军事人员的海外支持。此外,在1976年,大西洋军事海军司令部也被安置在这里。1991年海湾战争期间,Bayonne(MOTBY)军事海洋基地发挥了"二战"以来最大的军事后勤支持作用,支持海湾战争的"沙漠盾牌"和"沙漠风暴"行动,并赢得了崇高的声誉。

到了20世纪90年代中期,为了简化操作和降低成本,美国国会成立了基地调整关闭委员会(BRAC),并于1999年9月23日,正式关闭该军事港口,2002年当地政府重新启动了用于民用的Bayonne港。最引人注目的是,在整个半岛的174公顷的地面上修建了许多设施用于进行电影业,许多获奖电影都在此地拍摄,包括霍华德的《美丽心灵》和史蒂文·斯皮尔伯格的《世界大战》。

第2章 邮轮港口的演变

2003年12月,皇家加勒比国际邮轮公司宣布在这里建造一个邮轮港口。新泽西自由岬港作为皇家加勒比国际邮轮公司的"海洋航行者号"新开辟的国际邮轮港口。该邮轮港口的设计和建设,包括客运码头、船舶泊位、海关和导航设施、游客停车场、公交车和出租车场,开始于2004年1月,到完工只用了短短8个星期。"海洋航行者号"的处女航行时间则是2004年5月14日。从2004年起,皇家加勒比国际邮轮公司的"海洋皇后号"也在该港口开辟定期航线。如今已经有超过20多万名乘客安全地穿越新泽西自由岬港。2005年,包括皇家加勒比邮轮公司的"海洋魅力号""海洋航行者号"以及精致邮轮都开辟了这里的航线。2005年新泽西自由岬港客运量超过30万人次,成为美国东北部第二大港口。2005年10月12日,新泽西自由岬港在其客运大楼里成功地举办了港口业的第一次会议和贸易展。

目前,新泽西自由岬港邮轮码头位于新泽西的Bayonne的14号码头,距曼哈顿11千米,曾经以军事码头而著称,如今是皇家加勒比邮轮公司、Aamara邮轮公司、精英邮轮公司的专属邮轮码头,平均每天有五六艘邮轮靠泊码头。如今,新泽西自由岬港已经成为世界级旅游目的地,更受到电影制片人和度假游客的青睐。

(二)北美东南部

北美东南部主要邮轮港口及概况见表2-3。

表2-3 北美东南部主要邮轮港口及概况

港口	概况
查尔斯顿	查尔斯顿邮轮码头依托于曾以商业著称且美国历史上有名的查尔斯顿市,而今查尔斯顿又以邮轮业而繁荣起来。查尔斯顿邮轮旅游地理位置优越,从码头步行即可到达市内各著名景区
劳德代尔	码头的地理位置条件良好,距市中心和机场仅十几分钟车程,为世界上第二大繁忙的邮轮港口。港区有430多千米的沿岸线,共有12个邮轮泊位为各大邮轮服务,每年接待邮轮游客300万人次。1号泊位的码头面积达434平方米,主要为New SeaEscape邮轮使用
杰克逊维尔	位于佛罗里达州的杰克逊维尔邮轮码头依托于风景美丽的杰克逊维尔市。邮轮码头设施齐全,美丽的沙滩、秀丽的自然风光、世界级的高尔夫球场、顶级的台球设施为其增添了色彩。杰克逊维尔邮轮泊位长390米,水深11.6米,后配置一个近6000平方米的现代客运中心
莫比尔	美国新兴的邮轮母港莫比尔码头地处市区,拥有一个两层的6100平方米的客运中心及完善的旅客设施。码头处于交通节点,具有良好的通达性。周边配套设施亦较完善,有大量的旅馆、餐馆及景点。嘉年华邮轮的一条全年性航线即是以此为始发母港
新奥尔良	以新奥尔良港为挂靠港的邮轮航线,可以使不同的游览风情融为一体。新奥尔良码头周边的景点丰富多彩,如密西西比河、法国风情地、世界一流餐馆。2004年有超过1100万人次的邮轮游客抵达新奥尔良。新奥尔良港共有2个邮轮码头,3个邮轮泊位,其计划再建设一个新的邮轮码头

续表

港口	概况
圣胡安	圣胡安(西班牙语:San Juan)位于加勒比海大安的列斯群岛东部,是美国自治领地波多黎各的首府和最大城市,是美国管辖的第42大城市。该港是加勒比海地区最繁忙的邮轮码头之一,也是西半球第二大邮轮码头,如今每年16家公司的700多艘次邮轮到港,拥有140万人次邮轮乘客的接待量
坦帕	多年以前,坦帕便开始建设邮轮港口,现在坦帕有3个紧紧相连的邮轮泊位。码头附近酒店、餐馆等设施齐全,并且码头与周边风景区相距甚近,如佛罗里达水族馆即设在坦帕邮轮码头2号与3号泊位之间,另外附近还有Busch公园、艺术博物馆、IMAX剧院等娱乐公共设施

以迈阿密和卡纳维拉尔为例,其发展历程如下。

1. 迈阿密

在美国,没有一个城市的发展能像迈阿密一样在如此短的时间内发展成世界著名的国际邮轮之都。在100多年前,这个原西班牙的殖民地,需要乘小船沿迈阿密河进入比斯坎湾(现市中心),因此并没有引起太多人的注意。但是,当1896年金融家亨利弗拉格勒把他的铁路沿着新佛罗里达东海岸铁路一直修到西棕榈海滩的尽头时,迈阿密的命运就此改变。通过土地和房地产交易,许多人在这里发财致富,并修建了众多的别墅和房屋,从度假胜地的南部海滩一直开发到北部,高楼林立,并建造了邮轮母港和多个高级游艇俱乐部。20世纪60年代,随着古巴、加勒比海地区的难民大量涌入,极大地弥补了当地劳动力市场的需求,吸引到很多企业的投资。再加上迈阿密离加勒比海相当近,企业的投资很快从单纯的房地产转向房地产与旅游业相结合,使迈阿密成为南佛罗里达州的门户。

如今,迈阿密已拥有邮轮、时尚、度假、篮球、海滩、鳄鱼等众多城市名片。无论你是在迈阿密上船、下船或者是中途停靠,在城市任何地方你都可以被美食、购物、旅游以及高尔夫水上运动等所吸引。另外,全球几乎所有的大型邮轮公司(如嘉年华、冠达、皇家加勒比、挪威邮轮等)都将总部或邮轮停靠在迈阿密,无论是同时停靠上10艘邮轮,还是密集繁忙便利的航线安排和运营,都使得迈阿密成为当今名副其实的"世界邮轮之都"。

目前,享有"世界邮轮之都"美称的迈阿密拥有邮轮码头12个,泊位岸线长度达2千米,有近20艘邮轮以其作为母港,港口的邮轮年靠泊周转量位居世界第一位。港口拥有完备的码头配套设施,邮轮码头离机场仅15分钟车程,附近有大型购物中心、宾馆、餐饮区,进关边检程序便捷。20世纪90年代起,迈阿密便与邮轮公司合作开始建设新码头,如今邮轮码头众多且符合人流、物流个性化的需求。

迈阿密港预计在20年后,接待的年乘客数将会增加到600万人次。尽管迈阿密港已经成为少有的能接待超级邮轮的港口,为了顺应旅客的增加及超级邮轮的发展需求,迈阿密港做了详尽的长期总体规划,并根据实际情况进行持续修正。根据迈阿密港的计划,在未来20年内,港口将新增3个泊位,并扩宽现有的6号泊位。这样可使迈阿密港有能力同时停泊9艘世界上最大型的邮轮。迈阿密港还计划增建2到4个邮轮码头。在2035年之前,迈阿密港计划投资建设一个多式联运中心以便整合地面接驳交通,以减少港口的过度扩张,增加港口运营的绩效,并将更多的土地投入到邮轮和货运的发展中去。这些扩建项目需要迈阿密港在未来 20 年内投入大量的资金。迈阿密港将选用先进的财务公司制订全面周详的融资计划,包括发行以年度收益做担保的债券以及逐步合理地提高码头停靠费。

2. 卡纳维拉尔

卡纳维拉尔港开港于 1953 年 11 月 4 日,当时的主业是商业捕鱼。随后几年,满载油和纸的货船陆续到来,1958 年开始将佛罗里达州的橙汁运往纽约。到 1966 年,港口的货运吨位已经达到年百万吨。如今,卡纳维拉尔港货运吞吐量已经达到 400 万吨,而且还在不断增长。同时,卡纳维拉尔港也承担着美国太空计划的重要职责,航天飞行计划项目都通过该港口的发射基地进行发射和回收航天飞行器。

卡纳维拉尔港作为邮轮挂靠港始于 20 世纪 70 年代,到了 1982 年才第一次开辟专门的邮轮码头,并作为邮轮母港开始经营。到了 1990 年,嘉年华邮轮集团将该港口作为其出发的邮轮母港,迪士尼邮轮公司和皇家加勒比邮轮公司分别于 1998 年和 2000 年也陆续加入。现在的卡纳维拉尔港已经成为世界上最繁忙的邮轮港口之一,年输送游客达 400 万人次,同时也是佛罗里达州最重要的停靠港之一。

卡纳维拉尔港的嘉年华邮轮码头是热带地区的门户,亦是前往奥兰多旅游风景区的必经之地。码头交通位置便利,无论是距离奥兰多国际机场还是距离主题公园、地区酒店都在 50 分钟车程范围内。另外该港口的引航条件也是世界一流的。

(三)北美西北部

北美西北部主要邮轮港口及概况见表 2-4。

表 2-4 北美西北部主要邮轮港口及概况

港口	概况
安克雷奇	位于 Kenai 半岛 Resurrection 海峡的安克雷奇港,每年接待至少 90 艘次的邮轮停靠。安克雷奇港是阿拉斯加最著名的邮轮港口之一,苏厄德半岛距其 200 千米,是风景如画的旅游胜地,被称作"Kenai 海峡国家公园的大门"
火奴鲁鲁	夏威夷群岛的瓦胡岛上的火奴鲁鲁邮轮码头是夏威夷地区最著名的邮轮码头。邮轮码头周边旅游胜地聚集,分别有威基基海滩、珍珠港以及 Punchbow 火山。港口内有座塔楼,如今已是标志性建筑之一
旧金山	旧金山港是著名旅游目的地城市中的世界级的邮轮港口,每年约有 20 艘邮轮停靠超过 45 次,并带来 8 万人次的游客量。邮轮码头附近配套设施齐全,有博物馆、剧场、歌剧院、商场、风景区等。此外旧金山邮轮城内聚集了约 30 家顶级餐馆,以打造港口餐饮基地

续表

港口	概况
西雅图	北美大陆桥桥头堡之一的西雅图港有两个邮轮码头——贝尔大街邮轮码头、30 号邮轮码头。贝尔大街邮轮码头有面积为 5200 平方米的双层停靠码头,南北长 488 米,东西长 122 米;30 号邮轮码头长 610 米,有两个邮轮泊位。挪威邮轮、加勒比邮轮、精英邮轮以贝尔大街邮轮码头为始发码头;荷美邮轮、公主邮轮以 30 号邮轮码头为始发码头。两码头的交通都十分便捷。2007 年访问西雅图港的邮轮有 190 艘次,邮轮游客 781 143 人次
温哥华	位于温哥华的范库弗峰邮轮港口是世界著名的邮轮港口之一,是范库弗峰至阿拉斯加航线的邮轮母港,每年接待邮轮 300 艘次,接待游客 100 万人次。范库弗峰邮轮港口也是提供阿拉斯加之旅邮轮航线最多的港口,有两个邮轮码头,距机场仅有 30 分钟车程

(四)北美西南部

北美西南部主要邮轮港口及概况见表 2-5。

表 2-5　北美西南部主要邮轮港口及概况

港口	概况
加尔维斯顿	加尔维斯顿港位于得克萨斯州加尔维斯顿海峡的峡口处,距海 30 分钟船程。加尔维斯顿邮轮码头为嘉年华邮轮 Ecstasy 号和 Conquest 号的常年性母港。此外,其他的邮轮公司也皆有航线中途挂靠此港
长滩	长滩港曾经是美国太平洋舰队的母港,而今是嘉年华邮轮公司的邮轮母港,其中一些邮轮抵达和离开都在此;而其他的一些邮轮则停靠在世界邮轮中心洛杉矶的圣佩德罗湾
洛杉矶	洛杉矶邮轮码头坐落于圣佩德罗湾,距市中心约 2 千米,为世界上最繁忙、最大的沿海港口之一。邮轮码头有 70 千米的海岸线,3 个泊位分别是 91、92、93A/B 号泊位,翻新计划将会使其有能力接待超过 3000 名客位的邮轮船只。洛杉矶港附近有许多娱乐设施,如水族馆、海洋博物馆,另外还有迪士尼乐园、好莱坞、植物农场等
圣地亚哥	圣地亚哥邮轮码头位于圣地亚哥市中心,附近景点颇多。每年接待超过 140 艘次的邮轮,荷美邮轮、精英邮轮以此为邮轮母港,另外公主邮轮、挪威邮轮、水晶邮轮等也将此作为挂靠港。邮轮加勒比航线、墨西哥航线、夏威夷航线、塔希提航线都以圣地亚哥邮轮码头为节点

二、欧洲地区

(一)欧洲大陆地区

欧洲大陆地区主要邮轮港口及概况见表2-6。

表2-6 欧洲大陆地区主要邮轮港口及概况

港口	概况
哥本哈根	哥本哈根港是北欧具有领先地位的邮轮港口,因拥有世界先进的邮轮港口和高效的运转水平,而深受各大邮轮公司的欢迎,并在英国伦敦举办的世界旅游市场展览会上被授予"世界旅游奖"。2006年有300艘邮轮载着40万位游客抵达哥本哈根港。Langelinie码头和自由港码头,水深9~10米,宽150米,白天、夜晚均适合航行。港口距机场15千米,距市中心仅5分钟的车程,码头的交通亦十分便捷
多佛尔	多佛尔是英国东南部港口城市,是英国通往欧洲他国的门户。多佛尔邮轮港是英国第二大繁忙和欧洲第八大繁忙的邮轮港口,每年接待17万人次邮轮游客。邮轮中心建筑设施完善,游客服务设施完备。港口距市中心仅1.5千米,交通便捷
伊斯坦布尔	伊斯坦布尔横跨欧洲和亚洲,历史悠久。伊斯坦布尔邮轮码头是希腊诸岛和土耳其邮轮航线的重要母港,码头靠近文化悠久的老城区,周围遍布大型酒店、餐馆,交通亦非常便利
里斯本	葡萄牙首都里斯本是著名旅游胜地。里斯本邮轮码头靠近市中心,距老城区仅6千米,周边服务设施完备,有酒店、餐馆等。港口与机场相距不远,交通方便
尼斯	典型的地中海港口城市尼斯邮轮访问量逐年增加,尼斯码头交通便利,距机场10分钟车程,附近多有时装店、博物馆、餐饮名店。港口由3个码头组成,可同时接待5艘邮轮
奥斯陆	奥斯陆港是欧洲的早期港口之一,是挪威最大的货运港及客运港口。邮轮码头的设施先进,游客接待量年年攀升,2008年曾接待游客21万人次,邮轮停泊150艘次,尤其是大型邮轮集中于旅游旺季4~10月前来停靠。一项调查显示,邮轮游客对奥斯陆邮轮码头的满意度非常高
罗马	世界著名旅游胜地罗马,旅游景点丰富,购物场所多,有世界顶级的奢侈品牌。而罗马的邮轮码头并不在罗马城市中,而是在奇维塔韦基亚(Civitavecchia),距离罗马60~90分钟车程
鹿特丹	荷兰鹿特丹港是世界上最大的港口,有"欧洲门户"之称。邮轮码头距市中心2千米,码头岸线长698米,码头周围水深12米,提供顶级的邮轮港口服务,同一时间可接待游客3000人。邮轮码头附近的辅助设施有旅游信息中心、外汇兑换点、公共电话亭、餐厅/酒吧、的士服务

续表

港口	概况
斯德哥尔摩	斯德哥尔摩是欧洲波罗的海最受欢迎的邮轮旅游目的地,每年有约260艘邮轮、28万名国际游客到访此地。港口有专门停靠邮轮的码头,亦有专门为小游艇所设的码头。165－167号泊位是专设的邮轮泊位,长414米,水深8～9米。另外还有些泊位供小型游船使用,如长137米、水深5米的4－6号泊位,长210米、水深6米的106－107号泊位等
威尼斯	意大利威尼斯被称为欧洲的入口,风光旖旎,充满艺术特色是其特征。威尼斯邮轮中心港共有3个专业的邮轮码头,第3个邮轮码头2002年开始运营,拥有9000平方米的现代建筑特征的客运中心为游客提供全方位的服务。邮轮中心港可同时接待9艘大小不等的邮轮

以阿姆斯特丹、雅典、巴塞罗那为例,其邮轮港发展历程如下。

1. 阿姆斯特丹

阿姆斯特丹港地处波罗的海边缘,是邮轮便捷母港和中转港,其便捷的铁路和机场系统也方便欧洲其他地区的旅客往来。邮轮码头位于汉德尔斯卡德港区,邮轮码头海域面积6 900平方米,陆域面积35 000平方米,岸线长600米,深10.5米,可以同时进行3艘邮轮的进出港服务。阿姆斯特丹港已开始面临泊位短缺的困扰。2000年年初,该港接待的河运邮轮数量为470艘,而2011年该数字已达1330艘。海上大型邮轮增长同样迅猛,2002年停泊在阿姆斯特丹的海上邮轮数量为70艘,而2011年已达155艘。目前,平均每季接待100 000的海洋邮轮游客和60 000内河游船游客。

2. 雅典

雅典的比雷埃夫斯港是希腊商港,位于希腊东南萨洛尼克湾东北岸、雅典之西南,临爱琴海,是航船驶向黑海、地中海,通往欧洲、非洲、亚洲的良好中转港。港口主要由北港和南港组成。北港即赫尔库利斯港区,在中心港之西北约2海里,由突堤和不规则的港池组成,为散货港区。南港即中心港区,位于港市之西向内陆凹入的天然港湾内,口门有南北短防波堤保护,是地中海地区重要的邮轮旅游港口。邮轮码头有1685米长的码头岸线,有7个邮轮专用码头,共有12个泊位可同时接待邮轮。比雷埃夫斯港曾经同时停靠过11艘邮轮,其中就有当时世界上最大的邮轮——长340米的玛丽王后二世号。码头上有外币兑换、修船、行李、免税商店等服务。2016年1月20日,希腊的民营化促进机构希腊资产开发基金宣布,中国远洋运输集团以15亿欧元收购比雷埃夫斯港大部分股权。

3. 巴塞罗那

巴塞罗那港是西班牙、也是地中海沿岸最大的港口,是很多豪华邮轮欧洲线路的重要一站。根据皇家国际邮轮杂志 *Lloyd's Cruise International* 的统计资料,巴塞罗那是欧洲第一大邮轮目的地港口,世界排名第四。巴塞罗那港口位于欧洲南部和地中海西岸,地理位置优越;同时也是世界著名的旅游城市,酒店众多,服务精良,机场有国际航班接驳,港口有专门为邮轮而设的设施。这些因素都促使巴塞罗那成为邮轮公司的理想基地。巴塞罗那港口设有 7 个专门邮轮码头,可以容纳 9 艘邮轮同时停靠,其中邮轮码头 B 有 6500 平方米的面积,长为 700 米的泊位可停泊 14 万吨、载客量为 3600 人的邮轮;邮轮码头 D 南北邮轮码头共有 824 米长的停泊岸线,其中南码头可以同时停泊 2 艘邮轮,最长的有 253 米。

(二) 英伦三岛

英伦三岛主要邮轮港口及概况见表 2-7。

表 2-7 英伦三岛主要邮轮港口及概况

港口	概况
南安普顿	南安普顿港是英格兰南部港市,是英国最繁忙的邮轮港口,被誉为"英国的邮轮中心"。港口距离伦敦市中心 129 千米,有伊丽莎白二世女王号(Queen Elizabeth II Cruise Terminal)、城市邮轮码头(City Cruise Terminal)和五月花邮轮码头(Mayflower Cruise Terminal)3 座邮轮码头共 4 个邮轮泊位,每年接待邮轮超过 240 艘次,并成为英国公主邮轮、皇家加勒比邮轮的母港,另外水晶邮轮、歌诗达邮轮、银海邮轮等世界著名邮轮常年挂靠此港。港口距离伦敦市中心 1 个小时车程。南安普顿港旅游设施齐全,邮轮旅游的配套设施充分
都柏林	爱尔兰都柏林港位于都柏林市中心,处于交通要道口,拥有 7 个邮轮泊位,可停靠最长 300 米的邮轮。该港口每年接待 130 万人次的邮轮游客。港口接待的最大邮轮是 2004 年的 Grand Princess 邮轮,长 290 米
科克	英国爱尔兰的科克邮轮港位于风景如画的科克岛上,是北欧著名的邮轮港口,拥有 3 个邮轮泊位,可停靠最长 320 米的邮轮,港口服务水平良好
爱丁堡	苏格兰爱丁堡邮轮码头位于具有浓厚文化氛围的爱丁堡,拥有邮轮泊位 3 个

三、亚太地区

(一) 大洋洲地区

大洋洲地区主要邮轮港口及概况见表 2-8。

表 2-8 大洋洲地区主要邮轮港口及概况

港口	概况
奥克兰	2007 年奥克兰邮轮港接待了 73 艘次的邮轮,接待了 11.2 万人次的游客。2007 年 2 月,玛丽女王号通过奥克兰邮轮港到达新西兰
布里斯班	位于澳大利亚重要的度假休闲胜地布里斯班的布里斯班港是澳大利亚近来发展迅速的港口,布里斯班港共有 7700 米长的海岸线,27 个泊位,其中 1 个为邮轮专门泊位。港口交通便利,距机场仅 30 分钟车程

以墨尔本、悉尼为例,其邮轮港发展历程如下。

1. 墨尔本

1839 年,威尔布里首批入驻墨尔本港,并在那里建立了酒店和码头。1884 年,它被正式命名为墨尔本港。19 世纪 50 年代,墨尔本港成为英国维多利亚女王时代淘金者的天下,并迅速发展繁荣。如今,墨尔本港仍然是澳大利亚最大的客运和货运船只停靠的交通枢纽,距市中心 15 分钟车程,共有 4 个邮轮泊位,最长的达 223 米,深 10.9 米。邮轮码头每年接待海外游客 6.1 万人次,此外还为邮轮提供保养、维护等全方位的服务。尤其是在澳大利亚的夏季,许多国际邮轮停靠在该港口。

2. 悉尼

1788 年,英国人第一次踏上了悉尼这个天然的港湾。在随后的两个世纪,悉尼这个美丽港口(也被称为杰克逊港)吸引了众多移民、游客和商务人士的到来,并为城市的发展贡献了力量。新南威尔士州港口管理局对于悉尼港正式的管理可以追溯到 1811 年。在整个 19 世纪,悉尼的码头都是私营的。到了 20 世纪 40 年代,港口由新南威尔士州控制。到了 20 世纪 60 年代,新南威尔士州开始了拓展悉尼港的 10 年计划。随着对集装箱和货运吞吐量的需求逐渐增大,新南威尔士州开始进行可持续发展的研究。

悉尼港务公司成立于 1995 年,替代了原来的州政府管理,并开始制定了商业和以客户为中心的国际航运管理办法。随着国家交通部门的重组和合并(新南威尔士州成立海上和道路交通管理局),2011 年 1 月,州政府把伊甸园和扬巴港口的管理权统一划给悉尼港。2013 年 4 月,新南威尔士州成立了港口联盟。2014 年 7 月,新南威尔士州港务局成立,并与悉尼港、纽卡斯尔港以及肯布拉港合并,港务局同时还拥有悉尼国际邮轮码头(海外客运站在巴尔曼环形码头和白湾邮轮码头),并管理经营国际邮轮码头。

悉尼港是重要的邮轮旅游目的地,并且是澳大利亚唯一的有两个邮轮码头的港口。据统计,悉尼邮轮港在过去几年里,邮轮访问数量呈两倍增长,从 2009 年的 119 艘增加到 2014 年的 280 艘。

同时,新南威尔士州港务局大力投资于邮轮设施,以确保悉尼港保持或超过世界标准。2013 年 4 月,悉尼港在白湾投资 5700 万美元用于改善邮轮码头设施,通过环形码头的投入建造,将大幅提升客运量,并确保其设施可以容纳更大的邮轮靠港。

(二) 亚洲地区

以新加坡、中国香港、上海、巴生港为例,其邮轮港发展历程如下。

1. 新加坡

新加坡邮轮中心拥有两处邮轮码头:湾城新加坡邮轮中心 SCC 和新加坡滨海湾游轮中心 MBCCS。

20 世纪 80 年代初,新加坡港只是欧美邮轮的停靠港,收益小。1989 年新加坡旅游局成立了邮轮发展署。1991 年投资 5000 万新币修建了邮轮码头(即如今的新加坡邮轮中心 SCC),到访新加坡的国际邮轮和游客以平均每年超过 60% 的速度增长。新加坡 1994 年开始着力发展邮轮业,1998 年政府投资 2300 万新加坡元重修码头。2001 年,新加坡港邮轮码头管理中心被世界邮轮组织誉为"全球最有效率的邮轮码头经营者"。2012 年又完成耗资

1400万新币的升级工程,运营空间增加26%。湾城新加坡邮轮中心位于综合性海滨开发项目之内,周围聚集了无数的旅游目的地。湾城新加坡邮轮中心毗邻新加坡最大的购物中心——怡丰城,其对面即是圣淘沙岛——这里坐落着圣淘沙名胜世界综合度假村、主题公园、野生动物保护区和探险乐园。湾城新加坡邮轮中心距离市中心仅数分钟车程,并具备靠近樟宜国际机场的优越位置。

占地2.8万平方米,斥资5亿美元建成的新加坡滨海湾邮轮中心于2012年10月开始运营,已于2015年全线投入使用,可停靠目前世界最大的22万吨级邮轮;邮轮中心规模居亚洲前列,每年可吸引约160万人次旅客。它拥有一流的设施和双泊位,将使新加坡目前的港口容量增加一倍。

2. 中国香港

香港地理位置优越,拥有天然深水港,是亚太区内一个重要港口,配备香港多样化的旅游设施,香港在亚太区邮轮市场一直占有举足轻重的地位。香港海运大厦邮轮码头位于维多利亚湾侧的海运大厦,邮轮泊位长达380米,可以同时停泊两艘大型邮轮或者四艘小型邮轮。启德邮轮码头大楼及首个泊位的工程于2010年5月启动,2013年6月落成启用,提供两个可以停泊世界上最大型邮轮的泊位。作为亚洲黄金航运区域,香港邮轮旅游业的发展十分迅猛。世界上许多知名的邮轮公司,如丽星、嘉年华和皇家加勒比等都在此设立了区域总部或代理,这为香港邮轮旅游发展提供了最重要的保障。2008年,香港邮轮码头在英国邮轮杂志 *Dream World Cruise Destinations* 举办的最佳邮轮目的地评选中,获选为最佳旅游目的地之一。

3. 上海

目前,上海港已形成"一港两码头"的国际邮轮组合母港。上海港国际客运中心与吴淞口国际邮轮港实现功能互补,吴淞口国际邮轮港定位于发展高端产业服务,完善商业配套服务,构建邮轮要素市场,拓展邮轮产业链,成为上海邮轮经济商务区。上海港国际客运中心主要用于接待吨位较小的邮轮;吴淞口定位于为大中型国际邮轮和沿江沿海游船以及游艇靠泊提供综合服务的长江三角洲区域水上旅游集散中心,吴淞口国际邮轮码头主要停靠7万吨级以上的国际邮轮。两码头共同打造上海国际邮轮母港,组合形成上海接待各型国际邮轮的能力,提高上海服务"长三角",服务长江流域,服务全国的能力。

2013年,上海共接待国际邮轮靠泊197艘次,邮轮旅客吞吐量75.7万人次,同比2012年增长1.2倍。在国家旅游局的支持下,以吴淞口为中心设立了我国首个中国邮轮旅游发展实验区,成为中国邮轮产业发展的重要阵地。上海吴淞口国际邮轮港开港以来,已累计接靠大型邮轮超过360余艘次,接待出入境游客近180万人次。目前,皇家加勒比邮轮公司旗下的"海洋航行者号""海洋水手号",歌诗达邮轮公司旗下的"维多利亚号""大西洋号",公主邮轮公司旗下"蓝宝石公主号"先后以吴淞口为母港运营亚洲邮轮航线,将中国邮轮旅游带入大船时代。2014年,吴淞口国际邮轮港共接待邮轮215艘次,其中母港邮轮204艘次。2015年,吴淞口又迎来了包括皇家加勒比邮轮公司旗下的"海洋量子号"在内的三艘新母港邮轮,歌诗达邮轮公司的"大西洋号"环球之旅也将在吴淞口起航。目前,宝山区正在加快推进吴淞口国际邮轮港的后续工程,力争于2016年形成4个大型邮轮泊位,进一步提升中国邮轮门户港的软硬件条件。

4. 巴生港

巴生港是马来西亚最大港口，邮轮港 1995 年启用。巴生港距吉隆坡 45 分钟的车程，1997 年，巴生港在《梦想世界邮轮之旅》(Dream World Cruise Destination)杂志评选中，获得"世界最佳港口设备奖"。巴生邮轮码头有 3 个邮轮泊位，总长 660 米，水深 12 米，可接待总长达 300 米、吨位 5 万吨的邮轮，经营丽星邮轮公司航线居多

第三节 邮轮港口的发展态势

随着世界经济形势的持续好转，尤其是亚洲经济的崛起，全球邮轮旅游需求将全面进入持续增长状态，世界邮轮业将进入繁荣时期。邮轮港口的发展必然与邮轮业的发展密不可分，因此可以预测未来全球邮轮港口也会持续发展，某些地区如亚太还将呈现爆发式发展趋势。具体发展趋势包括：

（1）邮轮建造的大型化和密集程度促使邮轮港口不断扩建。
（2）航海科技的发展不断推动邮轮港口科技发展。
（3）为了更好地提供服务，邮轮港口将不断朝着信息化、便利化发展。
（4）亚太地区（尤其是中国）将不断崛起新的邮轮母港和挂靠港。

一、邮轮港口合作化发展趋势

目前，港口合作发展已经成为港口业的大趋势，主要表现在两个方面。

一方面是港口间的横向合作。在一个经济地理区域内的港口由于资源共有，势必存在利益纷争问题，解决这种矛盾共识的做法便是以组合港、港口联盟等形式实现港口间分工合作共同发展。国外有很多成功的合作案例，诸如鹿特丹/安特卫普、纽约/新泽西、日本东京湾港口群等。国内提出的长三角、珠三角等五大港口群正在积极启动可操作性的合作模式。

另一方面则是港口与其所在的供应链中上下游节点的合作。在全球供应链管理的条件下，港口变成了供应链中的一个环节，港口之间的合作和竞争正在逐步转向港口所在供应链中的合作和竞争，为了达到共赢和发展的机会，港口必须实行纵向的供应链内部合作。广义上来说，港口可看作一个支持原材料生产、成品制造和分发的实体，是多个供应链的潜在成员。纵向合作对象涉及旅游企业、物流企业、金融贸易、服务等不同类型的企业。港口已经与航运企业在基础设施、管理信息平台等硬件软件建设方面开展了多种形式的合作。

2015 年，国家交通部公布了《全国沿海邮轮港口布局规划方案》（以下简称《方案》）。《方案》提出，2030 年前，全国沿海形成以 2 至 3 个邮轮母港为引领、始发港为主体、访问港为补充的港口布局，构建能力充分、功能健全、服务优质、安全便捷的邮轮港口体系，打造一批适合我国居民旅游消费特点、国际知名的精品邮轮航线，成为全球三大邮轮运输市场之一，邮轮旅客吞吐量位居世界前列。

第2章 邮轮港口的演变

根据《方案》,未来一个时期,我国邮轮港口发展将以始发港为主体。辽宁沿海重点发展大连港;津冀沿海以天津港为始发港;山东沿海以青岛港和烟台港为始发港;长江三角洲以上海港为始发港,相应发展宁波—舟山港;东南沿海以厦门为始发港;珠江三角洲近期重点发展深圳港,相应发展广州港;西南沿海以三亚港为始发港,相应发展海口港和北海港。其他沿海港口根据旅游资源和邮轮市场需求,均可作为邮轮访问港(见表2-9)。

表2-9 中国规划和建设的邮轮港口

邮轮港口城市	邮轮港口数(个)	泊位数(个)	年接待能力	计划总投资(亿元)
上海	2	7	160万人次,可停靠22万吨级邮轮	31
三亚	2	3	200万人次,可停靠25万吨级邮轮	23
厦门	1	1	150万人次,可停靠14万吨级邮轮	10
天津	1	6	50万人次,可停靠22万吨级邮轮	13
舟山	1	1	57万人次,可停靠10万吨级邮轮	6.3
青岛	2	3		10
大连	1	2		
深圳	1	1	可停靠15万吨级邮轮	90
宁波	1	1		4
北海	1	2	200万人次	6
其他规划建设的邮轮港口的城市	广州、海口、珠海、威海、连云港、秦皇岛、湛江等			

知识链接

中国沿海三大邮轮港口群初步形成

2010年1月21日,《2009—2010中国邮轮发展报告》(以下简称《报告》)在上海发布,《报告》指出中国沿海已初步形成三大邮轮港口群,包括依托长江三角洲和环渤海湾形成的东北亚邮轮港口群、依托珠江三角洲和环北部湾形成的东南亚邮轮港口群和依托海峡西岸和台湾岛形成的(台湾)海峡两岸邮轮港口群。

自从2007年7月歌诗达邮轮、皇家加勒比邮轮相继开辟以上海、天津为母港的邮轮航线后,内地游客终于可以在境内搭乘邮轮出海,享受海上度假的愉悦。2009年,从内地乘坐国际邮轮出境旅游的人数达2万人次,加上到中国香港、新加坡、美国、欧洲等地登轮游览的客人,中国邮轮游客达35万~38万人次。

在旅客量不断增长的支撑下,中国沿海三大邮轮港口群已初步形成,在此基础上,中日韩航线、港台航线和东南亚航线也迅速发展起来。其中,中日韩航线由于三国港口的航线距离短,很容易做到"朝发夕至"的跨国境航行;作为最具吸引力的旅游市场,港台两地的邮轮目的地组合备受青睐;热带地区独特的气候条件和港口优势,使得东南亚航线的邮轮营运可以全年周期运作,航班密度高、航线选择多。

上海海事大学副校长、上海国际航运研究中心邮轮经济研究所所长肖宝家说,中国地跨东北亚和东南亚两个大区,不仅是亚洲夏季邮轮航线的重要起始港和目的地,也是冬季邮轮航线的重要停靠点,同时还是全球环游世界航线的必经之地。加之独特的东方文化、丰富的旅游资源和潜力巨大的客源市场,使中国成为亚洲邮轮市场的核心组成部分,将受到邮轮公司越来越多的重视。

(资料来源:中国国际海运网. http://info.shippingchina.com/bluenews/index/detail/id/63343.html,2010-01-24。)

 知识链接

青岛等7城成立邮轮港口联盟

2014年11月,第二届中国(青岛)国际邮轮峰会暨青岛邮轮旅游招商洽谈会开幕。来自邮轮产业界领导、国际知名邮轮公司、全国邮轮港运营方、百强旅行社、邮轮院校、邮轮专家学者及邮轮相关产业的嘉宾约300人出席峰会。

青岛市是中国改革开放后最早接待国际邮轮的城市,自1979年开始接待国际邮轮以来,每年都有一定数量邮轮访青,青岛已成为中国接待国际邮轮最多的城市之一,也是中国开通海上国际客货班轮航线最多的城市。截至2013年,青岛港已累计接待国际邮轮300余艘次,计划2015年邮轮接待量达到20艘次,5年内达到100艘次。

本届峰会,主办方邀请了歌诗达邮轮、皇家加勒比邮轮、公主邮轮、丽星邮轮、地中海邮轮、海航邮轮、渤海邮轮、携程天海邮轮八大邮轮公司,上海吴淞口国际邮轮港、上海港国际客运中心、天津国际邮轮母港、厦门国际邮轮母港、三亚凤凰岛国际邮轮港、舟山群岛国际邮轮码头、香港启德邮轮码头全国七大邮轮港口高层齐聚岛城,山东省百家旅行社代表参会。

会上,由上海、天津、厦门、三亚、舟山、青岛、香港七城市八个邮轮港口共同倡议发起成立中国邮轮港口联盟,搭建全国性的码头开发、运营和管理的合作平台,使各邮轮母港及城市间强强联合,打造全国邮轮经济网络,共同推动中国邮轮市场快速发展。

(资料来源:中国国际海运网. http://info.shippingchina.com/bluenews/index/detail/id/117466.html,2014-11-12。)

二、邮轮港口区域化发展趋势

港口功能的发展可以认为是从节点—扩展—专业化—区域化的进化过程。

随着港口网络的发展,港口系统逐步在空间和功能上向外拓展。结合沿海的岛屿等形成一体化的中心,区域性发展趋势使得港口从传统概念中的"点"扩展到"区域",在空间上港口与城市融为一体，城市经济活动以港口经济活动为核心，港口成为城市乃至区域发展的推动力量。在资源空间上港口涵盖整个陆域经济腹地，整个腹地的资源均可作为港口发展的储备，港口的生产流程和运营管理可随区域化发展的深入，打破地域限制，分散到整个区域及腹地网络中进行。

区域化发展扩展了港口活动的地理空间和经济空间，促使港口实现动态网络化运作，能够更好适应全球经济变革的环境及运输市场扩大化和多样化的需求。

2015年4月22日《全国沿海邮轮港口布局规划方案》（以下简称《方案》）将邮轮港口分为访问港、始发港和邮轮母港三种类型。《方案》重点对始发港提出布局方案。辽宁沿海，重点发展大连港，服务东北地区，开辟东北亚航线；津冀沿海，以天津港为始发港，服务华北及其他地区，积极拓展东北亚等始发航线和国际挂靠航线，提升综合服务水平，吸引邮轮要素集聚；山东沿海，以青岛港和烟台港为始发港，服务山东省，开辟东北亚航线；长江三角洲，以上海港为始发港，服务长江三角洲及其他地区，大力拓展东北亚、台湾海峡等始发航线和国际挂靠航线，开辟环球航线，逐步构建完善的航线网络体系，健全邮轮服务功能，提升综合服务水平和邮轮要素集聚程度，相应发展宁波—舟山港；东南沿海，以厦门港为始发港，服务海峡西岸经济区及其他地区，加快发展台湾海峡航线，拓展东北亚始发航线和国际挂靠航线，提升综合服务水平，吸引邮轮要素集聚；珠江三角洲，近期重点发展深圳港，服务珠江三角洲地区，开辟南海诸岛、东南亚等航线，相应发展广州港；西南沿海，以三亚港为始发港，服务西南及其他地区，拓展东南亚始发航线及国际挂靠航线，加快开辟南海诸岛航线，扩大市场辐射范围，提升综合服务水平，相应发展海口港和北海港，拓展东南亚等始发航线。

三、邮轮港口精益化发展趋势

精益思想的本质是要消除所有可能的浪费。现代港口通过信息化管理、生产流程再造等方式，消除港口的非增值活动。

在精益化发展中，通过建立精益港口绩效评价体系，能够快速识别并消除港口运营过程中的浪费、缺陷和操作瓶颈，实现全面质量管理、降低成本。同时，港口精益化通过精简流程和活动，使其与内陆终端的关系简单化，使得整个港口供应链的耽搁和浪费成本最小化，增强供应链的弹性和市场环境适应性。

港口生产流程再造是精益化发展的基础。港口的流程再造基于管理理念的变革和信息化建设的发展。再造过程中以流程为中心，而不是以单一的职能部门为中心。一个流程可能需要一系列相关部门的配合，将流程不利的部门或者说是流程中重叠的部门摒弃，也可以将其进行合并，以达到用最少的资源创造出最大的利益的目的。改进后的流程要具有其一定的简捷性和精益性。

由于打破了职能界限，使得所有的业务都是围绕着流程进行，相应地，整个企业的组织结构趋于扁平化，这样就有利于缩短部门内部和部门之间信息的传递，消除浪费，缩短时间，使得工作更具灵活性，改进后的流程的确能提高效率，提高顾客满意度和公司竞争力，降低整个流程成本。

四、邮轮港口敏捷化发展趋势

敏捷化是建立在准时化(JIT)和精益化的基础上,以柔性生产技术和动态组织结构为特点,以高素质、协同良好的工作人员为核心,实现技术管理和人的集成,实行企业间网络集成,形成快速响应市场的生产体系。同时,预测市场趋势,提供快速、高质量的服务。

港口敏捷化发展基于物流、运输的敏捷化特点,其主要特征为:一是预测并快速响应市场需求,以满足用户要求,获得利润为目标;二是以竞争能力和信誉为依据,选择组成港口联盟的合作伙伴;三是充分将现代化信息技术、控制技术和机械技术用于港口生产,最大化地提高生产效率。

本章小结

现代邮轮产业的兴起起始于20世纪50年代的北美。在邮轮旅游业发展的六七十年的历程中,依次经历了过渡萌芽期(20世纪60年代末至70年代初)、诞生引进期(20世纪70年代至80年代)、成长拓展期(20世纪80年代至90年代中期)和繁荣成熟期(20世纪90年代中晚期至今)四个阶段。

随着邮轮经济近十年来的持续快速增长,许多国家和地区邮轮经济的发展逐步深入,目前世界版图内的邮轮港口已形成基于地理区域分布特征的较为稳定的全球布局形态。邮轮港口分布最为密集的地区为北美地区和欧洲地区。近年来,澳大利亚和新西兰,东亚的中国、日本、韩国和东南亚的新加坡、马来西亚等国的邮轮港口建设也发展迅速。

邮轮港口未来发展呈现出合作化、区域化、精益化和敏捷化发展趋势。

思考题

1. 简要描述世界邮轮港口兴起和发展的各阶段特征。
2. 简述北美地区的主要邮轮港口。
3. 简述欧洲地区的主要邮轮港口。
4. 简述亚太地区的主要邮轮港口。
5. 邮轮港口的未来发展呈现哪些态势?

案例分析

邮轮经济的中国时代

邮轮经济是指以邮轮旅游为核心产品带动相关产业发展而产生的总体经济,主要包括港口补给、码头服务和邮轮游客及工作人员离船食、住、行、游、购、娱所引发的综合经济现象。一艘邮轮所承载的,并不仅仅只是几千名乘客,还有与之相伴随的餐饮、休闲、娱乐、住宿、旅游等庞大消费。

邮轮经济是一个涵盖了上、中、下游三大产业区块的巨型产业链,上游主要是邮轮制造,中游是港口建设与邮轮服务,下游是邮轮母港向邮轮城的延伸。邮轮产业发展空间巨大,所以邮轮产业不仅是中国造船业、港口业转型升级的战略性发展领域,也应该是中国经济未来转型升级的重要领域之一。

中国邮轮经济自 2006 年歌诗达号第一艘邮轮来到中国,虽经 10 年快速发展,但总体还是起步阶段。过去 10 年,大致只是出入境游中占比并不算大的一块蛋糕,产值大约仅有 300 亿元的规模。

10 年是一个产业发展的重要节点。过去 10 年,主要是消费者对邮轮度假的认识阶段,是传播邮轮知识、文化的阶段。在这个阶段,一些港口已初步建成,市场培育已经逐步成熟。比如邮轮母港的建设,从北到南,基本布局已经成型,大致可划分为 5 个核心圈。

一是以上海为龙头的长三角圈。2014 年,上海邮轮旅游的游客与航次,占大陆市场的 50%,位列全球第 9 位,今年可能列入第 8 位。

二是以天津为核心的环渤海圈,2014 年邮轮旅游的游客与航次占全国大陆市场的 20%。

三是以香港、广州与深圳为核心的华南沿海圈。

四是以厦门为中心的海峡两岸东南沿海圈。

五是以三亚为中心的南海圈。

专家认为,这 5 个圈相比较,上海圈是龙头;而南海圈也可以看成是华南沿海圈中的一个二级区域,目前邮轮旅游量不大,加上南海国际局势存在风险,所以游客总量还不会太大。不过,三亚所能辐射的南海区,长远来看占据战略要津,可辟航线丰富,区域内海景风光旖旎,市场需求展示出巨大的潜力。

总体而言,未来中国邮轮市场全产业链的经济规模总共究竟有多大呢? 以 2014 年的数据来计算,当年中国有超 1 亿人次的旅客出境旅游,而乘坐邮轮出境旅游旅客的规模只有约 74 万人次,邮轮的市场渗透率不到 0.01%。而据 2015 年 3 月 31 日上海国际航运研究中心发布《2030 年中国航运发展展望》预测,随着国内居民可支配收入的增长,邮轮旅游将成为大众化的旅游方式,预计到 2030 年,中国的邮轮市场渗透率将增长至 0.5%~1%,每年邮轮旅客量将达到 800 万~1000 万人次。

上海海事大学经济管理学院副教授、上海国际航运研究中心邮轮经济研究所副所长程爵浩告诉企业观察报记者,未来 10~15 年,中国邮轮旅客量能达到美国的水平,约 1000 万人,大约需要 200 艘邮轮,整体能拉动约 5000 亿元人民币的经济规模。

(资料来源:企业观察报. http://www.ccyia.com/news/xingyexinwen/2015/0909/2552.html,2015-09-09。)

结合案例思考以下问题:

1. 结合案例,归纳我国邮轮港口发展的历程。
2. 我国邮轮港口发展的格局是什么? 分析其形成的历史原因。
3. 展望我国邮轮港口发展的趋势。

第3章 邮轮港口管理模式

 本章导读

2015年8月12日23:30左右,天津滨海新区第五大街与跃进路交叉口的一处集装箱码头发生爆炸,发生爆炸的是集装箱内的易燃易爆物品。现场火光冲天,在强烈爆炸声后,高数十米的灰白色蘑菇云瞬间腾起。随后爆炸点上空被火光染红,现场附近火焰四溅。第一次爆炸发生在2015年8月12日23时34分6秒,近震震级ML约2.3级,相当于3吨TNT炸药当量;第二次爆炸发生在30秒钟后,近震震级ML约2.9级,相当于21吨TNT炸药当量。

截至2015年9月11日,共发现遇难者人数165人,已确认身份165人,失联者8人,住院治疗人数233人。此次爆炸,有8000多辆刚刚组装下线的新车在爆炸中损毁,包括现代、大众、雷诺、丰田等品牌汽车。有媒体预计,直接经济损失达40亿元。

天津港"8·12"爆炸事故发生后,大型港口管理问题引人关注。

港口的危险化学品监管由谁负责?港区公安、消防该由谁来管理和领导?谁来负责对港务集团的管理?

由于历史原因,港口管理往往涉及交通、安监、消防等多个部门,容易出现权责不明等情况,一些地方港口管理部门对大型港口有着"该管的没管上,想管也管不上"的尴尬。

本章主要探讨邮轮港口的管理模式问题,首先介绍世界主要邮轮港口的管理模式,然后分析中国港口管理体制演变历程和港口管理体制改革后存在的问题,最后介绍国内外区域港口一体化的实例。

港口业属于服务性行业,港口具有基础性、涉外性、区域性、系统性等特点,其功能有很大的辐射性。为此,我国政府也非常重视港口的社会公益性。我国港口管理体制经历不断改革的发展过程。1978年以前,我国港口管理体制是典型的计划经济体制下的公有公营模式。随着改革开放,这种模式的弊端日益突出。针对港口管理体制出现的种种弊端,我国政府进行了许多改革调整,起到了一定效果,使我国的港口业在全国范围内都有了很大发展。然而,由于传统体制的长期影响,历史上形成的诸多问题以及多年来的重复建设,许多港口已不适应市场经济的要求,企业经营机制不活、经济效益低下等问题日益突出。目前我国绝大多数的港口企业属于国有企业,在国有企业的体制转换和结构调整的攻坚阶段,

第3章 邮轮港口管理模式

应清醒地认识到,港口体制改革面临着艰巨的任务。港口管理体制的形成、发展受到国家历史、经济、政治、传统文化等国情影响。从世界范围来看,港口管理的具体形式具有很大的差异性,具体表现在不同国家、同一国家不同港口、同一港口在不同时期,其港口管理体制各不相同。以下对世界邮轮港口管理模式进行分类研究,分析其发展趋势。

第一节　世界邮轮港口的管理模式

一、迈阿密邮轮港的管理模式

(一)非营利性的管理主体

迈阿密港口(Miami Cruise Port)隶属港口局这一非经营性单位,主要是提供基础设施租赁给私营部门经营,其日常运营费源于收取租金、船供服务、港费、贮存费等,岸线和航道维护、大型建设项目则视具体情况,由联邦政府和州政府拨款、专项基金投入、银行贷款等方式筹措。邮轮在港上下客、货物装卸等业务由港口公司与航运公司、邮轮公司按合约进行。20世纪80年代,由于母港邮轮业发展迅速而港口接待能力有限,迈阿密港口部门新增2.5亿美元实施了扩建。如今,迈阿密邮轮(旅游)母港经济依旧稳居世界首位,主要航线遍及拉丁美洲、加勒比海等地区,驻地母港邮轮公司达8家,母港邮轮约20艘,2012年的游客约占全球游客规模的1/4。

(二)完善的客运站管理系统

迈阿密的两座邮轮客运站拥有世界上最先进的管理设施系统,能够同时为8400名游客出行提供服务;还拥有许多相关设施,如舒适的休息大厅、多个商务会议大厅、全封闭并加装中央空调的游客上船通道,以及完善的订票系统、安全系统、登轮查验系统和行李管理操作系统等;拥有能够容纳733辆汽车的车库,先进的信息化服务能够高效率指挥港口内部的交通,为游客出行提供近乎完美的服务。

(三)规范便捷的港口管理流程

迈阿密邮轮客运枢纽站的业务流程设置相当规范,商店、游客、行李和船舶均为独立管理,并将第三层楼设计为与船体位于同一高度,便于游客上下船。迈阿密邮轮港位于市中心海滩的黄金地段,距机场仅有15分钟车程,离市中心最近的大型购物、宾馆、餐饮区仅仅有几分钟车程。

随着世界邮轮产业的发展,一艘艘巨轮下水运行,对母港的要求也进一步提高,迈阿密港也在不断更新设备,加大建设,为保持邮轮母港的世界邮轮之都的地位,迈阿密会相继投入2500亿美元扩建母港来满足下一代邮轮的需要。

(四)游客至上的服务理念

迈阿密邮轮母港处处体现"游客至上"的服务理念。一是服务范围无微不至,如私人汽车看管、汽车出租、搬运车预约、公共汽车查询、自助银行和问讯处等均有提供。二是服务力求便捷。邮轮游客只需买票、验票、候船、登船,行李则由港口的行李处理设备送到指定的位置,甚至可以直接传到飞机上或酒店。三是服务形式多种多样。迈阿密邮轮母港拥有天然的海边浴场,舒适宜人,距邮轮出入口仅 10 分钟路程。

（五）完备的商业配套设施

迈阿密邮轮港商业设施对城市和港口服务也起着十分重要的作用。表 3-1 反映了 2012 年迈阿密港周边的商业配套设施。

表 3-1 2012 年迈阿密邮轮港商业配套设施

2012 年迈阿密邮轮港周边配套产业名单		
机场	熏蒸服务	油类溢出应对/循环处理
代理	地面运输	铁路营运
银行	政府	房地产/财产管理
商业委员会	有害物质处理	餐厅
化学和清洁产品	起重设备及服务	绳索、电线及电缆产品
邮轮运营商	宾馆	安全产品及服务
冷藏	海运代理	财务抢救
咨询—港口及产业	海运航线	安保系统、服务及技术
集装箱和车辆底盘销售	工业废弃物管理	装卸工人
出租及修理	保险及风险管理	测量师及顾问
起重机—设备和服务	工会	承租人
设备租赁	物流及联运服务	港口运营商
报关/货运代理	船舶建造	拖车及拖轮
潜水及水下服务	船舶电子	贸易协会及组织
疏浚及海洋工程	船舶设备及供给	跨区域及当地的卡车运输
工程服务	船舶修理及加工	船用物品供应商
环境服务	医疗服务	船舶修理
外国领事馆和贸易办公室	导航系统及设备	仓储及配送服务
对外贸易区	无船承运人	燃料服务

（六）邮轮公司参与港口运营

与欧洲相同,迈阿密邮轮港早期也是由当地港务局投资建设的。劳德代尔堡的 18 号邮轮港就是皇家加勒比邮轮公司直接投资建设的,港务局将其租赁给皇家加勒比邮轮公司,租期为25年,到期后所有设施归港务局所有,然后由港务局决定是否续租给该公司或其他公司。

（七）政府部门的高度重视

对于邮轮母港而言,港口的服务配套能力至关重要。迈阿密港口最忙的一天要同时停靠6艘邮轮,登(离)船3.1万人次。平均每艘邮轮需要14辆货运卡车提供服务。为了确保邮轮港口的服务配套能力,迈阿密当地政府非常重视对港口基础设施的规划建设管理。邮轮港建设由郡政府（类似国内市辖的区政府）规划,并由私营企业投资和运营。港口总体规划,每年都根据实际需要进行修订,使得邮轮港口的水深条件、航道条件、接靠条件以及相关的配套服务能力始终能够满足邮轮经济发展的需求,保持迈阿密港作为邮轮母港的优势地位。

（八）查验单位的人性化服务

查验单位的美国CBP(美国海关边境保护局)人员就近在港停靠点设立监管点,"零距离"贴近监管对象,为邮轮和游客最大程度提供方便。一般情况下不登船实施检查。移民局和海关、检疫等监管功能合并执行,简便快捷。其监管手续与邮轮安检程序无缝衔接,全部监管程序一个流程走完,真正实现"一站式"、一次性通关。游客从登船口经过各项检查程序到船上,包括排队时间,平均每人仅需5至10分钟。此外,游客从候船到登船,采用全封闭管理,既利于监管,也方便游客。

在监管时间上,监管部门根据邮轮实际停靠时间安排作业。在邮轮停靠时间超出工作时间时,根据需要及时安排人员加班。每艘邮轮人员进出都在2000人次以上,一般情况下,都可在4小时内完成全部人员上下船的监管手续。

监管部门也重视利用信息手段提高监管效率。据介绍,CBP通过网络共享,可以随时查询境外人员在入境时采集的信息。他们一般没有抽查比例的规定,主要是通过信息和情报分析,提前布控,有针对性地开展监管检查。而对于绝大部分游客及其行李,则实行便捷通关,从而大大提高监管效率。

二、欧洲邮轮港的管理模式

（一）完善的三权分立体制

良好的管理体制与机制是保证邮轮港口有序运营的基本要素。以西班牙的巴塞罗那为例,政府与巴塞罗那城市港口2000发展公司（Gerncia Urbanistica Port 2000,简称"港口发展公司"）签订为期25年的租赁合同,授予其VELL港公共空间的商业经营权,这是VELL港成为城市休闲娱乐中心的基础。为此,VELL港的建设管理实行了"三权分立"体制,即巴塞罗那港务局拥有土地所有权,"港口发展公司"拥有商业经营权,而VELL港的规划与建设受控于巴塞罗那城市规划局。二者的密切合作是VELL港发展的保证,而"港口发展公司"对于VELL港的经营管理是使VELL港成为巴塞罗那最具活力场所的原因所在,树立了VELL港的品牌形象。

(二)高效专业的运营管理

欧洲邮轮港的管理采用外包形式,将大部分接待业务外包出去,仅有少量管理人员进行管理。以巴塞罗那 PALACRUCEROS 邮轮港为例,整个候船大厅室内面积有 1.05 万平方米,却仅有 5 名管理人员。英国南安普顿 OCEAN TERMINAL 的候船大厅,室内面积超过1.2万平方米,也仅有 5 名管理人员。

(三)邮轮公司参与港口运营

欧洲邮轮港早期都是由当地港务局投资建设的,属于市政设施。由于政府通常不愿利用纳税人的钱加大投资建设,因此希望吸引邮轮公司入股邮轮港,但由于劳工、土地和环保等多方面因素的制约,双方利益不一致,很难达成合作。在实际操作中,港务局一般会采取租赁方式同邮轮公司合作,由邮轮公司建设码头设施,土地所有权归港务局,租期一般都在 25 年左右。

例如,歌诗达邮轮公司在巴塞罗那的邮轮港是由嘉年华集团投资约 1400 万欧元建设的,港务局将其租赁给歌诗达邮轮公司,租期为 25 年,到期后所有设施归港务局所有,然后由港务局决定是否续租给歌诗达邮轮公司或者其他公司。

(四)低廉而灵活的收费制度

欧洲邮轮港收费较为简单,主要有码头使用费和乘客费。欧洲同一港口的不同码头或泊位之间收费基本一致,同一邮轮航线上所挂靠的港口收费标准差异也不大。与中国香港和其他亚洲港口相比,欧洲邮轮港的总体费用相对较低,这有利于吸引更多邮轮公司更多频次地挂靠码头。需要指出的是,欧洲码头收费具有一定的灵活性,例如,邮轮挂靠货运码头时,遇到与其他作业船只撞期,由于邮轮船期紧张,通常码头会让邮轮优先靠泊,让出泊位的费用和其他作业船只的损失由邮轮承担。

(五)邮轮公司拥有自有码头

邮轮公司自有码头的设施与公用码头的设施又有所差异。以巴塞罗那和萨沃纳歌诗达邮轮公司母港的设施来看,候船厅的商业设施规模非常小,主要原因是邮轮公司并不鼓励游客在岸上消费,希望游客在船上更多消费。但在部分公共码头,候船厅和商业设施的规模会比较大,码头会倾向于吸引更多游客在此消费。

(六)凭借大事件改造滨水区

可以利用国际性的盛事来提升城市地位,使"事件"成为城市发展的契机和触媒,在解决城市问题的同时,促进城市空间结构的优化。如西班牙巴塞罗那 20 世纪 80 年代以来开始对滨水区进行开发改造。主要经历了 1992 年奥运会和 2004 年世界文化论坛项目,根据大事件对滨水岸线进行分阶段的开发,对城市整体结构有了重要的影响。

为迎接 1992 年巴塞罗那奥运会的举办,巴塞罗那市进行了一系列提高城市环境和质量的建设。VELL 邮轮港的重建就是在这种大背景下,于 1985 年正式开始的。

三、中国香港邮轮港的管理模式

（一）"地主型"邮轮港的管理模式

在中国香港，海运码头的使用权是私人的。而2014年启用的首个泊位的启德邮轮码头，则采用了一种新型的合作方式，即政府负责规划、企业负责运营。政府将它的使用权租给了全球邮轮码头财团（Worldwide Cruise Terminals Consortium，WCT），WCT是由环美航务、皇家加勒比邮轮有限公司和信德集团辖下的冠新有限公司合资组成的。根据租约，WCT除负责安排邮轮的停泊和落客外，还须负责邮轮码头的运作及管理。另外，WCT须向香港特区政府缴纳固定及浮动租金，运营10年期内的固定租金总数约1300万港元。特区政府另收取营运商总收入的一定比例的浮动租金。运营商的总收入越高，分摊给特区政府的总收入比例会越高，WCT向政府分摊总收入的比例介于7.3%～34%。这样不但有利于启德码头的经营管理，也为政府提供了经济保障。

不难发现，香港启德邮轮码头的管理模式是典型的"地主型"邮轮港"政府投资建设、企业管理运营"的运行模式。这种管理模式不仅减轻了政府的负担，同时也提高了邮轮港口的生命力和活力。

（二）组合式的邮轮港宣传推广模式

据了解，为提升市场知名度，香港启德邮轮港与邮轮公司合作投资宣传，并定期邀请香港旅游业人士、启德邮轮码头运营商WCT、皇家加勒比国际邮轮公司、公主邮轮公司、歌诗达邮轮公司、丽星邮轮公司以及邻近邮轮港口、码头负责人到香港参观启德邮轮码头，并举行邮轮论坛。

除此以外，香港启德邮轮港积极加强与香港旅游业议会的合作，通过在启德邮轮码头主办邮轮假期博览会和举行讲座来推介相关行程，介绍邮轮种类、船上注意事项、岸上观光及旅游保险等，从而大大加深了香港市民对邮轮旅游的接受和喜欢程度。

四、新加坡邮轮港的管理模式

（一）市场需求决定的错位发展

新加坡邮轮母港是由新加坡邮轮中心（SCCPL）和新加坡滨海湾邮轮中心共同构建的，共有4个国际邮轮泊位，但组合形式较为松散，更多的是强调依据市场需求，错位发展。新加坡邮轮中心和滨海湾邮轮中心分别由独立的公司进行运营管理，其在资本上并未有合作形式。在发展定位上，滨海湾邮轮中心主要目标市场是高端邮轮服务，而邮轮中心除发展国际邮轮航线之外，还兼顾渡轮航线。这与上海邮轮母港的组合模式很相似。

新加坡邮轮中心是新加坡港务局为了促进亚太地区邮轮发展投资了5000万新加坡元建设的邮轮专用码头，于1992年6月完工投入营运。1998年政府又投入了2250万新加坡元对码头进行了现代化改造。2001年，被世界邮轮组织誉为"全球最有效率的邮轮码头经营者"。2003年，新加坡邮轮中心作为一个部门从PSA集团（新加坡港务集团）剥离出来，成为一个独立的公司——新加坡邮轮中心私人有限公司，属于淡马锡投资集团。新加坡邮轮中心为新加坡的邮轮及渡轮港口营运单位，主要营运项目为渡轮和邮轮的营运，以及港口码头相关设施的经营管理。目前辖下共有4个旅客码头，包括国际航线的国际线旅客码头、区域航线渡轮的区域渡轮码头、丹那美拉渡轮码头以及新加坡国内渡轮航线的巴西班让渡轮码头。

新加坡滨海湾邮轮中心由政府投资5亿新加坡元建设，由新加坡新翔集团和西班牙邮轮业者组成的财团经营，具有空港和邮轮码头整合经验，经营合约长达10年，另有5年的选择权。

（二）"枢纽型"的港口发展模式

新加坡邮轮中心位于班丹海峡内，西邻马六甲海峡的东南侧，东出新加坡海峡，是太平洋和印度洋之间的航运要道。陆上交通也十分便捷，东海岸的高速公路、阿逸拉惹高速公路和中央高速公路等主要高速公路由此通过。港湾地铁站正好位于港湾中心，通过东北地铁线把港湾中心和新加坡其他地区连接起来。此外，邮轮中心距离樟宜机场仅有21千米，约半个小时车程，这为邮轮游客节省了大量时间。

新加坡邮轮中心通过建造符合国际标准的邮轮码头，吸引邮轮到港停靠，从而发展成为区域航线重要的节点。这种"枢纽型"的邮轮港口发展模式值得借鉴。

（三）完善的港口综合服务配套

邮轮港口与其他港口的最大区别在于，邮轮港口是一个旅游目的地，并具有综合服务的功能。新加坡邮轮中心位于新加坡港内，毗邻新加坡最大的购物中心——怡丰城，其对面的圣淘沙岛坐落着众多的旅游景点。

除此以外，新加坡邮轮中心的离境大厅所在的港湾中心是新加坡大型的商务和消费中心。这里设有多个时装店、银行、饭店、美食广场和超市，满足游客的购物需求。

（四）行业联盟式的战略推广模式

在邮轮港口的宣传方面，新加坡邮轮中心通过行业（邮轮港口）联盟的方式获得了市场知名度与行业认可。2010年6月新加坡邮轮中心和上海吴淞邮轮港口缔结为"姊妹港"，并共同倡议发起成立亚洲邮轮港口协会。该协会的目的在于促进邮轮港口运营商和业主之间的共同理解，将亚洲邮轮业期望的共同标准提升到国际水平的服务及运作。

通过与区域内国家如中国、印度、日本、韩国、马来西亚、斯里兰卡、菲律宾以及中国香港、中国台湾等地区的邮轮港口实现战略联盟，新加坡邮轮中心的推广和宣传取得了较为明显的效果。

（五）效率最高的管理运作模式

新加坡邮轮中心的高效运作是其取得成功又一重要因素。据悉，每年约有数百艘国际邮轮到访新加坡港。因为其出色的接待效率，新加坡邮轮中心也被世界组织誉为"全球效率最高的邮轮码头经营者"。高效的管理运作为邮轮中心赢得了行业声誉和游客的认可。

第二节 中国邮轮港口的管理体制

2001年10月,原交通部、国家发展计划委员会、国家经济贸易委员会、财政部和中共中央企业工作委员会联合下发《关于深化中央直属和双重领导港口管理体制改革的意见》(以下简称《意见》),我国港口开始了新一轮以港口管理属地化和政企分开为主要内容的港口管理体制改革。自改革以来,我国港口发生了巨大变化,其主要标志是,港口不再是制约国民经济和对外贸易发展的瓶颈,而是强有力的支柱。我国尚无专门针对邮轮港口管理体制的规定。

一、中国港口管理体制演变历程

(一)港口定位于基础设施

20世纪80年代,我国的主要港口除秦皇岛港外都是中央与地方双重领导,以地方为主。

港口的特殊性在于,港口是由企业经营的支持城市社会经济活动的基础设施,其经营的目标不是一般企业追求的利润最大化。

作为基础设施的港口,其功能是支持所在城市及腹地国民经济的发展,尤其是外向型经济的发展,加大所在城市及腹地对资源集聚的吸引力,增加所在城市的就业与收入。港口对城市的贡献远大于其本身的收益。在全球经济一体化的今天,港口对城市及其腹地的贡献更多地表现在支持外向型经济发展上。

(二)港口经营管理属地化

到了20世纪90年代,随着我国经济体制改革的不断深入和社会主义市场经济的发展,需要进一步深化改革港口管理体制。2001年《意见》颁布后,港口全部下放归地方政府管理,也就是港口管理属地化。此次改革将建立我国港口行政管理新的总体框架体系:国务院交通主管部门负责对全国港口实行统一行政管理,主要负责制定全国港口行业的发展规划、政策和法规;省级交通主管部门负责本行政区域内港口的行政管理工作,主要负责本地区的港口发展规划、政策和法规;港口所在城市政府港口主管部门负责按照"一港一政"的原则,依法对港口实行统一的行政管理;港口企业作为独立的市场主体依法从事经营。

这一举措大大有利于港口基础设施作用的充分发挥,港口所在城市可以从港口的生产服务活动中大大得益。港口管理属地化后,地方政府有发展港口的自主权。港口管理属地化在分税制财政管理体制的基础上实施,这样,地方政府不仅有发展港口的自主权,也有发展港口的资金,地方政府可以完全根据自己的规划发展港口。因此,改革以来,港口发展速度也大大提高。

港口管理体制改革前的2001年和2002年,沿海港口投资仅254亿元,而在港口开始体制改革后的2003年至2005年,3年投资超过1250亿元,几乎是前两年的5倍。"十一五"

期间,港口投资更是高达3818亿元,是"十五"期间的2.5倍。2011年港口投资额更是突破1000亿元。

(三)港口经营管理政企分开

《意见》中明确指出:"港口下放后。实行政企分开,港口企业不再承担行政管理职能,并按照建立现代企业制度的要求,进一步深化企业内部改革,成为自主经营、自负盈亏的法人实体。"改革以来,港口在机构设置上实现政企分开,但是,由于港口的特殊性,其在机制上政企并没有真正分开。

从发展看,港口管理政企难以做到彻底分开。地方政府难以做到"不直接干预企业的生产经营活动"的原因在于:首先,地方政府的职能首先是公共利益的最大化,而这就要发展经济、扩大就业、增加居民收入,必须充分发挥基础设施的支撑作用,使港口对城市经济发展的贡献最大化。其次,作为港口企业的出资人,政府虽然不会把企业利润最大化作为港口企业经营的目标,但也不会放弃对资产保值、增值的目标。地方政府必须时时关注港口企业的经营状况,确定追加投资的投向、时机及规模。改革的实践也证明,即使不以追求GDP为目标,地方政府也不可能不干预港口企业的生产经营活动。

 知识链接

港口管理一般模式

目前,世界范围内港口所采用的经营管理模式主要有以下三种,分别是私人企业经营管理模式、政府和国有企业共同经营管理模式以及三方共同经营管理模式。

1. 私人企业经营管理模式

私人经营管理港口模式是在特殊的历史背景下形成的,与港口所在地发达的私人经济密切相关。私人经营管理港口模式最鲜明的特性是经营管理市场化、效率高。世界上完全由私人经营管理的港口并不多,比较具有代表性的是香港的港口。香港的港口设施全部由私人投资建设、私人经营管理。香港私营企业的业务经营极少受到行政干预,实行完全自主定价,这使私营企业的商业技巧得到淋漓尽致的发挥,使官僚主义的色彩减到最低程度。其集装箱码头完全遵循自由港政策,例如,葵涌码头的19个集装箱泊位,分别由和记黄埔、美国海陆、韩国现代和中远(与和记黄埔合营)4家公司经营管理。

2. 政府和国有企业共同经营管理模式

所谓政府和国有企业共同经营管理模式是指港口系国家拥有,港口的运作围绕国家的计划任务进行。世界上完全由政府机构、国有企业经营管理的港口总体上不占多数,尤其是在欧美和亚洲比较发达的国家中,这种模式相对更少。中国计划经济时期的港口管理模式属该种模式。不管是发达国家还是发展中国家,国有港口公有公营都存在着投资浪费、服务质量不高、效率低下等问题。其结果是一方面增加了政府财政负担;另一方面也影响了港口竞争力。公有公营有三个弊端:一是港口基础设施服务不存在竞争,尤其是港口内部同一服务类型的各部门间无竞争可言;二是提供服务的港口企业缺少自主的经营管理权和财产权,一方面被迫以低于成本的价格提供服务;另一方面造成港口企业不能很好地对其工作负责;三是港口设施的使用者可能因国家无偿投资,而要求拥有更多的设施,以致造成设施资源浪费。由于港口公有公营存在种种弊端,故许多此类管理模式的港口已经或正在进行改革,逐步向私企或股份制企业经营管理的模式转变。

3.三方共同经营管理模式

世界上由政府机构或国有企业和私营企业共同经营管理港口的模式最为普遍。近年来,有相当多国家的港口管理模式正在由政府机构和国有企业经营管理的模式转向由政府机构或国营企业和私营企业共同经营管理的模式,这种趋势被称为港口的商业化或民营化。民营化的特点是打破单一由国家或政府经营的港口管理模式,减少国家在港口经营管理中的直接参与。

(资料来源:http://www.56135.com/56135/info/infoview/96401.html。)

二、港口管理体制改革后存在的问题

(一)港口内部缺乏竞争

由于我国大多数港口集团公司是由原港务局剥离行政管理职能后整体转制而成的,而原来的港务局是经营所有公用码头的,因此,我国大多数港口都是由地方政府独资或控股的港口集团公司统一经营所有的公用码头。这种模式的优点在于可以根据城市发展的需要发展港口,降低竞争消耗,最大限度地减少甚至不需付出(港内)竞争的成本,港口资源能得到充分利用。此模式的缺点是港口内部缺乏竞争,活力不足。

与此模式不同的是,在中国香港、新加坡以及许多老牌的市场经济地区、国家中的港口是由多家独立企业经营的,在港口内部形成竞争机制。这种模式可以保证港口充满活力,用港内竞争支持港口之间的竞争。即使是有官方背景的企业,也与其他企业一视同仁。如汉堡港务仓储有限公司(HHLA)是汉堡州政府的全资企业,虽然它占有汉堡港约2/3市场份额,但还是与其他企业展开公开公平的竞争,在经营方面政府对其并未特别照顾。

(二)港口产能出现过剩

港口管理属地化使权力与资本结合起来,集权力与资本于一身,优点是高效率,但如果缺乏有力的监督与制约机制,容易出现过度投资。当前,许多港口出现产能过剩就证明了这一点。这往往是地方政府对港口期望过高、对发展前景过于乐观造成的。在市场经济条件下,没有富余的产能,就不可能有市场竞争,产能大于市场需求是正常的。更何况港口还有吸引资源集聚的功能,更需要富余的产能以备资源集聚需要。问题在于产能富余不能过"度",过度就成了产能过剩。这个"度",应该来自宏观调控和对政府行为的监督和约束。在对港口发展的宏观调控方面,有不少法律、规章可循。《中华人民共和国港口法》就专门有一章"港口规划与建设",规范港口的规划与建设。交通运输部也出台了许多规章,如《港口规划管理规定》《港口建设管理规定》《关于促进沿海港口健康持续发展的意见》(以下简称《发展意见》),以及《港口岸线使用审批管理办法》(以下简称《办法》)等。但是,由于宏观调控没有完全到位,对政府发展港口行为的监督约束作用没有完全发挥,致使一些港口产能过剩超过了这个"度"。而《发展意见》和《办法》是产能过剩在许多港口已经形成之后出台的。目前,港口需求已经不再是井喷式的增长,已转入平稳增长阶段,港口也不再需要大面积、大规模的建设,宏观调控作用已经不大。在当前许多港口产能过剩的情况下,重要的是要防止某些经营措施过度使用,形成过度竞争和恶性竞争,不利于港口市场的健康发展。要从根本上解决这个问题,还有待于对政府行为监督约束机制的形成,但这已经超出港口管理体制改革的范畴。笔者认为,与制约国民经济发展的港口产能不足相比,产能过剩的弊端较少些,因而不能因产能过剩而否定属地化管理。

 知识链接

上海港口管理体制改革

据报道,上海市港口管理局、上海国际港务(集团)有限公司2003年1月28日举行成立仪式。上海常务副市长韩正在讲话中指出,成立上海市港口管理局和上海国际港务(集团)有限公司,高起点、高标准建立一个高效的港口管理体制,以及与一流港口相适应并符合国际惯例的企业组织运行模式,实现"政企分开"、实行"一港一政",是上海贯彻国家港口管理改革精神,探索符合大都市、大口岸、大港口特点的一体化港口管理体制和运行模式,是以改革为动力加快上海国际航运中心的建设步伐的重要举措。

改革开放以来,上海港进入了一个高速发展期,2002年货物吞吐量达到2.6亿吨,集装箱箱量达到861万标准箱,分别位居世界第三位和第四位。经过此次上海港口管理体制改革,上海港将实现由一个机构统一行使港口港政和航运管理,并分离原上海港务局的行政管理和社会管理职能。

其中上海市港口管理局作为市政府负责港口和航运管理的职能部门,对整个上海的港口规划发展、港口服务、水路运输、港政等实施统一管理,并整合好现有资源,搭建政府推进上海国际航运中心建设的平台。上海市港口管理局同时挂上海国际航运中心上海地区领导小组办公室牌子。

新组建的港务集团将以建成世界性跨国码头经营公司为战略目标,行使资产收益、重大决策和选择经营者权利,承担国有资产保值增值责任。

(资料来源:中国新闻网.http://www.chinahighway.com/news/2003/33925.php。)

第三节 区域港口一体化

港口一体化是一个动态概念,是指具有内在关联条件的一组港口朝着强化内在机制和充分发挥内在规律方向合理发展的动态变化过程。特别需要提及的是,港口一体化不是一个静态事物的描述,不是指把一个港口群整合为一个港口。一群港口整合为一个港口则叫港口合并或兼并重组。

港口一体化,体现了区域港口协调发展的理念,港口一体化表现为区域内各港口朝着优化组合的方向发展,是区域内各港口的协调度日益提高的过程。

一、国外港口一体化的进程

(一)纽约—新泽西港

纽约—新泽西港是分属于纽约州和新泽西州的不同港口为提高资源利用效益,通过港口资源整合组建而成的。该港已成为目前美国东海岸最大的集装箱港。该港群合作发展的主要特征是成立了统一的管理机构,对港口群的规划、建设等方面进行统一管理。纽约—新泽西港的一体化发展有以下五个方面经验可以借鉴。

1. "地主港"管理模式

纽约—新泽西港务局作为"地主",在开发建设港口后,将码头设施租给专业化公司进行经营,不仅能保证港务局稳定的收益,也能充分发挥出私营企业的经营优势。

2. 加强港口基础设施建设与维护

纽约港和新泽西港腹地经济发达,地理位置优越,并且处在纵横交错的运输网络之中,成立至今该港务局就一直重视基础设施的投资建设与维护,以保证腹地经济社会发展。

3. 注重港口信息化建设

20世纪初该港启用了"实时货运信息系统",为海岸警卫队、船方和码头运营商等方面提供港口货运最新情况及资料。

4. 港城联动发展

港务局积极推动港区内的经济发展,建造了世界著名的世贸中心,为该地区国际贸易业的蓬勃发展做出了重要贡献;此外,纽约双塔也曾是该市的地标和贸易中心。

5. 重视决策的科学性

多年来,港务局与世界银行、高盛以及部分政府开发机构保持密切合作,为科学决策做出了充分保障。

(二)日本东京湾港口群

东京湾位于日本中南部,内有横滨港、横须贺港、东京港、川崎港、梗洋港、千叶港六个主要港口,港口之间首尾相连形成马蹄形港口群及工业城市群体。为提升港口竞争力,六港利用资源整合形成了新的组合港,其发展特点可归纳为以下3点。

1. 日本运输省协调港口群之间的发展

为确保国家整体利益,避免东京湾港口之间的恶性竞争,日本运输省仅将港口管理权下放给地方港口机构,而保留港口规划的权利。

2. 内联外争、形成合力

在运输省的统一管理下,东京湾港口群管理方简化繁复的商船进港手续、大幅降低港口收费等方法,提高了该港口群的竞争力。

3. 明确功能定位,错位发展

根据腹地经济和港口条件的不同,运输省对各港口和临港工业带合理布局,实行差异化发展。

(三) 德国港口群

经过多年的发展,德国港口群形成了较为系统的布局,即以汉堡港为主、不来梅港为辅的综合国际门户;以基尔港为主,维斯马港、吕贝克港为辅的依托运河,沟通波罗的海与北海南北通道门户;以杜伊斯堡港为区域中转枢纽港口的整体布局。德国港口群一体化发展经验有以下几点。

1. 积极推动港口物流联盟发展

除港口之间的合作经营联盟之外,该区域港口还建立了港口铁路之间的联盟、港口和船公司之间的港航联盟等,在保障货源的同时,通过资本层面形成利益共同体,并且能够实现多方的共赢。

2. 重视多式联运与港口后方集疏运体系的建设

当前,该港口群的集装箱海铁联运、海公联运等多式联运系统日趋完善,同时随着内陆腹地集装箱运输需求的不断增大,内河集装箱疏运已日渐成为一种重要的集疏运方式。

3. 港口物流业发展迅速

德国港口群充分发挥集成创新的优势,推动港口物流业的快速发展,其物流业发展迅速,竞争力强,在欧洲乃至世界处于领先地位。

国外港口群一体化可供借鉴以下五个经验。

1. 政府统一协调

从纽约港务局和日本运输省的管理经验来看,统一协调对于避免港口群之间的恶性竞争、充分发展各自优势都有着至关重要的作用。此外,政府相关的部门在协调港口发展方向和港口间发展关系上也出台了相应的支持政策。

2. 港口间广泛合作,形成区域品牌

区域港口群内的港口除统一规划与功能定位外,还共同制定了相关环境保护条例,维护共同水域的生态环境;共建数据平台并共享,整体宣传,提高港口群的整体知名度,形成区域知名品牌。

3. 港口与临港工业协调发展

港口群在关注自身发展的同时,还主动协调与临港工业的协调发展,在土地、岸线利用等方面做到高效利用;同时临港工业的错位发展也深化了港口群之间的错位发展;此外,区域港口群还注重推动多式联运特别是内河运输,大力发展港口集疏运。

4. 港口运营拥有充分自主性

政府在协调港口群发展的同时,还应确保港口运营的充分自主性,营造公平、合理的竞争环境,提升港口群的竞争力,创造优质的服务、高效的通关速度和 EDI 电子平台。

5. 融资策略灵活

港口的开发建设具有投资成本高、风险较大的特点。在部分码头的新建、扩建等工程中,可采取相对灵活的融资策略,鼓励港口企业的投资,不仅能解决资金问题,也能实现港口发展的互利共赢。

二、我国港口一体化的进程

由于我国港口一体化刚刚起步,并且受到行政区划经济的影响,由政府主导能够跨越省级区划限制的区域港口一体化的成功案例还未出现。但各沿海省市也正在积极筹划更广范围的港口协调合作,酝酿着较大规模的变革。目前在省市范围内,港口资源整合的开展已经卓有成效。我们权且把它们当作是中国区域港口一体化的起步加以分析,为今后港口的协调发展提供可资借鉴的成功经验。

(一)上海港的"长江战略"

所谓"长江战略",就是通过资本、技术和管理的输出,与长江沿岸各地合作,带动和培育长江流域的区域性枢纽港,并辐射周边地区,以此服务长三角、长江流域,最终实现上海港与腹地经济的和谐共赢。

早在2002年7月,上海港就迈出了伸向长三角实质性一步——与宁波港合作经营港口码头,并开通宁波至上海集装箱支线,是上海港为实现长江战略目标所迈出的重要一步。此后,上海港开始了与南通、南京、武汉、重庆、扬州等地不同层次的合作,组建了集装箱码头、物流、航运等企业,航线覆盖江苏、浙江、安徽、江西、湖北、湖南、四川、重庆等省市的港口,形成了一条完整的"长江经济链"。

通过实施长江发展战略,近年来,长江流域不少省市从上海口岸进出口的货物总量不断攀升。据了解,湖北从上海口岸出口的货物总量中,集装箱量比重约占本省口岸集装箱总运量的98%;江西通过上海水运中转的集装箱总量,占本省口岸集装箱总运量的97%;湖南通过上海口岸进出口的集装箱量约占全省出口货物总量的40%;安徽通过长江从上海进出口的货物占全省进出口货物的25%。

长江战略的实施,也有力地推进了上海港集团长江集疏运网络的建设,生产经营能级得到了极大的提升。2006年,上海港集团所属集装箱海运公司新增6艘集装箱船,增加运力近万标准箱,投入江海联运,开辟公共支线,提升市场能力,改善管理水平,中转业务逐步增长。2006年,上海港集团长江中转箱量达到200万标准箱,比2005年增加了41.8%。上港集团现在已经形成了规模宏大、设施完善、设备先进、管理现代化、作业高效率、服务全方位的集装箱码头产业,主要分布在黄浦江下游的吴淞口地区、长江口南岸的外高桥地区和洋山深水港区。全球知名的前50大班轮公司均在上海港开展了集装箱班轮运输业务,集装箱班轮航线发展迅速,2006年的航班密度已达2173班/月,比2005年年底又增加了180班/月,成为全球集装箱航班最密集、作业最繁忙的港口之一。

(二)厦门和漳州两港合并

在福建省,漳州港与厦门港同处厦门湾,厦门湾港口资源被九龙江分为南北两个部分,八大港区分别隶属厦门市和漳州市,2005年八大港区的货物吞吐量总和仅4770万吨。两港原先不相往来。2005年12月,福建省开全国之先河,跨行政区划整合了位于厦门湾两岸的漳州港和厦门港,从而使新的厦门港的竞争力获得了巨大的提升。厦门港管理局12月31日正式挂牌,宣告厦门湾内(包括漳州港区)八大港整合成功并投入运营。

整合后的厦门港水陆域范围由300多平方千米扩大到500多平方千米,大大拓展了原厦门港日趋饱和的发展空间,实现了"整体大于局部之和"的系统效应。整合后的厦门港实现了港政统一、规划统一、水路运输行政管理统一,取得了一定效果;港区规划合理,码头泊位建设有序进行,港口货物吞吐量稳定增长,一体化管理工作正稳步推进,2006年厦门港实现吞吐量7792万吨。2010年厦门港年货物吞吐能力达1.5亿吨。

湄州湾两岸的泉州港与莆田港的情况和厦门港与漳州港类似,也是处在一个港湾的两岸,却分属不同的行政区划。福建省目前正借鉴厦门港与漳州港的整合经验,争取打破行政区划界限,在"十一五"后期或"十二五"期实现两港整合。

(三)广西三港统一

广西是大西南物资通往东盟最便捷、经济的运输通道,其中,防城、钦州、北海3个港口是中国最邻近东盟的港口,也是大西南最便捷的出海口。长期以来,由于各自为政,广西沿海三港低水平重复建设、服务单一、争夺货源的无序竞争阻挠着广西港口的发展。2005年,三港的货物吞吐量加起来还不到3000万吨。在这样的前提下,在发展沿海三港时,必须超越"就一个市论一个市"的思维,要站在整个区域角度考虑规划布局,打破地区界限,避免多年来三市港口重复建设恶性竞争的趋势,以加快沿海港口一体化进程,提升港口整体竞争能力。

2007年2月14日,广西北部湾开发投资有限责任公司、广西北部湾国际港务集团有限公司在南宁揭牌,此举整合了广西最为重要的防城、北海、钦州3个沿海港口。这两家公司是由广西壮族自治区人民政府出资,授权自治区国资委履行出资人职责的国有独资企业。广西北部湾开发投资有限责任公司主要从事区政府授权范围内国有资产的运营和管理,经济区内港、水、电、路等重大基础设施建设和岸线资源开发利用,以及公共设施的建设投资经营等。广西北部湾国际港务集团有限公司以防城港务集团有限公司、钦州市港口(集团)有限责任公司、北海市北海港股份有限公司和广西沿海铁路股份有限公司的国有产权重组整合设立,公司主要经营范围是港口建设和经营管理、铁路运输、道路运输等。

广西通过整合港口资源,打造现代化的大型组合港,从而提高沿海港口整体竞争力和抵御市场风险的能力。"十一五"期末,广西将建成面向东盟的亿吨级现代化大型组合港,更好地发挥西南出海大通道和国际大通道的作用,服务广西乃至西南地区,服务北部湾区域各方,服务中国—东盟自由贸易区建设。

广西三港的合作模式是打造统一的港口管理机构,就意味着该机构将会负责其所辖港口个体的行政管理职能。与结成利益共同体在市场层面上联合不同,统一港口管理机构能够运用行政手段对港口的发展进行引导与管控,其属政府层面上的联合。港口管理机构的统一,其优势是可以使港口管理部门更有大局观,从更加宏观的角度引导港口发展;其劣势是假如权力使用不当,可能会造成行政壁垒,干预正常的市场秩序,不利于港口企业的现代化进程。因此在发展的过程中如何扬长避短是港口合作需要考虑的一大问题。

(四)宁波—舟山港一体化

港口资源作为浙江省最大的优势资源,推进宁波—舟山两港一体化,是浙江省委、省政府变港口资源优势为浙江经济发展优势的一项重大战略性举措。甬舟两港的合并跨出浙江港口整合的关键性步伐,使得宁波—舟山港"磁场"引力大为增强,吸引了众多资金纷至沓来。宁波市14个百亿元以上的特大项目,有10个分布在临港工业带。2006年,宁波—舟山港累计完成货物吞吐量为4.2387亿吨,分别同比增长20.45%。集装箱吞吐量实现714万标准箱,同比增长35.71%。据有关预测,到2020年,宁波—舟山港将发展成为世界特大型港口和现代化的集装箱远洋干线港,跻身世界一流大港行列。

在实现宁波和舟山港整合发展的同时,浙江省目前正在推进台州、温州港口的优势互补和协调发展。

国内港口一体化发展具有以下特点。

(1)全国沿海港口掀起一体化发展的浪潮,港口资源整合成为一种趋势。近几年从北向南参与港口资源整合的依次有辽宁沿海港口、河北港口集团、青(岛)威(海)集装箱码头有限公司、上海港、宁波—舟山港、湄州湾港口群、厦门湾港口群、深圳港、广西北部湾港口群等,全国沿海港口掀起了一体化发展的浪潮,港口资源整合成为了一种趋势。

(2)政府在港口一体化发展的过程中发挥了重要作用。国内港口一体化发展的过程中,政府都发挥了重要的推动作用,例如成立组合港港口管理委员会、建立协调机制、制定统一规划、给予港口扶持政策等,对港口顺利进行资源整合和一体化发展提供了有力支持。

(3)具有政府主导推动和企业主导推动两种阶段性特征。政府主导推动港口一体化发展时,旨在扩大港口规模、整体布局,统一规划,如目前厦门港、宁波—舟山港等港口进行的资源整合。企业主导推动进行一体化发展时,以提高市场份额、追求更高利润为目标,如上海港的"长江战略"。需要注意的是,这两种模式不能完全割裂,二者相互交融才能形成阶段性特征。

本章小结

本章首先介绍了世界主要邮轮港口的管理模式。

(1)迈阿密邮轮港的管理模式主要有8个特点:非营利性的管理主体,完善的客运站管理系统,规范便捷的港口管理流程,游客至上的服务理念,完备的商业配套设施,邮轮公司参与港口运营,政府部门的高度重视和查验单位的人性化服务。

(2)欧洲邮轮港的管理模式主要有6个特点:完善的三权分立体制,高效专业的运营管理,邮轮公司参与港口运营,低廉而灵活的收费制度,邮轮公司拥有自有码头和凭借大事件改造滨水区。

(3)香港邮轮港的管理模式主要有两个特点:"地主型"邮轮港的管理模式和组合式的邮轮港宣传推广模式。

(4)新加坡邮轮港的管理模式主要有5个特点:市场需求决定的错位发展,"枢纽型"的港口发展模式,完善的港口综合服务配套和行业联盟式的战略推广模式,效率最高的管理运作模式。

我国港口管理体制经历了港口定位于基础设施、港口经营管理属地化、港口经营管理政企分开3个演变阶段。港口管理体制改革后存在的主要问题是港口内部缺乏竞争和港口产能出现过剩。

在区域港口一体化方面,国外实践较好的有纽约—新泽西港、日本东京湾港口群、德国港口群;国内实践较好的有上海港的"长江战略"、厦门和漳州两港合并、广西三港统一、宁波—舟山港一体化。

思考题

1. 举例说明发达国家或地区的港口管理模式。
2. 港口管理中政企分开的好处有哪些？
3. 中国港口经营管理体制改革的主要内容是什么？
4. 组建区域性港口企业集团应注意哪些问题？
5. 简述吸引邮轮公司参与码头运营的好处。
6. 什么是港口一体化？实施港口一体化的动因有哪些？

 案例分析

天津港爆炸事故折射大型港口监管难

天津港2015年"8·12"爆炸事故发生后，大型港口管理问题引人关注。

一、事涉多头，港口管理九龙治水

我国港口管理实行的是"属地管理"模式。2001年国务院办公厅转发《交通部等部门关于深化中央直属和双重领导港口管理体制改革意见》（以下简称《意见》），《意见》确定了港口管理体制的基本原则：港口下放、政企分开。

但是，在现行的"属地管理"模式下，港口管理中的问题也逐渐凸显：港口管理涉及交通、安监、消防、规划等多个部门，容易出现职权重叠、多头管理或权责不明等问题。

在天津港"8·12"爆炸事故中，天津港内危险货物的安全生产监管工作由谁负责的争论曾引起广泛关注。8月17日，国家安监总局的官方网站上挂出了一份由交通运输部颁发的文件——《港口危险货物安全管理规定》（以下简称《管理规定》）。这个从2013年开始实施的《管理规定》明确：危险货物的安全评价审批和监管由各地的港口行政管理部门负责，实行属地管理。

而根据国家《安全生产法》，安监部门负责对行政区域内的安全生产工作实施综合监督管理，负责生产、经营项目的安全条件审查、审批及日常监管等。

但是，国务院2011年颁发的《危险化学品安全管理条例》规定，新建、改建、扩建储存、装卸危险化学品的港口建设项目，由港口行政管理部门进行安全条件审查。

另据媒体报道，天津港"8·12"爆炸事件中，瑞海国际获得的危险化学品经营许可证是由天津市交通委员会颁发的，而根据《危险化学品经营许可证管理办法》，该证书本来应该由安监部门颁发。

"这直接暴露出体制的割裂性。"媒体在报道时如此评论。

另外，随着港口开发与城市化建设的不断发展，原本与居民区保持一定距离的大型港口与城市在规划建设方面的矛盾也逐渐凸显，并加剧了港口管理所面临的困难。

徐明（化名）是某地港务集团的中层管理人员。他表示，随着城市化进程的加快，出于产业布局和成本的考虑，很多地方政府往往会在临近港口的地区布局临港产业园，以发展服务业、制造业，比如临港发展的石化企业。"有时还会把居民区布局在离港区很近的地方。"

但是，随着港区的纵深开发，港区与城市化进程的矛盾越发突出。武汉理工大学交通学院教授严家其表示，由于土地资源有限，而城市化建设和港口开发也在加快进程，因此这一矛盾将会增加港口管理面临的压力和困难。

由于港口开发和城市建设的矛盾还涉及城市规划和建设、国土资源管理等工作，牵涉面广，"这给当地政府的规划建设和土地管理能力也提出了挑战。"严家其说。

二、一些大型港口政企"分而不离"

此外，一些大型港口企业本身也存在着"政企分而不离"的情况。

在"政企分开"前，各地港口管理部门在履行港口管理、监督职责的同时，还承担着港口建设和航道管理等工作。

港口管理权在下放后应实行政企分开，港口企业不再承担行政管理职能，并按照建立现代企业制度的要求，进一步深化企业内部改革，成为自主经营、自负盈亏的法人实体。

此后，各地港口陆续实现政企分开。例如，2003年11月，天津港务局实行政企分开，行政职能转交天津市交通委员会，天津港务局转制为天津港（集团）有限公司。

但是，这些大型港口的管理体制改革并不彻底，甚至还存在着"政企分而不离"的情况，其中争议最大的是港口自建的公安、消防体系。

《意见》规定，在港航公安管理体制全面改革之前，港口公安管理暂维持现状，其所需经费仍由港口企业营业外列支和财政拨付事业费的办法解决。

业内人士告诉记者，类似天津港这样的大型沿海港口往往都建立了独立的公安、消防系统，直接服从港口集团的人事行政部门管理，在人员编制上不属于公安、消防系统。

天津港公安局即由天津市公安局和天津市交通委员会双重管理。

此外，天津港集团还通过天津港公安局组建了天津港内部的消防队伍，该消防队属于企事业单位专职消防队，在编制上并不属于消防系统，且消防员大多为合同工。

根据《消防法》的有关规定，储备可燃性物资的大型仓库、主要港口等地应当建立单位专职消防队，承担本单位的火灾扑救工作。因此，港口企业自建专职消防队也符合相关规定。

但对于港口公安的角色，外界仍有争论。中国港口协会第六届理事会副秘书长杜麒栋表示，港口企业本身不应该建立自己的公安队伍。"港口企业其实需要的是保安，不是公安。"杜麒栋说。

但他同时也表示，由于港航公安管理体制改革尚未启动，港口公安这个历史遗留问题短期内还难以解决。

（资料来源：中国青年报. http://news.jxnews.com.cn/system/2015/09/17/014278235. shtml,2015-09-17。）

结合案例思考以下问题：

1. 天津港爆炸事件反映出其港口管理模式中的哪些问题？
2. 试分析我国很多港口"政企不分"的主要原因。
3. 天津港爆炸事件对邮轮港口管理模式有什么启示？

第4章 邮轮港口的规划与建设

 本章导读

纵观2015年的邮轮市场,可谓喜忧参半。同程旅游邮轮事业部CEO王凯向《中国商报》记者介绍,2015年邮轮市场总体上依然保持了较快增长,全年总出游人数超过100万人次,同比增长近30%,是全球增长最快的邮轮市场。

不仅市场高速增长,国内各港口接待的游客量在2015年也有持续增长。天津方面表示,天津国际邮轮母港2015年旅客吞吐量达51.5万人次,是2014年的1.6倍,创邮轮母港开港以来年历史新纪录。而厦门港2015年邮轮运营航次达到66艘次,邮轮旅客吞吐量达17.4万人次,比2014年各增长200%;厦门母港始发邮轮47艘次,母港始发邮轮旅客吞吐量9.75万人次,比2014年各增长390%。上海港2015年邮轮的客流量首次突破220万人次大关,创下历史新高,预计2016年将达到500艘次以上,相比2015年将增长70%,出入境旅客流量将达290万人次,成为亚洲吞吐量第一的邮轮码头已无悬念。

交通运输部于2015年4月22日发布《全国沿海邮轮港口布局规划方案》(以下简称《方案》),强调我国现已成为亚洲地区最大的邮轮市场。该《方案》的制定,旨在指导我国邮轮港口合理布局,推进邮轮码头设施有序建设,促进我国邮轮旅游业持续、健康发展。

本章重点介绍邮轮港口规划与建设的主要问题,包括邮轮港口的选址要求、邮轮港口的规划步骤、邮轮港口的建设工艺、邮轮港口的建设评估等。

港口是商业、旅游、货物运输、工业和人们生活等各种活动的重要场所,其影响遍及所依托城市及腹地。因此,港口建设或改造需要经历较长时间的酝酿,应在经过考虑多种因素后才能实施港口建设计划。港口的发展将受到港口所依托城市及腹地未来经济和社会发展变化的很大影响。所以,港口发展规划应与整个国家及港口所在地区的各种社会经济发展规划以及地区运输网络、渔业、农业、工业及其他社会经济活动相协调。因此,许多国家规定,与国家利益密切相关的重要港口的管理当局必须将其港口规划编制为"总体规划",既要规划港口的长期建设、使用和维护,还要以5~10年的时间跨度对港口进行规划,然后根据这样的港口规划进行建设。

第一节 邮轮港口的选址要求

港口规划分为港口布局规划和港口总体规划两种。在港址选择上,港口布局规划侧重于从宏观经济发展考虑,对港口港址做出地区性的合理安排;而港口总体规划则是在上述基础上,在有限范围内论证港址的具体位置。本章主要对港口总体规划中的选址问题进行介绍,即依据自然及地理条件,从技术、营运、经济和环境等方面对港址做出评价。

港址选择是一项重要而复杂的工作,港址是一个港口合理发展的基础,直接影响港口各个发展阶段的建设投资大小、建设速度、营运效益和船舶安全运行,乃至城市的经济发展。

港址要选择得合理,必须对地区自然交通全面勘测、分析。根据自然条件特点,结合港口性质、发展规模进行港址的方案优选。研究港址方案时,首先要注意港口布置形式与自然条件的相互协调,为此,需要首先研究港口布置的基本类型。

一、邮轮港口选择的基本要求

(1)邮轮港口选址宜根据所依托城市的特点、掩护条件、水深、邮轮进出港方便、后方集疏运等条件,可选择新港址建设或基于现有码头设施进行技术改造。

(2)邮轮码头位置应考虑邮轮航线、后方旅游资源和客源、交通便利性等因素,尽量靠近中心城市,或靠近城市著名景点或商业中心,宜选在陆域交通方便的地点。有条件时宜尽量利用现有的老码头进行改造。条件不允许时,应通过设置快速道路和建设完善的陆上交通系统进行游客的快速送达。对于邮轮挂靠港,邮轮一般只会在一个城市停留12小时,因此为了让旅客获得较为充足的时间登岸旅游观光,码头一般距离城市中心较近。

(3)邮轮码头规模的确定应结合邮轮港口远期发展定位、航线密度、到港船型、客运发展预测、旅客数量及增长率、经济测算、所在城市、水深等环境条件,综合论证确定码头的建设规模和配套设施,并应留有发展余地。一般认为,邮轮母港的建设规模为2个以上总吨15万的泊位,水深约13米,每个泊位尺度400~450米,占地在15万平方米以上,2座以上邮轮大厦,至少75米高净空限制以及小于2小时的机场距离。挂靠港的规模应在1~2个3万~15万总吨的泊位或与其他码头公用,水深8~10米,泊位尺度300~350米,占地10万~15万平方米,1~2座邮轮大厦。

 知识链接

全国沿海邮轮港口布局规划方案

近年来,随着我国经济社会稳步发展和人民生活水平日益提高,邮轮旅游市场呈现持续快速发展态势,邮轮运输正在成为我国水路运输新的增长点。目前,我国沿海邮轮港口处于起步发展阶段,为指导港口合理布局,推进码头设施有序建设,促进我国邮轮旅游业持续、健康发展,特编制《全国沿海邮轮港口布局规划方案》。

一、发展现状

(一)总体情况

我国现已成为亚洲地区最大的邮轮市场,国际三大知名邮轮公司嘉年华、皇家加勒比、丽星均已进入我国,海航旅业、渤海轮渡等国内企业正在积极拓展邮轮业务,并初步形成了以日韩线、越南线等始发航线为主,国际挂靠航线为辅的格局。

2014年沿海港口到港邮轮466艘次、完成旅客吞吐量171万人次,"十二五"期前四年年均增长速度分别达到23%和40%。上海港、天津港、三亚港和厦门港已建成10个邮轮泊位,设计年通过能力420万人次。青岛港、深圳港和北海港等港口在建邮轮泊位15个,设计年通过能力465万人次。

(二)发展特点

我国邮轮运输发展呈现以下特点:一是处于起步发展阶段,市场规模快速扩张,2014年沿海港口邮轮到港数量和邮轮旅客吞吐量分别较2006年增长3倍和10倍;二是邮轮航线由国际挂靠为主转变为始发为主,2014年始发航线邮轮到港数量和邮轮旅客吞吐量比重分别达到79%和86%,分别较2006年提高了57%和69%;三是邮轮运输主要集中在上海港、天津港、三亚港和厦门港4港,2014年上述港口邮轮到港数量和邮轮旅客吞吐量分别占全国的90%和97%,其中上海港比重分别达58%和72%;四是船舶大型化趋势明显,在我国运营的最大邮轮船型已由3万吨级(载客量1000人)发展到15万吨级(载客量3800人);五是邮轮运输呈现较为明显的季节性特征,天津港等北方港口主要集中在夏季,三亚港等南方港口主要集中在冬季,旺季到港邮轮数量占比超过80%。

二、发展趋势

(一)市场发展趋势

我国和周边国家及地区邮轮旅游资源丰富,具备形成东北亚、东南亚、台湾海峡及南海等邮轮航区的资源条件。随着我国居民收入水平逐步提高和消费结构加快升级,我国邮轮旅游消费群体规模将不断扩大。邮轮旅游作为新兴休闲度假方式,发展前景广阔,市场需求在较长时期内仍将保持快速增长。预计2030年沿海邮轮旅客吞吐量将达到3000万人次左右,年均增速约20%。

(二)船型发展趋势

近年来,国际邮轮呈现大型化发展趋势,近五年新交付的邮轮中10万吨级以上船舶比重达63%,邮轮手持订单中10万吨级以上船舶比重达75%,最大船型已经达到22.5万总吨(载客量5400人)。预计未来我国始发航线邮轮船型以8万~15万吨级船型为主,国际挂靠航线以8万吨级以下船型为主,沿海航线以5万吨级以下船型为主。

三、布局规划

(一)规划原则

1. 市场主导,政府引导

港口布局应充分考虑市场需求、旅游资源和港口条件,发挥企业主导作用,各级政府做好服务工作,为邮轮港口健康发展营造良好氛围。

2. 分类指导,合理定位

根据我国邮轮港口现状特点和发展前景,合理确定邮轮港口分类和功能定位,促进合理分工,避免"贪大求洋"和重复建设。

3. 统筹协调,有序推进

统筹港口与所在城市的协调发展,统筹区域内港口协调发展,统筹近远期发展需求,合理确定近期建设规模与标准。

(二)邮轮港口分类

借鉴国际邮轮运输发展经验,结合我国邮轮运输市场发展特点和趋势,将我国邮轮港口划分为访问港、始发港和邮轮母港三种类型。

1. 邮轮访问港

邮轮访问港是以挂靠航线为主的邮轮港口,应具备邮轮停泊、旅客和船员上下船等基本功能。访问港一般分布在旅游资源丰富的城市或岛屿。

2. 邮轮始发港

邮轮始发港是以始发航线为主,兼顾挂靠航线的邮轮港口。除访问港基本功能外,始发港应具备邮轮补给、垃圾污水处理、旅客通关、行李托送、旅游服务、船员服务等功能。始发港多分布在腹地人口稠密、经济发展水平较高、旅游资源丰富、交通便捷的港口城市。

3. 邮轮母港

邮轮母港是邮轮旅客规模更大、服务功能较为完备和城市邮轮相关产业集聚度较高的始发港,是邮轮公司的运营基地,除具备始发港基本功能外,还应具备邮轮维修保养、邮轮公司运营管理等功能。邮轮母港是市场发展到一定阶段的产物,通常由邮轮公司根据市场需求、城市依托条件和企业经营战略来确定。

(三)发展目标

2030年前,全国沿海形成以2~3个邮轮母港为引领、始发港为主体、访问港为补充的港口布局,构建能力充分、功能健全、服务优质、安全便捷的邮轮港口体系,打造一批适合我国居民旅游消费特点、国际知名的精品邮轮航线,成为全球三大邮轮运输市场之一,邮轮旅客吞吐量位居世界前列。

(四)布局规划方案

未来一段时期,我国邮轮港口发展将以始发港为主体,本规划重点对始发港提出布局方案。其他沿海港口根据旅游资源和邮轮市场需求,均可作为邮轮访问港,满足邮轮挂靠需要。考虑到目前我国邮轮港口在市场规模、服务功能和邮轮产业集聚程度等方面与邮轮母港的要求相比存在较大差距,邮轮母港发展建设仍需经历较长过程,且市场将在邮轮母港形成中发挥决定性作用,本规划不对邮轮母港进行布局。

始发港布局方案如下。

——辽宁沿海,重点发展大连港,服务东北地区,开辟东北亚航线。

——津冀沿海,以天津港为始发港,服务华北及其他地区,积极拓展东北亚等始发航线和国际挂靠航线,提升综合服务水平,吸引邮轮要素集聚。

——山东沿海,以青岛港和烟台港为始发港,服务山东省,开辟东北亚航线。

——长江三角洲，以上海港为始发港，服务长江三角洲及其他地区，大力拓展东北亚、台湾海峡等始发航线和国际挂靠航线，开辟环球航线，逐步构建完善的航线网络体系，健全邮轮服务功能，提升综合服务水平和邮轮要素集聚程度。相应发展宁波—舟山港。

——东南沿海，以厦门港为始发港，服务海峡西岸经济区及其他地区，加快发展台湾海峡航线，拓展东北亚始发航线和国际挂靠航线，提升综合服务水平，吸引邮轮要素集聚。

——珠江三角洲，近期重点发展深圳港，服务珠江三角洲地区，开辟南海诸岛、东南亚等航线。相应发展广州港。

——西南沿海，以三亚港为始发港，服务西南及其他地区，拓展东南亚始发航线及国际挂靠航线，加快开辟南海诸岛航线，扩大市场辐射范围，提升综合服务水平。相应发展海口港和北海港，拓展东南亚等始发航线。

二、港区与城区在规划中的关系

（一）港城合理布局的积极意义

1. 岸线合理分配是港城协调发展的基础

这里所指的岸线，是包括一定范围的水域和一定纵深的陆域。岸线是港口城市的前沿，是港口城市最重要的组成部分。合理分配规划岸线，才能为港区协调发展创造前提条件。

港口城市除港口需要占用大量岸线外，船舶工业、海上石油工业、各种临海（河）工业、航务工程、临海（江）仓储、水产养殖、市政公用、海滨江滨旅游、浴场及休闲疗养等都需要占用岸线。但港口岸线应居需要之首，必须坚持深水深用、浅水浅用、合理安排、统筹兼顾、留有余地、各得其所的原则。特别是适宜建深水泊位的岸线段和岩盘埋藏较深、易于开挖改造成深水港区的浅水岸段，不要因近期港口无建设计划而挪作其他长期使用项目，城市规划要为建港预留，注意统一规划、远近结合。只有这样才有利于港区和城区不断地取得发展中的新的平衡。

2. 港区用地是决定城市布局的重要因素

在港口城市中，港区用地不仅在数量上占有一定比例，往往在港城建设中具有主导地位。港区的形成和发展，特别是它的每一重大变化，在很大程度上影响和决定着港城用地的合理布局。因此，城市规划工作者应很明确地意识到港口是促进港城发展的巨大的潜在力量，在用地等各方面应为港口不断发展创造条件。

（二）港城合理布局的基本原则

（1）邮轮港口建设初期，宜结合已建码头进行邮轮港口选址。

（2）码头水域选址要求岸线顺直、水域水文环境平稳、靠离泊水域邮轮作业不受到周边码头作业及船舶航行的影响。

（3）航道水域选址要求航道沿线桥梁不影响设计船型通航要求。

（4）陆域选址要求港址具备一定腹地纵深，港址具备各类交通形式（巴士、出租车、轨道交通)转换及停泊的便利条件,具备供电、供水、通信等相关配套设施及容量。以挂靠港业态为主的邮轮码头宜靠近旅游景点。

(三) 港城合理布局的影响因素

(1) 水域宜考虑在掩护条件较好的地点,潮差较小的港址更有利于邮轮码头使用,可选址成熟的货运和客运港口区域建设。

(2) 陆域宜考虑在海、陆、空交通方便,易于集散的地点,并能提供相应的水电通信基础设施配置。

(3) 以母港业态为主的邮轮码头选址宜考虑在陆域具有相关开发场地,以便相关产业建设发展。

(4) 以挂靠港业态为主的邮轮码头选址宜考虑靠近相关旅游景点。

(四) 港城合理布局的注意事项

(1) 港口和城区发展的主要方向应互不干扰。新港区建设要有利于促进港城发展,不能有损于原有城区用地结构的合理性。如上海港客运码头在市中心,随着城市的发展,在城区内的码头发展空间受到限制,集疏运极其不便。为此,新码头的建设移至吴淞口岸线。

(2) 港口最好设在城市的下风侧。

(3) 港口附近应留有作为工业、贸易、旅游等功能的依托港口发展的产业区用地。

(4) 邮轮港口宜靠近市区或靠近交通主干线。

(5) 保有一定的海滨、沿江公共活动岸线,市中心临近水面,使城市充满海滨、沿江气息。

(6) 进港铁路最好不分割城区,铁路与港区有方便的联系。

第二节 邮轮港口的规划步骤

一、邮轮港口平面规划

(一) 邮轮码头平面布置的基本要求

港池水域及码头前沿线布置时,船舶纵轴线应与风、波、流的主导方向基本一致,避免船舶在掉头和作业过程中受强横浪及强横流的作用。当无法同时满足时,应服从控制性影响因素,必要时可通过模型试验确定。

(二) 邮轮码头平面布置的影响因素

码头的水域布置应便于船舶进出港及靠离泊位安全作业,陆域布置应便于接送旅客车辆的集散和旅客上下船。

(三) 航道及掩护设施布置技术规定

进港航道布置时,船舶纵轴线应与风、浪、流的主导方向基本一致,避免船舶进港航行过程中受强横浪及强横流的作用。当无法同时满足时,应服从控制性影响因素,必要时可通过模型试验确定。

有掩护条件的港址可通过建设防波堤及口门,改善邮轮码头作业水域条件。在开敞水域建设邮轮码头,宜通过模型试验确定港址水文气象条件,合理估计码头作业天数。

(四)拖轮等与邮轮相关设施的要求

邮轮机动能力较强,若不违反当地海事部门相关规定,且船舶自身具备在作业水域掉头航行等能力,可不配置拖轮及引航船舶辅助。

上海吴淞口邮轮码头区域船舶航行密度较大,目前配置2艘拖轮和1艘护航船舶。但拖轮无须进行顶推协助。

三亚凤凰岛邮轮码头区域船舶航行密度较大,其周边有大量渔港码头,目前配置拖轮和护航船舶。拖轮对于建造年代较早的无侧推邮轮进行顶推协助。

韩国仁川邮轮码头配置2艘拖轮进行护航作业。但拖轮无须进行顶推协助。

韩国济州邮轮码头无辅助船舶,完全依靠邮轮自身掉头靠泊。

二、邮轮港口水域布置

制定码头泊位布置的有关技术规定,如布置形式、泊位间关系、泊位主尺度等技术规定。推荐采用满堂式布置形式,若考虑减少工程投资可采用大作业平台+系缆墩的半满堂式布置形式。作业平台长度应满足设计船型靠泊时期旅客、行李、垃圾、补给等舱口的作业要求。

吴淞口邮轮码头一期采用满堂式布置形式,二期采用大作业平台+系缆墩的半满堂式布置形式,大作业平台长度为设计船长的40%~50%。三亚凤凰岛邮轮码头一期采用大作业平台+系缆墩的半满堂式布置形式,大作业平台长度约为设计船长的50%,二期采用满堂式布置形式。深圳太子湾邮轮码头、厦门东渡邮轮码头、舟山国际邮轮码头、韩国仁川邮轮码头、韩国济州邮轮码头和香港启德邮轮码头均采用满堂式布置形式。

(一)吴淞口邮轮码头

吴淞口国际邮轮码头是在上海建设国际航运中心的大背景下,根据宝山"十二五"发展规划的要求,结合宝山产业结构的调整而确立的。

吴淞口国际邮轮码头一期工程于2009年7月18日开工,目前共有两个大型邮轮泊位,全长774米,宽34米,建设10万吨级、20万吨级大型国际邮轮泊位各1个,其中结构均按靠泊22万吨邮轮设计,可靠泊目前世界最大邮轮。平台面积59 592平方米;引桥长513.69米,宽15米;码头综合通过能力60.8万人次/年。客运楼及配套设施总建筑面积为24 463平方米,其中客运楼21 625平方米,拥有完善的旅客服务及口岸监管设施。

吴淞口国际邮轮码头二期工程在原有一期基础上向上游延伸380米,向下游延伸446米,新建两个大型邮轮泊位。建成后码头总长度将达1600米,共可布置两个22.5万吨级和两个15万吨级总计4个大型邮轮泊位,届时将呈现"四船同靠"的壮观景象。年总通过能力将从现在的60.8万人次提升至357.8万人次。

设计高水位(高潮累积频率10%) 4.01m,
设计低水位(低潮累积频率90%) 0.60m,
极端高水位(50年一遇高水位值) 5.87m,
极端低水位(50年一遇低水位值) -0.24m。

码头面标高计算公式为:

$$码头面标高 = HWL + \eta_0 + h + \triangle$$

式中:HWL——设计高水位(m),为4.01m;

η_0——设计高水位时为50年一遇H1%静水面以上的波峰面高度(m),取2.0m;

h——码头上部结构高度(m),取面板厚度为0.5m;

$\triangle$——富余高度(m)。由于码头与平台相接处,除客运大楼下部局部对老防波堤桩基进行处理以外,其他区域均保持原防波堤结构不变,故需采用大跨结构跨过炮台湾防波堤,故码头上部富余高度受其影响取1.0m。

经过计算,确定邮轮泊位码头面标高为7.51m。

(二)三亚凤凰岛邮轮码头

2014年4月10日,在习近平总书记视察凤凰岛国际邮轮港一周年这一天,凤凰岛二期工程开工,工程基本建设投资超过30亿元,项目总投资约180亿元,将再建1座47.4万平方米人工岛,建设1个10万吨泊位、2个15万吨泊位和1个22.5万吨泊位。将现有的8万吨泊位规划为国内航线停泊区,对于该区域乘游轮进行海南环岛游、南海游、近海游的旅客免除一关三检。将10万吨、15万吨和22.5万吨泊位规划为国际航线停泊区,按照国际标准建设新的出入境联检厅,提高邮轮港的接待能力和服务标准。2015年将全部完成新建4个邮轮码头建设。凤凰岛二期邮轮码头前沿高程为:

二期码头前沿高程 = 设计高水位 + 10年一遇H4%波高 + 超高$\triangle$ = 1.84 + 4.58 + 0 = 6.42(m)

考虑旅客上下邮轮均通过人行廊道,不经码头面,因此本阶段码头面允许上水设计。同时,码头面高程的确定尽可能地满足不同潮位时邮轮日常补给舱口的作业要求,尽可能降低码头面高程,保证为邮轮的各类补给舱口调运货物的装卸效率。因此,经过模型试验,综合考虑码头整体的衔接、作业的便利性,码头面顶高程取5.0m。为避免波浪上码头后对后方陆域的影响,后方陆域设计单位需考虑在码头后方合适位置设置相应的挡浪设施。

(三)深圳太子湾邮轮码头

深圳太子湾邮轮母港工程占地面积约为70万平方米,建筑面积170万平方米,将成为深圳唯一的集"海陆空铁"于一身的现代化国际邮轮母港,也将成为华南片区最大的邮轮母港,有助于提升深圳现代化国际化海滨城市形象,打造成为深圳的一张新名片。

作为太子湾国际邮轮母港的核心组成部分,深圳蛇口邮轮中心的规划占地面积3万多平方米,总建筑面积达10万平方米。根据资料显示,深圳蛇口邮轮中心整个建筑由地下一层、架空一层、地上10层,共12层构成。规划建设12万吨邮轮泊位1个及22万吨邮轮泊位1个;新建客运码头1座,包括125米长的突堤3座,包括10个800吨高速客轮泊位,其中4个为国内线高速客轮泊位,6个为港澳线高速客轮泊位,以及港池东北侧的待泊泊位2

个;建设 2 万吨客货滚装泊位 1 个。

深圳蛇口邮轮中心的外形灵感来源于船首波,未来或呈现出动感波浪形状的建筑造型,既和周边海域的景观融为一体,又形成了独特的艺术风格,同时蕴含了乘风破浪、披荆斩棘的创业精神。该中心不但规划了航线客运、商业办公的功能,还将设置景观平台、空中观景区、交通枢纽等综合功能,未来将成为以联检功能为主,同时结合办公、商业、休闲、娱乐以及城市交通、水路交通枢纽为一体的综合建筑。

5 万吨、22 万吨邮轮码头面标高计算:

(1)根据《海港总平面设计规范》中第 4.3.4 条,以及《开敞式码头设计与施工技术规程》第 3.5.1 条,邮轮码头面高程按下式计算:

$$E = HWL + \eta 0 + h + \triangle$$

式中:HWL——设计高水位(高潮累积频率 10%),取 1.59m(56 黄海);

$\eta 0$——设计高水位时 50 年一遇 H1%(本工程 H1% 为 2.30m)的波峰面高度 $\eta 0$,计算后取 1.4m;

h——码头上部结构高度(m),取 0.5m;

$\triangle$——波峰面以上至码头上部结构底面的富余高度,取值范围 0.0~1.0m。本项目取值 0。

根据上述取值,经计算码头面高程为 3.49m。

(2)根据《开敞式码头设计与施工技术规程》第 3.5.1 条,邮轮码头面高程同时应该按极端高水位进行校核,其超高值可取 0.0~0.5m,校核公式如下:

$$E = HWLjd + \triangle$$

式中:HWLjd——极端高水位(50 年一遇高潮位),取 2.69m(56 黄海基面);

$\triangle$——超高值,取 0.0~0.5m;

经过复核,码头面高程可取 2.69~3.19m。

(四)舟山国际邮轮码头

舟山群岛国际邮轮码头建设项目是贯彻实施浙江海洋经济发展示范区和舟山群岛新区两大国家战略的重要项目,是舟山实现国际生态休闲岛功能的重要支撑,也是加强海峡两岸经贸合作、文化交流的现实需要。项目位于舟山朱家尖西南侧,背靠朱家尖岛。北面有朱家尖岛、舟山本岛遮挡,西面面向大陆,有东闪岛、西闪岛掩护,南面有寨峰山和西峰岛遮挡,港区风浪较小。码头前沿及航道水深最浅处为 11.5m,可由乌沙水道、福利门水道或虾峙门水道、峙头洋水道进出港域。新建 10 万吨邮轮码头 1 座,码头前侧靠泊 10 万吨邮轮 1 艘,码头设计年客运量 46 万人次,设计年客运通过能力 57 万人次。码头后侧可靠泊工作船和游艇。征地面积为 13.33 公顷,建筑面积约为 20 100 平方米,包括邮轮码头管理、港务口岸服务、邮轮公司办事机构、船舶代理、旅游服务等在内的综合性写字楼,以及餐饮、宾馆、采购中心等商业设施。舟山群岛国际邮轮码头的功能定位为具备国际邮轮码头、对台直航客运码头、往返沪甬客运码头、南部岛屿旅游专线码头、环朱家尖海上游船码头五大功能,初步作为国际邮轮停靠港营运,适时打造成为国际邮轮母港。

工程区背靠朱家尖岛,北面有朱家尖岛、舟山本岛遮挡,西面面向大陆,且有东闪岛、西闪岛、登步岛掩护,南面有寨峰山和西峰岛遮挡。正常天气条件下,港区风浪较小。但工程区南面掩护条件较为薄弱,与外海间仅有西峰岛与寨峰山掩护,南风大时,港内涌浪较大。

(1)设计特征水位如下:

设计高潮位:1.76m;

设计低潮位:-1.45m;

50年一遇极端高潮位:3.35m;

50年一遇极端低潮位:-2.18m。

(2)码头面高程:

本工程水域外围有众多岛屿,风浪掩护条件良好。根据交通部《海港总平面设计规范》(JTJ211-99)第4.3.3条有关规定,码头面设计高程为设计高水位与超高之和,或者极端高水位加0.0~0.5m。码头面高程为:

码头面高程 = 设计高水位 + (1~1.5) = 2.76 - 3.26(m)

或:

码头面高程 = 极端高水位 + (0~0.5) = 3.35 - 3.85(m)

根据以上计算结果并参考附近已建码头高程,确定拟建码头面高程为3.85m。

三、邮轮港口陆域布置

(一)陆域设施

邮轮码头陆域设施包括上下船设施、旅客廊道、客运中心,以及与城市综合交通系统衔接的集疏运系统、区内道路、停车场、车辆进出口、广场、绿化等,应合理布置陆域。

(二)站前广场

(1)站前广场应包括人行道、车行道两部分。

(2)站前广场应通过区内主干道衔接区外主干道,有利于交通集疏运,便于旅客安全进出。

(3)站前广场设计应合理组织客流、车流,力求安全、便捷、顺畅。

(4)人行道紧贴布置在客运中心前沿,满足携带行李的旅客、行李推车通行,人行道宽度可取为4~6米。

(5)车行道布置在人行道外侧,需设置斑马线便于旅客穿过。规模较小的邮轮码头可不设置人行安全岛,较大的邮轮码头需在车道边和重复循环道路之间设置行人安全岛。车行道根据需要分为出租车、公交车及专线车通行车道、调动车道、通行车道。车行道一般不宜超过3道,宽度可取12~14米。

(6)站前广场的长度根据客运大楼长度及满足高峰时车辆快速通行为原则进行确定。

(三)陆域高程

邮轮码头应作为邮轮综合体开发的一部分,陆域高程应符合以下规定。

(1)应满足城市防洪排涝的要求,城市防洪工程和防洪标准应根据《城市防洪工程设计规范》(GB/T50805—2012)确定。

(2)做好与相邻开发地块、市政道路的衔接。

(3)陆域高程应根据《城市用地竖向规划规范》(CJJ83—99),结合区外主干道进行计算。

(4)应满足区域内运输、排水要求。

知识链接

体验式旅游《邮轮码头设计规范》2016年起施行

2015年12月23日,交通运输部发布公告称《邮轮码头设计规范》(以下简称《规范》)(JTS170—2015)自2016年1月1日起施行。本《规范》第8.2.4条中的黑体字部分为强制性条文,必须严格执行。

本《规范》由交通运输部组织中交集团第三航务工程勘察设计院有限公司等单位编制完成,由交通运输部水运局负责管理和解释,由人民交通出版社出版发行。

第三节 邮轮港口的建设工艺

一、一般规定

(1)工艺设计应从"以人为本"方便旅客的角度出发,综合体现功能性、舒适性、安全性、便捷性、先进性和经济性。

(2)工艺设计应实现客、货(包括行李托运)分流,以确保安全、高效、互不干扰。

(3)工艺设计宜进行多方案的经济技术比较。

(4)口岸联检的流程及功能设计应满足口岸主管部门的监管需要。

(5)码头前方作业带的宽度应满足旅客托运行李及邮轮补给物资装卸船作业的需求。

(6)采用大型移动式登船设备时应设置防风抗台装置。

二、旅客行李进出港流程

旅客及行李的进出港流程应符合口岸联检(安检、边检、海关、检验检疫)部门相关的监管要求。

旅客及行李宜采取以下进出港流程。

(一)旅客行李出境流程

1. 旅客通关

旅客搭乘交通工具到达邮轮码头后首先在车道边进行行李托运,随后即可进入联检大楼按照标志信息的引导完成所需的登船流程。旅客进入联检大楼后通常的流程依次为:安

第4章 邮轮港口的规划与建设

检→值机办票→检验检疫→海关→边检→登船入舱。

2. 行李托运

托运行李登船流程通常依次为：首先由码头工作人员负责车道边托运行李的收集，然后将行李搬运至联检大楼的托运行李专用通道，借助X光机完成行李的安检、海关及检验检疫的查验要求；随后由码头工作人员完成行李的集拼，并借助码头装卸设备将行李运送至邮轮行李舱；托运行李最后由船方工作人员送至每个旅客的客房。

挂靠港出境与母港出境类似，但是可以省略托运行李的流程。

（二）旅客行李入境流程

1. 旅客通关

旅客在邮轮靠岸、登船设施就位后即可按照联检大楼标志信息的引导完成所需的离船入境流程。旅客入境的流程通常依次为：检验检疫（测体温）→边检→提取行李→检验检疫（查验行李）→海关→出联检大楼离港。

2. 行李托运

旅客在下船的前一天晚上将托运行李置于客房门口供邮轮工作人员收集，船方工作人员则连夜进行行李的分类集拼工作。邮轮靠泊后，首先进行行李的装卸作业。借助码头装卸设备，码头工作人员可将行李运送至联检大楼的行李大厅，等候旅客提取。旅客离船通过边检后即可到达行李大厅领取行李。自此，旅客流与行李流合二为一，共同完成后续出港流程：检验检疫→海关→出联检大楼离港。

挂靠港入境与母港入境类似，但是可以省略联检大楼内托运行李的流程。

三、硬件设施配置

（一）旅客上下船

（1）邮轮母港应配备旅客上下船专用设施，满足旅客安全、舒适、便捷的上下船需求。

（2）登船机两侧应与联检大楼或登船廊桥相连，便于形成客运通道的封闭管理。

（3）登船设备的选型应综合旅客舒适度、联检大楼的位置、码头宽度、港口地理位置、气候条件、节能、环保等因素。

（4）登船设备的接船范围满足不同设计船型上下船甲板位置的变化以及停靠水域潮差的变化。

（5）登船设备的接船口应具备随动搭连、自动对接邮轮甲板的功能，以适应潮汐和波浪对上下船位置的影响。

（6）登船设备提供的旅客通道应满足无障碍通行的要求，坡度不应大于10%。

（7）登船设备内部最小截面宽度应大于或等于1.5米，高度应大于或等于2.1米。

（8）登船设备应在码头平面内实现接船范围的全覆盖，不存在接船盲区。

（9）单泊位邮轮设计船型载客数超过2500人宜配备2台登船机。

（10）登船机及登船廊桥的工艺布置应满足行李、补给物资车辆及装卸设备的通过。

（二）车道边

车道边是一种特殊的交通设施，邮轮码头的车道边主要指联检大楼建筑物边缘用于人车转化的区域,各类机动车辆(含大巴、短驳巴士、出租车、社会车辆)在此区域内进行上、落客,实现联检大楼内行人流与外围车流的转换。

(1)车道边应根据车辆的不同性质(大巴、短驳巴士、出租车、社会车辆),进行分区域分类停放,以减少各类车流的相互干扰;

(2)车道边的上下客区域应具备挡雨遮雨设施;

(3)车道边长度计算公式:

$$L = qplt/(60n)$$

式中:L——车道边长度(m);

  q——高峰时每小时旅客数(人/h);

  p——乘坐该交通工具(大巴、短驳车、出租车、私家车)旅客数占比(%);

  l——每辆该交通工具(大巴、短驳车、出租车、私家车)平均所需车道边长度(m);

  t——该交通工具(大巴、短驳车、出租车、私家车)平均在车道边的逗留时间(min);

  n——该交通工具(大巴、短驳车、出租车、私家车)平均乘载旅客数(人)。

(三)联检大楼

作为邮轮母港的必要设施,联检大楼应具备以下功能:旅客的候船休息、行李处理、验票、安检、一关两检、上下船、商业配套等。

(1)联检大楼的设计可参考《交通客运站建筑设计规范》(JGJ/T60—2012)相关条文。

(2)联检大楼宜分层设计,楼层数不少于2层。

(3)联检大楼的功能区域一般包括售票、值机办票、联检、候船、商业服务、行李处理、候检、卫生间配套、迎送、办公、落地签证区等功能区。

(4)托运行李的出境专用通道及入境行李的提取大厅均宜设在联检大楼的底层并且尽量靠近车道边以及码头作业区。

(四)口岸联检设施

口岸联检设施包括安检、检验检疫、海关、边检。口岸联检设施的通关能力不宜小于1500人/小时。

1. 安检

旅客安检通道通常配备手持爆炸物检测仪、行李X光机、金属探测门。

安检通道所需行李X光机数量按下式估算:

$$N = q \times w \times r/(y \times f)$$

式中:q——高峰期每小时旅客数(人/h);

  w——旅客行李系数(1~2件/人);

  r——旅客到达不平衡系数(1~1.4);

  y——X光机查验速度(件/h);

  f——X光机利用系数(0.8~0.95)。

2. 检验检疫

(1)检验检疫一般设置以下设施:告示牌、公告栏、宣传栏、健康咨询台、填卡台、红外测温设备、核与辐射检测识别、查验台、禁止进出境物品投弃箱、视频监控等。

(2)联检大楼内应根据出入境检验检疫工作的需要设置相应业务用房及办公室。

3. 海关

(1)海关一般设置以下设施:申报区、旅检查验通道、查验处理区等。

(2)申报区一般需设置申报台,负责接收旅客申报。

(3)旅客查验通道一般包括:红色通道、绿色通道、外交礼遇通道以及工作人员通道。旅客查验通道通常配备行李 X 光机、金属探测门。

(4)海关可利用联检楼的安检 X 光机实施对出境旅客托运行李实施非侵入式检查。

(5)海关需在托运行李入境处配备 X 光机,实施非侵入式检查。

(6)联检大楼内应根据海关工作的需要设置相关业务用房及办公室。

4. 边检

(1)边检一般设置以下设施:引导牌、告示牌、标志牌、填卡台、候检场地、检查通道等。

(2)边检通道宜设计为双向沟通,即每条通道既作为出境通道,又可作为入境通道。

(3)联检大楼内应根据边检工作的需要设置业务用房及办公室。

(4)边检应设船员及工作人员专用通道。

边检通道数按下列公式估算:

$$N = 1.1(d \times t)/60$$

式中:N——边检通道数;

d——高峰期每小时通关人数;

t——平均每人通关时间(min);

边检大厅等候区面积按下列公式估算:

$$A = d \times a \times t/60$$

式中:A——边检大厅等候区面积(m^2);

d——高峰期每小时通关人数;

a——每位旅客所需面积(m^2),一般为 $0.8 \sim 1.4 m^2/$人;

t——旅客在此区域等候时间(min)。

(五)行李处理

(1)邮轮码头应配备专用装卸设备进行托运行李的装卸船作业。

(2)托运行李的装卸船设备应满足以下工况的作业要求:行李舱口高于码头面;行李舱口低于码头面。

(3)当邮轮码头有可能出现行李舱口低于码头面的工况时,应保证码头前沿线与船体之间的间距能适应行李装卸设备的作业空间。

(4)出港托运行李专用通道内应设 X 光机,满足海关及检验检疫的查验要求。

(5)托运行李的装船效率应满足邮轮离港的船期要求,还应满足旅客下船离港的要求。

行李提取大厅所需面积按下式估算:

$$A = q \times a \times t \times w/60$$

式中：A——行李大厅所需面积（m²）；

　　　q——高峰期每小时旅客数（人/h）；

　　　a——每位旅客所需面积（m²），一般为 1.4~2m²/人；

　　　t——旅客在此区域的平均逗留时间（min）；

　　　w——旅客行李系数（1~2 件/人）。

四、物质补给

（1）邮轮母港应满足邮轮物资补给需求，包括生鲜蔬果、食品饮料、易耗品、药品、冷藏品、淡水、燃油等。

（2）邮轮物资补给的进港、存储、装卸运输应满足一关两检的监管要求。

（3）邮轮物资补给应有专用的车位、运输通道和操作区域，实现客流与货流的分离。

（4）码头应配备先进、高效的专用装卸设备进行邮轮物资补给作业。

（5）补给物资的装卸效率应满足邮轮在离港前 1 小时将所需物资全部装船的需要。

（6）邮轮母港宜设置邮轮物资配送中心，提升母港服务水平。

（7）邮轮物资补给的装卸船设备的作业要求与托运行李的装卸要求相同。

五、旅客通过能力的设计

邮轮码头单位泊位旅客通过能力可根据下式进行估算：

$$Ps = 2T_y TGR/K_b$$

式中：Ps——邮轮码头单泊位旅客通过能力；

　　　T_y——泊位年营运周期；

　　　T——泊位周平均靠离艘次；

　　　G——设计船型客位数；

　　　R——设计船型客位实载率；

　　　K_b——不平衡系数。

第四节　邮轮港口的建设评估

一、邮轮港口建设项目后评估的意义

港口投资效益较低，使得按期还本付息的压力较大。为扭转这一状况，世界银行建议必须对港口建设的后评估予以高度重视。

码头建设项目投资后评估是工程竣工投产、生产运营一段时间后，通过对项目前期工作、项目实施、项目运营等全过程进行系统评价的一种技术活动。它是投资管理的一项重要内容，也是最后一个环节。通过码头建设项目后评估，分析项目建成后的实际情况与设

计要求的差距及原因,为以后建设项目的准备、决策、实施、管理和监督等工作提供依据,并为提高建设项目投资效益提出切实可行的措施。

后评估工作的重要性在于:可以不断地探索适当的途径和方法提高投资效益,规避投资风险,具有潜在压缩投资规模和提高效率的作用;有利于帮助政府部门实现宏观调控和管理目标,有利于提高上级部门的决策水平和建设部门的管理能力;可以摆脱行业垄断和盲目竞争的困扰;有助于决策人减少损失和提高投资回收率,培育新的经济增长点。

二、邮轮港口建设项目后评估的内容

港口建设项目后评估的主要内容包括:港口项目的概述,立项方案,可行性研究论证,水工及土建设计,工程项目的施工,施工的跟踪检查及信息反馈,建设项目的动态以及各阶段主要指标分析,项目竣工投产后的营运状况及评价,经济效益分析,维护影响性评价以及后评估的结构等。

在动态评价时应选择以下模式:可行性论证(前期评价)—水工及土建设计—建设工程实施(中期评价)—项目完成(竣工后评估)—项目经营(维护性评价)—项目维护(影响性评价)—项目更新。由此可见,项目后评估贯穿于项目始终,它是一个首尾相接、前后相连、周而复始、不断起继的过程,而绝不是项目竣工后的单纯后评估。

(一)港口建设项目实施后评估的内容
(1)项目开工的评价。
(2)项目变更情况的评价。
(3)项目施工组织与管理的评价。
(4)项目建设资金供应与使用情况的评价。
(5)项目建设工期的评价。
(6)项目建设成本的评价。
(7)项目工程质量和安全情况的评价。
(8)项目竣工验收的评价。
(9)同步建设的评价。
(10)项目吞吐能力和单位装卸能力投资的评价。

(二)港口建设项目运营后评估的内容
(1)码头经营管理状况的评价。
(2)项目装卸工艺的评价。
(3)项目达产年限的评价。
(4)项目运营成本的评价。
(5)项目经营利润的评价。
(6)项目经济后评估。
(7)项目可行性研究水平综合评价。

其中,项目经济后评估,是项目后评估的核心内容之一。项目经济后评估的目的是衡量项目投资的实际经济效果,比较和分析项目实际投资效益与预测投资效益的偏离程度及其原因;另外,通过信息反馈,为今后提高项目决策质量服务。项目经济后评估指标主要有:项目总投资、建设期、投资利润率、投资利税率、资本金利润率、内部收益率、净现值、投资回收期、贷款偿还期、资产负债率、流动比率、速动比率。

（三）港口建设项目后评估的实施程序

（1）组织评估机构。评估机构应该满足客观性、公正性要求,具有反馈检查功能。

（2）项目后评估对象的选择。一般是港口及其码头重点发展的项目或影响较大的项目。

（3）收集资料和选取数据。主要包括档案资料、项目投产后经营资料及其他基础资料。

（4）资料的分析加工。

（5）评价及编制后评估报告。

（6）上报评价报告。

三、邮轮港口建设项目后评估的实施

把后评估的工作重点从单纯的事后评估转移到事前评价预测、事中控制监督、事后分析评价相结合的全过程、全方位评价,是市场经济条件下构建项目后评估管理体制的最现实选择。

（一）邮轮港口建设项目的前期评价

前期评价主要内容包括以下5个方面。

（1）建设项目是否符合国家产业政策和整体发展规划,是否符合全国交通运输和港口项目的合理布局。

（2）建设项目确定的运力、运量与经济腹地资源运输要求是否一致,港口建设泊位大小与当地的水文地质气候条件及投资规模是否相适宜。

（3）建设项目对当地相关产业及部门的影响与制约,对区域经济社会环境的影响状况。

（4）建设项目建设的必要性、可行性论证是否充分,立项条件是否具备,决策程序是否科学,整体设计方案在技术上的可行性、经济上的合理性及投资规模是否适度。

（5）被考核单位当前的经济效益评价,自有资金的再投入占总投资的比重,建设资金筹集的渠道、方式、保证程度状况,并且要严格考察投资回收期、项目现金净流量以及还本付息能力等指标。

（二）邮轮港口建设项目的实施评价

该阶段评价应注重其实施的过程评价,主要内容有:

（1）水运工程勘察、设计工作的程序、依据,包括标准、规范、定额等是否严格执行国家现行有关政策标准。

（2）项目总承包、总分包的施工组织方式、施工组织设计的编制,施工技术措施的落实状况,施工质量和施工技术管理,施工过程的监理。

（3）设计及预算变更是否按规定程序报批,监理人员是否实施了包括水下隐蔽工程在内的全过程跟踪监督检查。

(4) 施工单位项目部门的组成人员及其素质状况。

(5) 参与施工单位的招标投标以及各种协议合同是否科学规范。

(6) 工期控制是否适当,施工质量是否达到国家颁布的标准。

(7) 工程建设资金的到位、拨付、结算及使用效果的评价。

(三) 邮轮港口建设项目竣工后评估

(1) 建设单位向评价小组提交竣工报告中的数据及资料是否客观准确。

(2) 工程成本开支范围是否符合财务制度规定,工程设计变更及预算调整是否按规定程序报批。

(3) 工程总投资超支或节支节余状况,工期提前或拖延的时间或原因。

(4) 工程竣工质量验收考评等级,工程竣工审计报告中提出的审计问题,以及解决这些问题采取的整改措施等有关信息资料。

(5) 办理财产交付使用的手续、程序是否准确规范等。

(四) 邮轮港口建设项目经济效益后评估

港口建设工程项目效益评价主要包括成本—效益的财务评价和国民经济影响评价两部分。

1. 财务评价

财务评价围绕项目的营运能力、盈利能力、偿债能力等方面进行。

营运能力分析应着重从存货周转率、应收账款周转率和固定资产周转率等指标考察。

盈利能力分析应按照现行税制和价格,计算财务收益率、投资回收期、资产报酬率、净值报酬率等指标,评价其盈利能力的高低。

偿债能力分为长期偿债能力和短期偿债能力两种。长期偿债能力分析主要从资产负债率、产权比率、有形净值债务率等指标衡量,而短期偿债能力分析应从流动比率和速动比率指标考察。

2. 国民经济影响评价

国民经济影响评价应在考察资源合理配置的基础上,评价项目的经济效益及费用状况,按照分段参数和科学比较的原则,与国民经济前期相比,找出引起国民经济相关费用效益指标发生变化的主要原因。属于利用外资的项目,要对其利用外资的种类、方式、范围、外资偿还能力、引进技术设备的消化、吸收等情况进行分析评价,找出存在的问题,提出加以改进的措施建议。

本章小结

邮轮港口发展规划应与整个国家及港口所在地区的各种社会经济发展规划以及地区运输网络、渔业、农业、工业及其他社会经济活动相协调。

邮轮港址要合理选择,必须对地区自然交通全面勘测、分析。根据自然条件特点,结合港口性质、发展规模进行港址的方案优选。邮轮港区和城区合理布局是港城协调发展的基础,是决定城市布局的重要因素。在港城合理布局时,要坚持一些基本原则,并充分考虑相关因素的影响。

邮轮港口的规划布置包括港口平面规划、港口水域布置和港口陆域布置等主要内容。

邮轮港口的建设工艺包括旅客行李进出港流程的合理安排、硬件设施配置、物资补给的规划、旅客通过能力的设计等内容。

邮轮港口建设后还必须进行项目后评估。后评估工作的重要性在于，它可以不断地探索适当的途径和方法提高投资效益，规避投资风险，具有潜在压缩投资规模和提高效率的作用等。港口建设项目后评估的主要内容包括：港口项目的概述，立项方案，可行性研究论证，水工及土建设计，工程项目的施工，施工的跟踪检查及信息反馈，建设项目的动态以及各阶段主要指标分析，项目竣工投产后的营运状况及评价，经济效益分析，维护影响性评价以及后评估的结构等。后评估必须按照一定程序开展。

思考题

1. 邮轮港口选择有哪些要求？
2. 简述邮轮港口平面布置的基本要求和影响因素。
3. 简述我国主要邮轮港口的水域布置。
4. 邮轮港口陆域布置有哪些要求？
5. 简述旅客行李进出港的流程。
6. 简述邮轮港口设施的配置。
7. 邮轮港口建设项目后评估有什么意义？
8. 邮轮港口建设项目后评估的内容有哪些？
9. 如何实施邮轮港口建设项目后评估活动？

案例分析

中国邮轮旅游发展实验区建设三年行动方案(2015—2017年)

2015年4月16日，天津市人民政府办公厅发布《中国邮轮旅游发展实验区建设三年行动方案(2015—2017年)》，积极推动并合理统筹我市邮轮经济转型升级。

一、总体思路

坚持政府引导、市场运作、企业主体、多元投资、协调发展、注重实效的原则，以完善邮轮产业政策体系、提高邮轮母港建设管理能力、提升邮轮产业服务质量、培育本土邮轮服务力量、扩大邮轮经济产出效益为主要内容，加大政策支持力度，加强产品体系建设，优化产业发展环境，拓展产业发展空间，建设我国北方国际邮轮旅游中心，促进我市邮轮经济持续快速健康发展，发挥实验区的示范功能和引领作用，为全国邮轮旅游产业发展积累经验。

二、发展目标

经过三年建设，初步形成基础设施完善、产业系统健全、服务管理规范、经济社会效益显著的邮轮旅游产业格局。

（一）成为我国北方国际邮轮旅游中心

依托我市已经建成的国际邮轮母港的基础优势，在引进国际邮轮知名企业的同时，培育壮大本土邮轮公司，提升邮轮旅游企业的服务质量和水平，拓展邮轮旅游客源市场，使天津成为接待邮轮艘次多、客流量大、基础设施和服务设施好、游客满意度高的中国北方国际邮轮旅游中心。

（二）建成国际邮轮母港区

紧紧抓住自贸区建设的历史机遇，发挥滨海新区先行先试的政策优势和深化改革扩大对外开放的有利条件，营造符合国际惯例、高效便捷的邮轮营运环境，逐步形成以邮轮经营为中心，邮轮旅游、商业休闲和文化娱乐为主业，相关金融、贸易、研发、培训、创意、会展等服务业为延伸的现代邮轮产业体系，打造以邮轮产业为特色的国际邮轮母港区。

（三）成为国际邮轮人才培训基地

发挥南开大学、天津海运职业学院等院校人才集聚的优势，坚持产学研结合，加大校企合作力度，建立和完善邮轮旅游学历教育和职业教育培训体系，为天津乃至全国邮轮产业发展提供人才保障和智力支撑。邮轮经济基本实现以下目标：2015 年，进出港邮轮 80 艘次，其中进出港游客 40 万人次；2016 年，进出港邮轮 100 艘次，其中进出港游客 45 万人次；2017 年，进出港邮轮 120 艘次，其中进出港游客 55 万人次。

三、加强实验区基础设施建设

（一）完善实验区核心区规划

以邮轮母港客运大厦及码头区域为中心设立实验区核心区，总规划面积 528 公顷。按照实验区功能定位和市场需求，完善实验区核心区各项规划。（责任单位：滨海新区人民政府、东疆保税港区管委会、天津港集团）

（二）完善港口设施建设

1. 继续完善邮轮母港码头功能

为满足国际邮轮停靠艘次及进出境游客逐年增加的业务发展需要，加快完善相关码头设施设备建设，进一步提升邮轮公司和游客的满意度。（责任单位：天津港集团、天津检验检疫局、天津海事局）

2. 提升邮轮母港使用效益

优化邮轮母港业务布局，完善客运功能。针对天津邮轮市场季节性和不均衡的特点，支持邮轮母港在非邮轮停靠期，扩大港口其他业务，提升码头使用效率和公司经营效益。（责任单位：天津港集团）

3. 优化邮轮母港客运大厦功能

在保障邮轮游客快速、便捷通关的基础上，丰富免税商品种类，完善对游客的便利服务设施，包括货币兑换点、旅游商店、餐厅、咖啡厅、船员休闲厅、贵宾服务厅、邮轮体验店、票务销售中心和精品展示店等。进一步提升写字楼配套功能，吸引邮轮旅游产业相关企业和机构设立办公区。（责任单位：天津港集团、天津海关、天津检验检疫局）

（三）完善港口周边商业配套服务功能

逐步落实东疆人工沙滩、安佳酒店、一洋游艇俱乐部和东疆国际等项目的规划和建设，逐步完善实验区核心区基础设施,打造融邮轮综合服务、休闲度假、购物观光、居住办公为一体的邮轮产业综合体,形成以邮轮母港为主导的"母港—旅游—城市"产业集群和集成一体化发展业态。(责任单位:天津港集团、东疆保税港区管委会)

(四)完善实验区交通配套建设

1. 完善实验区内道路交通系统

在通往实验区核心区的道路、桥梁上,合理设置交通标志牌,为车辆行驶、导航提供便利。开通和适当增加实验区核心区至滨海客运总站、中新天津生态城、天津滨海国际机场、塘沽火车站和市区的公交专线,便于游客往来邮轮母港区域旅游、休闲和观光。(责任单位:市交通运输委、市发展改革委、滨海新区人民政府)

2. 加快实验区周边路网建设

重点实施京津高速辅道工程、津沽一线维护工程、疏港联络线、津港高速二期等项目。推进京津城际延伸线公交化运营,打造京津城际客运便捷通道。在现有天津港外部铁路通道和港内铁路系统基础上,加快推进进港三线及新港北铁路集装箱中心站等项目建设,完善实验区物流服务功能。(责任单位:市交通运输委、市发展改革委、市建委、滨海新区人民政府)

结合案例思考以下问题:

1. 天津市制订邮轮旅游发展实验区建设三年行动方案有何重要意义?
2. 天津市三年行动方案中对邮轮港口建设有何具体要求?

第5章 邮轮港口行政管理

 本章导读

根据《2012—2013 中国邮轮发展报告》,2012 年中国邮轮市场接待量增长迅猛,中国内地 2012 年全年共接待国际邮轮 285 艘次,同比增长 8.8%,接待邮轮出入境游客 66 万人次,同比增长 31.9%。

这激发了各地建设邮轮码头的热情。目前国内共有五个正在运营的邮轮码头,其中上海两个,天津、厦门和三亚各一个,但这些码头的经营大都亏损。而舟山、青岛和大连正在建设邮轮码头,还有广州、深圳、海口、宁波、烟台、南京六个城市准备兴建邮轮码头,投资动辄上亿元。

"现在建设邮轮码头,地方政府批准就可以了,但很多地方政府一规划就希望建设规模巨大的邮轮母港,甚至要建成为当地的地标建筑。"中国交通运输协会邮轮游艇分会常务副会长郑炜航指出,而实际上,是否能成为邮轮母港,是由邮轮公司决定,需要邮轮公司相关配套设施、航线布局,以及当地腹地足够大的邮轮旅客量的配合,而从目前的情况看来,很多地方并不具备成为邮轮母港的条件,盲目建设很容易造成码头设施闲置,进而带来长期的经营亏损。

郑炜航建议交通运输部尽快出台《全国邮轮港口(码头)建设指导意见》,以明确邮轮港口布局和功能区分,避免一哄而上、资源浪费。

《2012—2013 中国邮轮发展报告》同时指出,目前在中国的邮轮港口综合收费中,国家收取的费用占约 2/3,地方邮轮码头收取的费用只占 1/3,邮轮码头运营商本身的收费很低,却仍然在亏本经营;而在国际邮轮公司看来,中国港口的综合收费却太高,远超新加坡、日本等亚洲其他国家。

我国各地建设邮轮母港的热情高涨,但是大部分港口经营都处于亏损状态,因此要对邮轮港口建设进行合理的行政管理。本章主要介绍邮轮港口行政管理的内容,邮轮港口规划与建设管理,邮轮港口经营的审批与管理,邮轮港口安全与监督管理,邮轮港口行政性收费管理,邮轮港口的行业组织。

第一节　邮轮港口行政管理的内容

交通部于 2002 年 1 月 4 日在《关于贯彻实施港口管理体制深化改革工作意见和建议的函》(交函水〔2002〕1 号)中指出,我国港口行政改革后的行政管理体系是国务院交通主管部门负责对全国港口实行统一行政管理,主要负责制定全国港口行业的发展规划、发展政策和法规;省级交通主管部门负责本行政区域内港口的行政管理工作,主要负责本地区的港口发展规划、发展政策和法规;港口所在城市人民政府港口主管部门负责按照"一港一政"的原则,依法对港口实行统一的行政管理,港口企业作为独立的市场主体依法从事经营。

具体来讲,港口行政管理的主要内容是:
(1)港口布局规划以及总体规划的编制、修改或审批;
(2)港口基础性设施的投资和维护资金的筹措;
(3)征收港口行政性费用;
(4)审批港区内岸线、陆域、水域的使用;
(5)组织港口基础性建设项目的招标、建设和验收;
(6)监督港口经营性设施保持正常状态,保证作业的安全;
(7)审批港口经营人的资格;
(8)根据国家有关法律和法规,制定本港有关管理规章;
(9)对港口生产性收费价格进行监管;
(10)维持港内的生产经营秩序;
(11)对港口生产经营状况按国家要求进行统计分析;
(12)负责设置引航组织,并组织引航工作的实施;
(13)负责对港口经营者、生产者进行岗位考核以及颁发资格证书;
(14)对港口的国有资产进行监管和实现保值增值;
(15)港口对航行于国际航线的船舶开放,须有省级人民政府港口管理机构会同有关部门提出方案,经省级人民政府和国务院主管部门审核后报国务院审批,由国务院交通主管部门公布。

第二节　邮轮港口规划与建设管理

一、港口规划管理

港口规划分为两种,包括港口布局规划和港口总体规划。其中港口布局规划又分为两级,包括全国港口布局规划和省(自治区、直辖市)港口布局规划。

一般来说,港口布局规划包括规划范围内港口的分布体系、水陆域利用、岸线利用和各港的位置、规模、性质、功能等内容。港口总体规划是指一个港口在一个时期的具体规划,包括港界、自然条件、港区划分、现状评价、吞吐量和船型发展、港口性质和功能、水域和陆域使用、港航设施建设、岸线使用、建设用地配置以及分期建设序列等内容。

（一）港口规划相关关系

港口规划工作是港口行政管理的一项重要内容,各级政府的港口管理机构根据其权限负责港口规划与审批工作。因此作为一个规划体系,应明确与港口规划相关的三方面的关系。

1. 港口规划与其他规划的关系

港口规划应根据国民经济和社会发展的要求以及国防建设的需要编制,体现合理利用岸线资源的原则,符合城镇体系规划,并与土地使用的总规划、城市总体规划、江河流域规划、防洪规划、海洋功能规划、水陆运输发展规划以及法律、行政法规规定的其他有关规划相衔接、协调。

2. 全国港口布局规划与省级港口布局规划的关系

全国港口布局规划由国务院交通主管部门经征求国务院有关部门和有关军事机关的意见编制,报国务院审批后公布实施,省(自治区、直辖市)的港口布局规划由省(自治区、直辖市)人民政府根据全国港口布局规划组织编制,并送国务院交通主管部门征求意见。省(自治区、直辖市)港口布局规划不得与全国布局规划相抵触。

3. 港口总体规划与港口布局规划的关系

港口总体规划应符合港口布局规划。港口总体规划由港口行政主管部门征求有关部门和有关军事部门的意见编制。

地理位置重要、客流量大、对经济发展影响较广的主要港口的总体规划,由国务院交通主管部门征求国务院有关部门和有关军事机关的意见后,会同有关省(自治区、直辖市)人民政府批准,并公布实施。

省(自治区、直辖市)人民政府征求国务院交通主管部门的意见后确定本地区的重要港口,重要港口的总体规划由省(自治区、直辖市)人民政府征求国务院交通主管部门意见后批准,公布实施。

除此以外的港口总体规划则由港口所在地的市县人民政府批准后公布实施,并报省(自治区、直辖市)人民政府备案。

（二）港口类别划分原则

我国的港口规划与审批按港口等级类别分层次进行。港口类别划分原则是:

(1)港口所处的地理位置、规模和客流能力、对腹地经济发展的影响和作用,对外开放程度以及港口布局的需要。

(2)国民经济和社会发展对港口的客观需要。

(3)国家实现重大经济战略决策的需要。

一类港口由国务院规定,二类港口由国务院交通主管部门确定,三类港口由省(自治区、直辖市)政府确定。

一类港口的总体规划由省级港口管理机构编制,经省(自治区、直辖市)人民政府和国务院交通主管部门审核后报国务院批准。二类港口的行政规划由所在地港口管理机构编制,经所在地人民政府和省级港口管理机构审核批准后,报省(自治区、直辖市)人民政府和国务院交通部门共同批准。三类港口的总体规划由所在地港口管理机构编制,经所在地人民政府和省级港口管理机构审核后,报省(自治区、直辖市)人民政府批准,并报国务院交通主管部门备案。

二、港口建设管理

(一)港口建设管理的原则

港口是所在城市和相关地区经济发展的重要保证。港口具有公益和经济双重性质,因此不能仅从港口本身的盈亏来判断港口的经济效益,应当充分考虑港口对于国民经济发展所具备的社会效益。港口是国家基础设施的组成部分,是社会资本,属于投资大、社会效益好、直接经营效益小的长线项目,国家发展和建设港口是适应和满足国民经济发展的需要,为社会服务。

港口的这一特性决定政府必须把港口的发展纳入国家经济政策或地区开发政策和综合运输发展政策之中,使港口的规划、建设与国家或地区经济的发展紧密结合起来,并通过一系列政策措施的实施使港口建设能够满足整个社会经济发展的要求,体现国家的产业发展政策,有利于国家可持续发展战略的实现,改善水陆交通的结构,使港口的社会效益得到发挥。

(二)港口建设的责任

1. 港口基础设施建设

在我国的《港口法》中规定,县级以上有关人民政府应当保证必要的资金投入,用于港口公用的航道、防波堤、锚地等基础设施的建设和维护。根据这一规定,港口基础设施的建设和维护应由各级人民政府负责。除了各级人民政府应当负责港口基础设施的建设和维护外,我国并不排斥社会资金参与港口基础设施的建设和维护。国家鼓励国内外经济组织和个人依法投资建设港口。在这里,投资建设港口,一方面指港口的经营性设施,另一方面也包括政府没有投资的港口基础设施。

港口公益性设施建设和维护的资金应来自于各级政府的拨款、港口行政性收费以及依照法律或者国家有关规定筹集的港口建设资金。

港口管理机构可通过依照法律、行政法规的规定发行股票债券或交由国内行政收费组织收费经营等方式筹集资金,用于建设、经营港口公益性设施,或作为其偿还资金。

港口公益性设施和公共码头建设用地实行无偿划拨,土地征用实行低价补偿。港口公益性设施建设和公共码头建设用地免征税费和基金。港口所在地人民政府应当负责做好港口建设用地的征地、拆迁和安置工作。

港口管理机构根据港口总体规划在港口填筑的新生土地,其使用、经营权归港口管理机构。港口管理机构不再使用该土地时可以有偿转让。根据港口规划,经港口管理机构批准在港口水域填筑的新生土地由填筑人无偿使用。填筑人不再使用新生土地时,由港口管理机构收回。

2. 港口经营设施

我国政府鼓励国内外经济组织和个人依法投资建设港口,这些投资人投资建设港口的重点是港口经营设施。

3. 港口配套设施

港口配套设施实际上并不是真正意义上的港口设施,主要包括与港口相配套的航道、铁路、公路、给排水、供电、通信等设施。这些设施对于港口正常发挥功能有十分重要的作用,因此,尽管这些设施实际上超出了港口范围,但是我国仍要求县级以上有关人民政府应当采取措施,组织建设与港口建设相配的航道、铁路、公路、给排水、供电、通信等设施,以保证港口功能的正常发挥。

(三)港口建设的程序

《港口建设管理规定》明确了港口建设的程序,除国家另有规定外,不得擅自简化建设程序。

在立法程序方面,规定对政府投资的港口建设项目建议书和可行性报告实行审批制,具体按照以下建设程序执行。

(1)开展工程可行性研究,编制项目计划书;
(2)根据批准的项目计划书,进行工程可行性研究,编制可行性研究报告;
(3)根据批准的可行性研究报告,编制初步设计文件;
(4)根据批准的初步设计,编制施工图设计文件;
(5)根据施工图设计,组织项目监管、施工招标;
(6)根据国家有关规定,进行施工前准备工作,并向港口行政管理部门办理开工备案手续;
(7)备案后组织工程实施;
(8)工程完工后,编制竣工材料进行工程竣工验收的各项准备工作;
(9)港口行政管理部门按权限组织竣工验收。

三、港务行政管理

港口管理机构对规划港区内原有建筑物和设施进行登记,在规划港区内不得建设违反规划的永久性建筑物和设施。在规划港区内建设的临时性建筑物和设施应当经港口所在地港口管理机构同意,当港口建设需要时,经同意建设的临时性建筑物和设施的所有人自接到港口管理机构通知之日起90日内应当自行拆除临时性建筑物和设施。

要求从事港口经营性业务的企业,由国务院主管部门或者县级以上地方人民政府港口管理机构批准发给经营许可证,经工商行政管理机关登记注册后方可开业。外商独资企业、中外合资经营企业、中外合作经营企业申请港口业务的,由国务院交通主管部门批准,港口经营人要求停业、歇业、变更经营范围,应该到原批准机关办理相关手续。

港口经营管理机构负责对港口的生产、经营进行监督和检查,对港口作业的安全、质量以及环保进行监督,维护港口生产、经营秩序。

国务院交通主管部门对国家规定需要优先运输的物资应当统一部署和组织优先作业。在旅客、货物阻塞港口的紧急情况下港口管理机构应当采取有效措施进行疏港。

港口危险品的装卸泊位、仓库、堆场的划定,应当由港口管理机构批准。

港口收费规定由国务院交通主管部门制定。国务院交通主管部门和各级地方人民政府港口管理机构对港口的收费项目和价格进行管理和监督。

从事港口业务应当按国家规定向港口管理机构报送统计资料。

从事港口业务的单位和个人,其合法权利受到国家法律保护,任何单位不得向其滥收、摊派各种费用。

港口设施的所有人或经营人,应当向港口管理机构按规定办理港口设施登记。经登记的港口设施应当按照港口管理机构核定用途使用,变更核定用途应当经港口管理机构批准。

港口经营人使用、维护、更新机械、设备应当符合国务院交通主管部门制定的技术管理规程。

港口作业船舶和港口内其他工作船舶在港口内的停泊基地由港口管理机构和有关部门商量确定。

港口行政管理还应包括对港口从业人员进行岗位培训,以便获得国家有关部门认可的专业技术证书。

第三节　邮轮港口经营的审批与管理

一、港口经营的概念

港口经营包括码头和其他设施的经营、港口旅客运营服务经营、在港区内从事货物装卸和港口拖轮经营等。这些活动尽管也体现了实现港口的社会功能,但更主要是为了实现港口经营企业的盈利目的。因此,港口经营活动是企业行为。港口管理当局应当规范港口经营活动,使之有利于港口发展。

港口功能的实现完全是以港口经营为基础的。因此,港口经营的范围应根据港口的功能来确定。

由于港口是一片特定的区域,从不同的角度观察港口会发现港口在社会、经济生活中的方方面面都发挥着不可替代的作用。

一方面,作为水陆运输的枢纽,港口在交通运输中作用的发挥,使之成为经济运行中的重要环节,特别是一些重要港口成为各种经济关系的中心。另一方面,由于港口地理位置的优越大大提高了经济效益,港口附近相关产业不断扩大。而相关产业的发展又需要提供高效、便捷的金融、贸易服务,于是相配套的金融、贸易服务也在港口附近设立。相应地,又要求教育、科研、文化、生活、娱乐、医疗等方面的配套功能,港口日趋社区化。

港口不仅在社会、经济运行过程中的许多方面发挥着应有的作用。同时随着经济的发展,港口经营活动的内涵也在不断地丰富发展,因而,全面、准确把握港口功能的演变对理解港口经营活动的内涵是十分重要的。

二、港口市场的管理

在《港口法》中,对港口市场的管理做了相应的规定。

(一)市场准入制度

我国规定,从事港口经营的主体,应当向港口行政管理部门书面申请取得经营许可,才能够依法办理工商登记。其中,如果经营港口理货业务,则应按照规定取得相应的许可。因此,我国的港口经营的准入制度可以简单地归纳为"取得港口经营许可"。

(二)依法经营

港口经营人从事经营活动,必须遵守有关法律法规,遵守国务院交通主管部门有关港口作业规则的规定,依法履行合同规定的义务,为客户提供公平、良好的服务。从事港口旅客运输服务的经营人,应当采取保证旅客安全的有效措施,向旅客提供快捷、便利的服务,保持良好的候船环境。港口经营人应当依照有关环境保护的法律、法规的规定,采取有效措施,防治对环境的污染和伤害。

为了维护港口经营市场秩序,国家鼓励和保护港口经营活动的公平竞争,而港口经营人不得实施垄断行为和不正当竞争行为,不得以任何手段强迫他人实施垄断行为和不正当竞争行为,不得以任何手段强迫他人接受其提供的港口服务;同时,港口经营人的合法权益受到法律保护,任何单位和个人不得向港口经营人摊派或违法收取费用,不得违法干预港口经营人的经营自主权。

第四节 邮轮港口安全与监督管理

安全管理是各级政府港口管理部门和港口企业必须引起高度重视的问题。港口是一个劳动密集、资产密集、人员密集的区域,安全状况如何,不仅关系到港口企业自身经济利益,而且与港口所在城市人民生命财产和地区经济正常运行密切相关。港口安全管理的目的是维护港口的公共秩序、环境,同时保障人们生命、财产安全,其主要围绕港口内相关当事人的经营行为和其他影响港口安全的活动开展监督。

一、港口安全经营管理的职责

(一)政府主管部门

根据《港口法》的有关规定,国务院交通主管部门在港口安全管理方面的职责包括:

(1)制定有关港口安全生产作业的相关规定,确定船舶载运危险货物进出港口,在港口内进行危险货物的装卸、过驳作业的审查与许可的期限。

(2)制定船舶引航管理具体办法。

地方港口行政部门在安全管理方面的职责包括:

(1)依法制定可能危及社会公共利益的港口危险货物事故应急预案,重大生产安全事故的旅客紧急疏散和救援预案,以及预防自然灾害的预案,建立健全港口重大安全生产事故应急救援体系。

(2)对港内装卸、过驳危险货物进行审查与许可,并通报海事管理机构。

(3)对港口安全生产情况实施监督检查,对货物的装卸、旅客上下集中地码头进行巡查,发现安全隐患,应责令有关单位和个人立即清除或者限期排除。

(4)禁止在港口水域、航道范围内的任何养殖、种植活动;禁止港口内可能危及港口安全的采掘、爆破活动,对确需进行可能危及港口安全的采掘、爆破活动的审查与许可提出意见;禁止向港口水域倾倒泥土、沙石以及违反有关法律、法规的规定排放超过规定标准的有毒、有害物质。

(5)对建设桥梁、水底隧道、水电站等可能影响港口水文条件变化的工程项目的审查与许可提出意见。

(6)旅客滞留、货物积压阻塞港口情况下的疏港组织。

(7)组织制定所辖港口的港章,并向社会公布。

海事管理机构应当将船舶进出港口的情况、船舶进出港口所载运危险货物的名称、特性、包装和进出港口的时间通报港口行政部门。

(二)港口经营人

根据《港口法》的有关规定,港口经营人在港口安全管理方面所承担的职责包括:

(1)依照《中华人民共和国安全生产法》等有关法律法规和国务院交通主管部门有关港口安全生产作业规则的规定,加强安全生产管理,建立健全安全生产责任制,完善安全生产条件,采取保障安全生产的有效措施,确保安全生产。

(2)制定本单位的危险货物事故应急预案,重大生产安全事故的旅客紧急疏散和救援预案以及预防自然灾害预案,并组织实施。

(三)船方

船方在港口安全管理方面承担以下职责:

(1)船舶进出港口,依照有关水上交通安全的法律、行政法规规定向海事管理机构报告。

(2)依照有关水上交通安全的法律、行政法规规定,进出港口须经引航的船舶,应当向引航机构申请引航。

(四)其他相关方

与港口安全管理相关的其他主体在港口安全管理方面应承担的职责包括:

(1)不得在港口水域、航道范围内从事养殖、种植活动。

(2)不得在港口内进行可能危及港口安全的采掘、爆破活动,确需进行可能危及港口安全的采掘、爆破活动的,应当向港口行政部门提出申请。

(3)不得向港口水域倾倒泥土、砂石以及违反有关法律、法规的规定排放超过规定标准的有毒、有害物质。

(4)对建设桥梁、水底隧道、水电站等有可能影响港口水文条件变化的工程项目进行审批的部门事先应当征求港口行政部门的意见。

二、港口引航

(一)引航的概念

所谓引航是指进出港口或者港口内移泊的船舶由引航员提供引领服务的业务。在《船舶引航管理规定》中定义的船舶引航为:"引领船舶航行、靠泊、离泊、移泊的活动。"港口引航不仅是一个港口的生产活动行为,也是一国主权的体现。

引航活动不仅指上述的概念,它至少还存在着两种情况:第一,根据国家有关规定,在港口外的一定区域内实施的引航行为,如长江上的引航;第二,没有国家的规定,当船舶航行于港口外的某一区域时,船长根据自身需要而雇用引航员引航。

(二)引航的分类

一般来说,引航包括强制引航和自愿引航。强制引航是指根据相关法律规定,一定的船舶在特定的区域内航行,或移泊、进出船闸,或驶进、驶离港内外系泊点、锚地装卸或作业点,必须由引航员进行引领;自愿引航是船舶根据自身需要,自愿雇请引航员引领船舶。

(三)强制引航

大多数国家为了维护国家主权,保障港口和船舶的安全,在一定水域对外籍船舶实施强制引航。有的国家规定载重量超过一定吨位,或上次引航后超过一定期限的船舶,均须由当地引航员引航。国家对进出本国港口的外籍船舶实施强制引航的主权叫引航权。我国在《船舶引航管理规定》中明确,以下船舶在中华人民共和国引航区航行或者靠泊、离泊、移泊(顺岸相邻两个泊位之间的平行移动除外)以及靠离引航区外系泊点、装卸站应当申请引航。

(1)外国籍船舶。

(2)为保障船舶航行和港口设施的安全,由海事管理机构会同市级地方人民政府港口主管部门提出报交通部批准发布的应当申请引航的中国籍船舶。

(3)法律、行政法规规定应当申请引航的其他中国籍船舶。

非强制的引航服务,由船方提出申请。

引航员在船上执行引航任务时,系代表船长操纵船舶。不论是否强制引航,引航员均受船长监督,双方应紧密合作,交换有关航行情况。船长对船舶航行安全负有责任,必要时可纠正引航员的不当操纵。引航员对不适航船舶或当环境条件对人命或船舶安全构成威胁时,可以拒绝或暂停引航;对船长提出的违反法规的要求也可以拒绝执行。引航员在引航过程中,如因过失发生海损事故,除个别国家外,在法律上仅负有技术责任,而不负经济责任。引航员引航按规定收取引航费。

根据《中华人民共和国海上交通安全法》的规定,我国政府对外国籍船舶在中华人民共和国引航区航行或者靠泊、离泊、移泊以及靠离引航区外系泊点、装卸站实施强制引航。这是国家主权的体现。实施强制引航制度，目的是维护国家主权、保障船舶安全。

 知识链接

引航行业及其管理体制背景

1. 引航行业背景

引航旧称引水、领港、领江，是指在一定的水域内（港口或内河），专门性的从业人员（即引航员）登上船舶，为船舶指引航向，把船舶安全地引进、引出港口，或在港内移泊。

由于港口的航道条件构成了一个国家天然的屏障，事关国防，因而按照国际惯例，引航员必须由本国人担任，并且对出入港口的外籍船舶实行强制引航。这是一个国家引航权的体现，是国家主权的一部分。

另外，港区水域受限制，船舶密度大，环境和水文条件复杂，远洋船长不可能通晓所有港口通航状况，引航员熟悉本港通航情况且语言沟通方便，相对远洋船长而言对本港操纵更为专业。

引航涉及港口生产和船舶安全，对维护港口经营秩序，保障港口、船舶安全具有重要的作用。因此，引航员必须经过挑选并加以专业培训和强化，专业素质和语言沟通能力达到相应水平，由主管机关考核并取得引航员适任证书后在引航机构工作，由引航机构统一管理。

2. 引航管理体制背景

引航在营运性质上主要具备两大职能，即维护主权的公共事业职能和为船方提供技术支持的服务功能，新中国成立后，中央人民政府全面接管了港口引航权。

之后，伴随中国港口管理体制的几次重大变革，引航管理体制又大致历经了三个历史时期：1954—1984年的港务局管理时期（当时的港务局属政企合一性质，统一管理港口行政管理工作和各项业务，引航管理工作由各个港务局负责，具体由港务局所属的港口监督部门领导实施）；1984年至20世纪90年代初的港务局管理时期（1984年我国进行了港口管理体制改革，将港务局所属的港务监督部门划出组建海上安全监督局，引航机构仍留在港务局，由具有政企合一性质的港务局负责管理）；20世纪90年代至今的引航管理体制是多种并存时期。

纵观我国整个引航管理发展史，无论是在具有独立主权的清朝中期、丧权辱国的清朝末年、国民政府统治时期，还是在新中国成立以后，港口引航都处于国家官方机构（即便这一机构被西方列强所控制）或半官方机构（"政企合一"的港务局）的直接管辖之下。2001年8月，《国务院办公厅转发交通部等部门〈关于中央直属和双重领导港口管理体制改革意见〉的通知》（国办发〔2001〕91号）中对港口引航管理体制改革做出了十分明确的规定，即"沿海港口的引航机构作为向各码头靠泊船舶提供引航服务的单位，应从港口企业中分离出来。"同时规定了引航管理体制改革的时机。为认真贯彻落实国办发〔2001〕91号文件，交通部从2003年开始就组织力量，对港口引航体制改革进行了专题研究，对相关问题进行了充分论证和分析。2005年4月,徐祖远副部长受张春贤部长委托,主持召开第八次部务会,专题研究中国引航管理体制改革问题。2005年10月,交通部下发483号文件,明确引航机构作为公共服务机构,从港口集团脱离出来成为独立法人的事业单位。

第五节 邮轮港口行政性收费管理

在市场竞争日益激烈的今天,港口行政性收费的合理与否对于港口的长远利益具有重要意义。港口收费过高,会影响港口的发展;港口收费过低,又会给港口当前建设的资金筹集带来困难,影响港口长期战略的实施。港口行政性收费作为整个非商品收费的重要组成部分,在较短的时间内经历了从无到有、从少到多的进程。但是伴随着费种的日益增加,费额的不断加码,收费领域越来越广,收费单位越来越多,乱收费现象越来越普遍,给国家、港口造成了严重的侵害,产生了比事业性收费、经营性收费秩序混乱更坏、更深的影响。2011年12月,我国正式加入WTO后,港口面临着更加激烈的竞争局面,因此,保证港口行政事业性收费资金,对于加快港口建设的步伐,增加我国港口的国际吸引力和竞争力是至关重要的。

一、行政性收费的含义

行政事业性收费是指国家行政机关、执法机关、事业单位和社会团体在向特定服务对象实施特定行政管理或提供特殊服务时,按照非营利原则收取的费用。行政事业性收费分为行政性收费和事业性收费。

目前共有公安部门、工商部门、经贸部门、科技部门、外经贸部门、卫生部门、文化部门、新闻出版和广播电视部门、药品监督管理部门、国土房管部门、环境保护部门、建设部门、城市规划部门、林业部门、农业部门、水利部门、保密部门、质量技术监督部门18个部门允许按批准规定项目收取行政事业性收费。

行政性收费是指国家行政机关或政府授权履行行政管理职能的单位,为加强社会、经济、技术管理所收取的费用。其特征为国家强制性、社会管理性、稳定性、补偿性、财政预算管理性。具体形式表现为收取管理费、登记费和手续费、审核费和评审费、证明费。

《财政部、国家发展改革委员会关于发布〈行政事业性收费项目审批管理暂行办法〉的通知》(财综〔2004〕100号)规定,行政事业性收费项目实行中央和省两级审批制度,国务院和省(自治区、直辖市)人民政府及其财政、价格主管部门按照国家规定的权限审批管理收费项目。除国务院和省级政府及其财政、价格主管部门外,其他国家机关、事业单位、社会团体,以及省级以下(包括计划单列市和副省级城市)人民政府,均无权审批收费项目。

二、港口行政性收费的内容

港口行政性收费的内容包括港务费、港口岸线使用费、港口公益性设施维护费、水路运输管理费、登记费和手续费、审核费和评审费、证明费,本节重点介绍港务费和港口岸线使用费。

(一)港务费

对于进出对外开放口岸港口辖区范围的所有码头、浮筒、锚地(含外资、中外合资、合作经营、企业专用和地方公用的码头、浮筒、锚地)及经此水域过驳等装卸作业的船舶征收港务费。

港务费的义务缴费人(以下简称缴费人)为游客。

港务费的征收管理工作由交通运输部(原交通部)负责。经交通运输部批准的开放口岸所在地的港口管理机构为港务费的代征单位。受交通运输部委托,负责归口管理代理港口征收工作的单位为代管单位。

(二)港口岸线使用费

港口岸线是国家稀缺而不可再生的战略资源。目前,各地都在探索科学规范的岸线管理办法,征收岸线使用费就是其一。

按照国务院、交通运输部的相关规定,港口岸线使用费的征稽由各地实施,使用本地区港口岸线及相关水域开展生产和经营活动的单位,均须缴纳岸线使用费。其征收范围、标准和征收时间,由当地港口行政管理部门会同财政、物价管理部门制定。征收岸线使用费,对于提高岸线资源的综合利用率和经济效益、强化岸线的产权管理、推动港口基础建设资金的积累、实现港口岸线资源的优化配置和合理布局等,作用非常明显。

1. 港口岸线使用费的主要形式

从各地的实际操作来看,目前主要存在以下三种形式。

(1)使用者无偿取得岸线,定期缴纳岸线使用费。如上海现有的岸线管理体制是,港口管理局下属的港政管理中心负责办理岸线使用手续,收取岸线使用费。岸线使用人提出申请,经审核批准后,由港政管理中心发放《岸线使用许可证》,岸线使用人无须支付岸线占用费。在使用过程中,使用人按占用岸线的长度每季度缴纳岸线使用费,具体的计费标准按不同的水深确定。

(2)使用者在取得岸线使用权时,一次性支付岸线占用费。较典型的是深圳。《深圳经济特区港口岸线管理办法》规定,到港区和规划港区申请使用港口岸线的建设项目,申请单位应办理岸线使用手续,港口岸线的使用年限与批准的相关陆域和水域的使用年限一致。《深圳经济特区协议用地地价标准及减免的规定》中规定,特区协议出让土地使用权,应收取土地使用权出让金和土地开发费,使用岸线的,按不同用途收取岸线占有费。

(3)使用者以更高的价格取得土地使用权,不再另行支付岸线使用费或占用费。如天津港不征收岸线使用费或岸线占有费,为体现岸线的特殊价值,在港区土地管理办法中,对涉及岸线的土地出让金设定了较高标准,与一般用地相差80%~100%。

2. 港口岸线使用费的具体问题

虽然目前许多地方对港口岸线资源的使用均实行了收费制度,并制定了相应的地方性法规,但港口岸线资源使用收费仍存在不少问题亟待解决。

(1)缺乏统一的收费模式。目前,各地大多数城市都自有一套港口岸线使用收费机制,虽然有的不乏相似,但无论在收费标准还是在收费方式上,都存在差异。

(2)岸线使用费标准偏低。现行岸线使用费收取标准,相对于岸线占用单位从中获利而言显得微乎其微。这是不利于岸线资源的最优化配置的。

(3)拖欠或拒交岸线使用费。一些岸线使用单位缺乏岸线资源价值观念,拖欠或拒交岸线使用费,使属于国有资产的岸线资源价值大量流失。

(4)缺乏产权管理理念。在岸线的使用管理中,管理部门注重技术管理、实物管理,缺乏产权管理。由于岸线使用收费标准偏低,使有些岸线占用单位未将岸线资源按资产运营规则进行经营,使岸线被无偿或低价值使用,合理利用率不高。

 知识链接

邮轮港务费微下调

2015年8月4日,交通运输部、国家发展改革委发文《关于调整港口船舶使费和港口设施保安费有关问题的通知》,决定完善港口船舶使费收费政策,降低港口设施保安费收费标准。主要包括:规范船舶使费收费项目,改进船舶使费计费办法,完善船舶使费管理方式,降低港口设施保安费收费标准,规范收费行为,以及强化监督检查。

专家解读:引航费根据净吨大小分档下降,停泊费没变,免收系解缆费,节假日夜班附加费下调。下调最厉害的是港口设施保安费,但因为这是针对货物的,所以对豪华邮轮的港务费没有任何影响。综合以上各项内容,这次降价对豪华邮轮旅游的港务费有略微下调。

但是中国港口的港务费还是全球邮轮港口里最贵的(没有之一)。其实,对于这个港务费,邮轮港口都觉得很委屈,纷纷表示躺着中枪,因为事实上他们收取的并不多。还有海关收的船舶吨税,海事局的船舶港务费,船舶代理的代理费等港务费,码头其实是投资最大、收益最小的"弱势群体"。尽管港务费下调可能非常有限,但是无论如何对邮轮旅游来说,也是利好消息。

(资料来源:同程旅游. http://www.ccyia.com/news/xingyexinwen/2015/0807/2453.html,2015-08-07。)

三、完善港口行政性收费的措施

(一)港口行政性收费协调发展

港口是一个地区的基础设施,港口行政性收费标准的制定要以地区的经济发展为重,而不能仅仅从港口的利益出发。同时,港口行政性收费的合理与否,对邮轮企业挂靠港口的选择及港口的日常作业都有很大的影响。因此,港口行政性收费标准的制定必须符合港航协调发展的原则。从以上两个原则出发,港口行政性收费应保持在正常的水平,促使港口与航运企业的共同发展。一方面,能使港口具有可持续发展的后劲;另一方面,防止港口利用其自身在地区运输中的垄断地位取得超额收益,防止因较高的港口行政性收费造成地区生产成本的增加,使整个地区经济竞争力下降,运输成本的增加,以及对开辟新邮轮航线带来的不利影响。

(二)实行港口行政性收费规范化管理

2015年5月1日起实施的《行政诉讼法》表明,人民法院审理行政案件时应以法律法规为依据,国家行政机关非法要求社会组织和公民个人履行义务属于行政诉讼的受案范围。这充分说明法律对规范行政性收费行为提出了明确的要求。人民法院界定行政性收费是否合法是以法律法规为依据的。对港口行政性收费,不仅要扎紧项目的开征口子,而且要从费种、费目、费率、计费办法、收取或减免范围、收费主客体的权利和义务等各方面做出完整、准确、合乎法律法规要求的界定和表述,使其达到规范化的要求。建立健全港口行政性收费管理制度也是规范化原则的要求。国家要研究颁布《港口行政性收费项目开征审批程序》,并制定一些单项收费管理办法,如《质量监督检验征费办法》《邮轮管理征费办法》等。

(三)建立港口行政性收费的约束机制

建立符合市场经济运行要求的港口行政性收费约束机制,要求强化对行政性收费行为的管理,建立收费制衡机制,提高行政性收费管理的透明度,尝试采取听证制度,强化社会监督。实行国家行政性收费目录管理,是遏制港口行政性收费膨胀,防止国家机关利用行政权力在管理目录之外收取任何费用,保护收费者的合法权益的制度保障。在运作上,国家机关收费管理目录可分别由国务院、省(市、自治区)以及各港口制定并颁布,对港口的地区性收费,纳入地方国家机关收费管理目录,公布实施前必须报国务院主管部门审查同意。除法律法规规定新增收费外,不允许在国家机关收费管理目录之外审批收费。这样,使收费的合法性有了明确标准,又便于社会监督。

(四)实行行政性收费的征收使用分离

征足、征好国家规定的港口行政性收费,是征费机关的责任。完成规定的行政性收费的缴纳任务,是收费客体应尽的义务。实现征收和使用分离的原因,就是要将所征费用全额上缴财政,需求使用由财政统筹安排。应当明确,港口行政收费的所有权在各级政府,任何部门和个人均不得侵占,由各级财政部门作为再分配资金,可以专款专用,行政性收费的征费上缴金额与征收者申请使用经费金额不挂钩。

知识链接

港口收费新规2015年起执行

2015年年初,交通运输部、国家发展改革委联合下发《关于放开港口竞争性服务收费有关问题的通知》,决定进一步完善港口收费政策,对竞争性服务收费标准实行市场调节,交通运输部同时印发《关于明确港口收费有关问题的通知》。新规定于2015年1月1日起执行。

根据两个通知,港口劳务性收费和船舶供应服务收费均由政府指导价、政府定价统一改为市场调节。其中,劳务性收费主要涉及集装箱、外贸散杂货装卸作业及国际客运码头作业等方面;船舶供应服务收费主要涉及供水、供油、供电、垃圾接收处理、污油水接收处理等。

通知要求,简化港口收费项目,将各类劳务性收费由按作业环节单独设项收费,改为综合计收港口作业包干费;港口经营人不得在港口作业包干费、堆存保管费之外单独设项、另行收费。

根据通知,国际客运码头作业包干费将统一由国际客运和旅游客运运营企业支付,不得再向旅客收取。通知还对实际作业中差异化服务的收费标准以及不同类别集装箱的港务费征收标准进行了明确。

通知要求,港口经营人、船舶服务企业应当建立服务收费目录清单制度,并在经营场所的显著位置进行公示;自主制定、调整收费标准应至少在执行前一个月对外公布,并采取书面、电话、短信息、电子邮件等多种方式通知用户;不得采取强制服务强行收费、价格歧视、价格欺诈等不正当手段,损害用户合法权益;中国港口协会要制定行业服务标准和价格自律规范,引导企业合法经营、有序竞争,维护行业正常价格秩序;各级交通运输、价格主管部门要按照各自法定职责加强对港口经营人、船舶供应服务企业的指导、监督,加强价格监督检查。

(资料来源:http://www.ccyia.com/news/xingyexinwen/2015/0104/1910.html。)

第六节　邮轮港口的行业组织

一、行业组织的性质

（一）行业组织的性质与特征

行业组织是指由法人、其他组织或公民在自愿的基础上依法组成的、以公益为目的的一种民间的、非营利性的社会团体。

中国的行业组织具有以下一些基础特征。

1. 自愿性

即非强制性。行业组织的自愿性不仅表现在所有成员加入该组织的自愿性,而且表现在所有成员有随时和不受限制地退出所加入的组织的自由。

2. 民间性

即非政府性。行业组织是一种非政府组织,这一特征使它与政府组织区别开来。在实践中,行业组织可能有政府官员的参加,或者在政府组织的指导帮助下设立,或者在财政上接受政府组织的资助,但是,它在组织结构、人事安排等方面都独立于政府,它既不是政府机构的组成部门,也不受政府机构的主导,它的设立和运作应当是独立自主进行的。

3. 非营利性

即公益性。行业组织是一种非营利性的社会组织,这一特征使它与具有营利性质的各类组织尤其是企业组织区别开来。尽管每一个行业组织成立的初衷和目的不尽相同,各有自己的组织使命和活动目标,但是,它们有一点是相同的,即都不以营利为目的,而是致力于社会的公益事业,维护的是社会的公平和正义。行业组织也可能有赢利,但其所得利润必须用于组织的公益事业而不得在组织的管理者、组织者之间进行分配,行业组织也不得从事具有营利性质的各项经营活动。

4. 中介性

行业组织是介于政府与企业之间的社会中介组织,有时又被称为政府与企业之间的第三部门,行业组织通常被视为政府与企业之间进行沟通的桥梁和纽带。

5. 组织性

行业组织一般都有稳定的组织形式、有成文的组织章程、固定的活动场所、明确的议事及决策程序以及相对固定的成员。

6. 合法性

行业组织是经过法定注册登记的组织,在我国,行业组织依照社会团体登记管理的规定进行登记,取得社会团体的主体资格。行业组织的这一特征使它与一些以自娱自乐为目的的民间松散型组织如各种体育爱好者协会、文学及艺术爱好者协会等区别开来。

(二)行业组织与内部成员之间的关系

在行业组织与其内部成员之间,大致形成四种不同的关系。

1. 管理关系

行业组织可以以法律法规授权主体的身份对其内部成员依法实施行政管理并因此形成行政法上的法律关系。

2. 内部自治关系

行业组织可以根据其组织章程的规定对其成员进行约束和管制并形成内部自治关系,这种关系也可视作一种内部的管理关系,只不过它与第一种情形下的管理关系有所不同。

3. 服务关系

行业组织应当经常性地为其成员进行各方面的服务并与之形成服务关系。

4. 内部的授权委托关系

行业组织可以根据其成员的授权委托以其利益代表者的身份参与各项社会活动,维护其成员的合法权益。

在行业组织与其他社会组织、个人之间,行业组织可以基于合作、交流、沟通等方面的需要而与对方发生相应的社会关系。

二、中国港口协会

(一)中国港口协会的性质

中国港口协会是由中华人民共和国民政部批准设立的中国港口界唯一的全国性行业

协会,是由全国港口行业内以及与港口行业相关的企事业单位自愿组成的,跨地区、跨部门的非营利性的社会团体(社团法人),是中国港口界最重要的行业组织。

1981年7月,经中国交通运输经济研究会批准,在安徽贵池正式成立了中国运输经济研究会港口分会。1982年11月,在重庆举行了港口分会常务理事扩大会议,会议决定将中国运输经济研究会港口分会更名为中国港口协会,在中国交通运输协会的指导下开展工作。1983年5月,在广州举行了中国港口协会全体理事会议,通过了《中国港口协会章程》,此次会议标志着中国港口协会正式成立并开展活动。

中国港口协会目前有单位会员450多个,个人会员1.3万余名,会员覆盖面遍及大陆沿海和长江、珠江、黑龙江、京杭运河等水系的各主要港口。

(二)中国港口协会的任务

中国港口协会的主要任务是执行国家和政府业务主管部门关于行业协会工作的方针、政策和规章。以行业服务、行业代表、行业协调、行业自律为基本职能,围绕行业发展的中心任务,通过政府业务主管部门授权或政府与会员的委托,承担或参与行业管理的有关工作和有关行业发展的决策,坚持为会员服务的宗旨,维护行业与会员的权益,在政府和企业之间发挥桥梁、纽带作用,努力促进中国港口事业的持续健康发展。

三、地方港口协会

中国地方港口协会是各地区港口行业的中介组织,与港口企业联系紧密,能直接了解或办理挂靠单位的协会事务,与同行业协会有着广泛的交流。地方港口协会的工作贴近港口企业实际,能及时反映企业诉求。

地方港口协会主要从事港口行业内企业间协调、协商、协作工作。根据企业的共同需求去发现和接受要帮助解决的问题,通过协会建立企业间的横向联系,设立相互间沟通的平台,当在某一方面达成共识后可由协会参与签订协议或制定自律公约协议或公约中能长期被认同和自觉执行的部分,可能会逐步形成条文纳入政府行政管理的某个法律和规章。同时,港口协会积极向企业、向会员单位宣传有关法律法规,帮助企业按照政府的行政意志合法经营。

在中国,政府、协会、企业三者各自的工作侧重点虽不同,即政府提供公共服务,协会实行行业自律,企业追求经济效益最大化,但共同的目标是保持行业兴旺。在港口实行政企分开的初期,地方协会的发展得到了各地港口管理当局的支持,是政府协调港口行业的重要助手。

在计划经济时期,地方港口协会被视同各港务管理局的一个职能部门。征集会员、组织会议、开展活动都相对比较容易,当然工作的局限性和工作成效与原体制并存。港口企业改制后,实行政企分开,中国的地方港口协会挂靠港口企业集团(如张家港港口协会挂靠张家港港务集团有限公司),与港口企业的关系更加密切,但与政府的联系不如过去。

国家经贸委通知曾提出"推动行业协会向自律、自立、自养的方向发展""要加快政府职能转变,推动行业协会逐步履行自律、服务和协调职责"。因此,地方港口协会应加强自身建设,强化行业协调能力,尽快转变为自立、自主办会的港口行业组织,逐步形成行业协会市场化生存发展机制,建立与国际通行规则相衔接的运作机制。

 **知识链接**

中国港口协会长江港口分会简介

中国港口协会长江港口分会的前身是长江港口协会。长江港口协会是根据社团管理条例,经长江航务管理局和交通部审核,报民政部核准,于1993年3月27日注册登记成立的交通行业性社团,范围为长江水系,属交通部部管社团组织。

2000年根据交通部对部管社团的审查意见,长江港协归并中国港口协会,作为中港协的分支机构,更名为中国港口协会长江港口分会,受中国港口协会领导,挂靠交通部长江航务管理局,办公地点在汉口沿江大道134号(长航局机关大楼内)。

长江港口分会联系的成员单位遍布长江水系,上起云南水富,下至上海,其中有长江干线港口、地方港口、地方交通部门、交通科研院校、港航单位及航道海事等团体会员单位。长江港口分会下设3个专业委员会,即规划建设委员会、法规价格委员会、科技教育委员会。

长江港口分会的主要任务是执行国家和交通部关于社团工作的方针、政策和法规,围绕水运行业发展的中心工作,发挥政府与企业间桥梁纽带作用,研究行业发展战略,为政府制定行业规范、产业政策提出建议;制定行规、行约,规范行业市场竞争,监督行规、行约执行,参与行业学术研究、技术咨询、专业培训及先进技术推广,收集整理行业信息资料,为长江港口生产经营服务。

本章小结

我国港口行政改革后的行政管理体系是国务院交通主管部门负责对全国港口实行统一行政管理,主要负责制定全国港口行业的发展规划、发展政策和法规;省级交通主管部门负责本行政区域内港口的行政管理工作,主要负责本地区的港口发展规划、发展政策和法规;港口所在城市人民政府港口主管部门负责按照"一港一政"的原则,依法对港口实行统一的行政管理,港口企业作为独立的市场主体依法从事经营。

邮轮港口经营包括码头和其他设施的经营、港口旅客运营服务经营、在港区内从事货物装卸和港口拖轮经营等。港口市场管理包括市场准入制定、依法经营等内容。

港口安全管理的目的是维护港口的公共秩序、环境,同时保障人们生命、财产安全,其主要围绕港口内相关当事人的经营行为和其他影响港口安全的活动开展监督。

行政性收费是指国家行政机关或政府授权履行行政管理职能的单位,为加强社会、经济、技术管理所收取的费用。港口行政性收费的内容包括港务费、港口公益性设施维护费、水路运输管理费、登记费和手续费、审核费和评审费、证明费。完善港口行政性收费的措施包括:①港口行政性收费协调发展;②实行港口行政性收费规范化管理;③建立港口行政性收费的约束机制;④实行行政性收费的征收使用分离。

邮轮港口的行业组织主要包括中国港口协会和地方港口协会。

思考题

1. 简述港口行政管理的职能。
2. 港口规划包括哪几个方面？原则是什么？
3. 港口规划的制定和修改的程序是什么？
4. 港口建设管理的原则什么？
5. 何谓港口经营？其范围是什么？
6. 何谓港口引航？我国《船舶引航管理规定》对强制引航有何规定？
7. 何谓港口行政性收费？如何完善我国的港口行政性收费？
8. 我国口岸管理系统由哪几部分组成？各部分的主要任务是什么？
9. 我国海关通关的基本程序是什么？简述之。
10. 何谓卫生检疫？进出境动植物检疫的范围是什么？
11. 如何更好地发挥我国港口行业组织的作用？

 案例分析

政策利好加剧邮轮母港建设竞争

2015年5月下旬，搭载1800名游客的海洋航行者号驶入天津港，拉开了2015年天津母港航线的邮轮旅游季。据悉，2015年夏天有90个航次、44万人次从天津港口出发。邮轮旅游航季的到来不仅带来邮轮旅游竞争，各港口城市的港口、腹地也加紧建设步伐，邮轮母港竞争随之加剧。

天津市日前发布《中国邮轮旅游发展实验区建设三年行动方案(2015—2017年)》，该方案表示今后国际邮轮进出境将实行24小时通关保障，并争取过境免签、入境购物免税等措施强化港口旅游竞争力，同时将争取无目的地邮轮线路许可政策等国家相关政策支持，吸引更多邮轮游客上岸旅游、消费。此外，天津未来还将简化国际邮轮人员进出境联检手续，有望实行72小时过境免签政策。

上海也在加紧邮轮母港的布局建设。近日在上海宝山召开的2015邮轮经济发展高峰论坛上，宝山区政府与上海海关等多部门签署战略协议，支持在宝山设立综合保税区，并积极争取在吴淞口国际邮轮港设立免税物品展示交易中心和直营店等。此外，青岛投资千亿元的邮轮母港城也已完工，2015年5月底，青岛港迎来首航。

各大港口城市加紧邮轮母港建设，与邮轮市场迎来的政策利好不无关系。交通运输部4月公布的《全国沿海邮轮港口布局规划方案》中明确提到，考虑到我国邮轮港口与邮轮母港的要求相比存在较大差距，不对邮轮母港进行布局，市场将在邮轮母港形成中发挥决定性作用。

"这可能是各港口城市加紧建设邮轮母港的原因之一，为了成为母港，各港口均在停泊位、上下船功能、通关政策等方面加紧布局，下一步应该是建立邮轮养护点和争取邮轮公司在港建立基地。"中国交通运输协会邮轮游艇分会常务副会长兼秘书长郑炜航告诉记者，"就目前来看，上海应该是第一个母港，上海港占了邮轮市场50%的份额，天津占20%～

25%的份额,其他港口共同占其他的份额20%~25%"。

此外郑炜航表示,邮轮港口建设一般是两到三年的建设周期,目前中国港口遍地开花更多是港口综合发展、区域性均衡布局的成果之一。

数据显示,目前国内已经在上海港、天津港、三亚港和厦门港建成10个邮轮泊位,设计年通过能力420万人次,在建的邮轮泊位15个,分布在青岛港、深圳港和北海港,设计年通过能力465万人次,而预计2030年,中国沿海邮轮旅客吞吐量将达到3000万人次。

(资料来源:中国新闻网. http://www.ccyia.com/news/xingyexinwen/2015/0525/2270.html,2015-05-25。)

结合案例思考以下问题:

1. 简要分析目前我国主要邮轮港口的规划建设现状。
2. 结合案例分析,政策作用在港口行政管理方面起到什么作用。

第6章 邮轮港口战略管理

 本章导读

近年来,厦门市委、市政府高度重视邮轮产业发展,致力于将厦门国际邮轮母港打造成"国际领先,国内一流"的邮轮母港,在相关政策和母港建设方面予以重点扶持,大力发展邮轮旅游经济,使厦门市邮轮产业在近几年来快速成长。

首先,厦门市加强与世界知名邮轮运营商的合作,包括皇家加勒比邮轮公司、意大利歌诗达邮轮公司、丽星邮轮公司等,在包租国际邮轮以厦门为母港运营方面取得明显进展。

2014年11月,在香港举行的第四届亚太海上旅游及邮轮展上,香港旅游发展局联合中国"台湾观光局"、海南省旅游委和菲律宾旅游部共同启动"亚洲邮轮基金",共同推动形成新的"中国香港—中国台湾—菲律宾—海南"环南海邮轮经济圈。2015年11月,厦门市旅游局与香港旅游发展局签订亚洲邮轮专案合作协议,加入"亚洲邮轮基金"。

下一步,厦门市将加快邮轮母港项目建设。该项目立足现有邮轮中心,在周边滨海区域建设第三代母港,将打造成为国内最大、世界一流的融邮轮母港综合服务、休闲、购物商业、度假、观光、居住、办公为一体的新型综合体,是未来厦门最重要的休闲度假旅游胜地。

厦门邮轮港在相关政策支持下制定了合理的发展战略,取得了丰硕的成果。本章主要介绍邮轮港口发展战略的内容,包括邮轮港口发展战略的概念,邮轮港口发展战略的制定,我国邮轮港口的发展战略。

第一节 邮轮港口发展战略的概念

"战略"一词最早来源于战争。例如,在我国古代,春秋时期的《孙子兵法》和明代茅元仪的《二十一战略考》等军事杰作中,都把"战略"解释为战争的谋划。"战"即是战争,"略"即是谋划,出奇制胜的良策。西方早期军事著作中也有涉及"战略"的概念,如克劳塞维茨的《战争论》中就把"战略"解释为达到战争目的而应用战术的策略;利德尔·哈特的《战略论》中把战略看作是为了达到政治目的,进行分配和运用军事工具的艺术。

随着战略的理论和方法逐步深入社会经济各领域,战略的含义有了新的拓展。安索夫在《企业战略论》一书中,认为战略要解决的问题是:因为做了什么,企业才会发展,或者是因为做了什么才能保全企业经营的主动。法国学者查理斯·H.塔威尔在《企业的生存战略》一书中提出:"战略是一种谋求生存的方法,它研究企业的未来发展道路,并紧紧与风险相连。"如今,战略理论和方法已被广泛应用于社会经济的各个领域,将战略应用于企业管理上,即为企业战略管理。

邮轮港口发展战略是对邮轮港口未来的发展所做的全局性、总体性的谋划,它比较原则性地指导邮轮港口的发展和建设。它既是国民经济发展的重要组成部分,又是邮轮港口所在地区发展经济的重要构成。邮轮港口发展战略是在考虑国际经济和航运发展趋势的基础上,对邮轮港口发展现状进行分析后所规划的一个比较长的时期的邮轮港口发展目标,以及为达到目标而实行的邮轮港口战略布局和总体规划实施布局以及各项政策、策略和措施等。

一、邮轮港口发展战略的基本特征

(一)目的性

邮轮港口发展战略是人们就邮轮港口的开发与建设做出的设计或谋划,是为了达到一定的目的而制定的,没有目的的邮轮港口发展战略是不存在的,也是没有意义的。

(二)全局性

邮轮港口发展战略所研究的邮轮港口是发展中带有全局性的问题,它指导的也是邮轮港口发展的全局,所以必须从客观出发,全面、系统地研究邮轮港口发展的全局。当然,全局是一个相对的概念。相对于整个国民经济系统、综合运输系统、水运系统和旅游发展系统,全国邮轮港口的发展只是一个局部,但对于某个具体邮轮港口发展而言,全国邮轮港口的发展就是全局了。因此,邮轮港口发展战略的全局性一方面体现为战略的研究应该在既定范围内把握全局,对邮轮港口发展的各个方面都做总体的设想和谋划;另一方面体现为邮轮港口的发展应该服从更大的全局,即全国邮轮港口发展战略应该服从国民经济、综合运输、旅游发展和水路运输发展的需要,同时,具体邮轮港口发展战略应该服从所在城市和地区的发展战略等。

(三)层次性

由于战略制定者所处的地位不同或研究的目的不同,发展战略所包括的空间范围也不同,因而形成了不同层次的发展战略。根据总体性的范围,发展战略可归类为宏观战略、中观战略和微观战略三个层次。港口发展战略也可以相应分为全国性的发展战略、港口群体的发展战略和具体港口的发展战略三个层次,高层次的发展战略对低层次的发展战略起指导、约束作用,而高层次发展战略的实现却有赖于低层次发展战略的完成。

(四)长期性

任何发展战略都是为了未来设计的,它所研究的未来是一个较长时期以后的未来。因此,发展战略所规定的目标是要在一个较长时期里去努力实现的根本任务。它不仅要符合当前的利益,也要符合长远的利益。经济发展战略的长期性,决定了它必须具有相对的稳定性。因此,在制定前一定要经过深入细致的调查,进行周密而全面的分析和系统科学的论证,避免发生频繁的变动,否则将起不到指导的作用,甚至给港口的发展和建设带来极大的混乱。同时,战略的实现是分阶段的,阶段性的发展战略是总战略的具体化和对总战略必要的调整和补充。港口发展战略一般都以五年为一阶段,通过港口五年发展规划使之具体化。

（五）系统性

发展战略的系统性表现为对组成系统的所有系统进行全面的研究,研究它们的发展趋势及相互之间关系的变化。同时,也要全面研究系统所处环境的变化对系统的影响。发展战略系统性的另一表现是发展战略应该是一个完整的系统,包括指导思想、发展目标、实施步骤和主要措施等几个方面。

二、邮轮港口发展战略的内容

邮轮港口发展战略的内容是指邮轮港口在一定时期、一定阶段内的发展布局。其主要内容有战略目标和战略措施两个部分。但目标的选择、措施的制定,离不开指导思想、方针、政策。因此,制定邮轮港口发展战略需要综合处理港口经济活动的各个方面、各个阶段和各个因素之间的相互关系,统筹港口发展的全局和整体。港口发展战略内容应该包括以下几个方面。

（一）指导思想

经济发展战略的制定必须在正确的指导思想指导下进行。正确的指导思想必须是经济发展规律的体现。制定中国的港口发展战略,其指导思想应该以党和政府有关经济发展的总体战略为基础。

（二）战略目标

战略目标是指制定发展战略的中心问题。它是在一定发展阶段所追求达到定量或定性的目标。对某个具体港口而言,战略目标就是港口在远景应该具有的功能和在目标年要达到的吞吐量水平。

（三）实施步骤

实施步骤是实现发展目标的具体部署,是分段指导、分段组织的重要方法。港口发展战略所规定的是20年、20年或更长一段时间后的目标,具体实现则要分阶段。例如我国港口所制定的5年规划和10年规划就是实现港口发展总目标近5年和近10年的具体部署。

（四）战略措施

一定的战略目标的完成,需要一定的战略措施来保证。所谓战略措施,就是实现战略目标所采取的主要办法和手段。例如港口发展战略规定港口应该达到的目标,为了这个目标的实现则要扩大港口的规模,用新技术来装备港口,同时也要尽最大努力去争取外部环境的改善。

第二节 邮轮港口发展战略的制定

一、邮轮港口发展战略的分类

港口发展战略按照制定的主体划分,一般包括港口属地政府制定的港口发展战略和港口企业制定的企业发展战略两个层面。前者是把港口作为一个行业。从政府的角度对港口的发展进行战略规划,在谋求港口健康、快速发展的同时,重在分析港口发展与城市经济的关系,其落脚点是如何从政府角度在政策、资金等方面支持港口的发展。后者是站在企业经营者的角度,通过分析外部环境与内部资源和能力,谋划企业发展的方向和竞争策略,侧重于企业本身的生存和发展,根据企业自身的特点,确定具有针对性的战略目标、战略重点和战略部署等。

二、港口发展战略的制定的重要意义

近年来,随着国民经济的持续、快速发展,经济全球化进程的加快,我国沿海港口的发展步伐也显著加快,同时,港口管理体制和经营模式也发生了重大变化。特别是通过实施政企分开,港口企业成为自主经营、自负盈亏的市场主体,开始独立参与市场经营、市场竞争。在发展中港口企业也面临一系列新的问题和挑战,主要体现在:

(1)随着港口企业的规模日益壮大,管理层次越来越多,管理幅度也越来越大。职能活动的结果与企业整体经营效果之间的差距越来越大。

(2)港口(企业)发展面临邮轮大型化、需求多样化、港口物流化、管理信息化等一系列机遇和挑战。

(3)港口企业开始从单一的客运为主向多元化经营发展,特别是港口、船舶产业链条的延伸。

(4)港口企业发展已从属地化逐步过渡到了跨区域发展和向国际化迈进。产权结构也呈现出多元化发展趋势。

(5)港口企业竞争态势逐渐呈现主体多元化、领域多方位、形式多样化格局动态发展的特点。

(6)港口企业快速发展建设,因而面临投资决策、融资渠道和财务风险等一系列至关重要的问题。

三、邮轮港口发展战略的制定依据

制定邮轮港口的发展战略是以科学的选择战略目标为前提的,而科学的选择发展战略目标又必须建立在对邮轮港口的历史、现状、未来以及港口存在与发展所处环境正确理论分析的基础之上。只有全面、系统、客观地分析邮轮港口经营与发展的多种因素和制约条件,才能对邮轮港口发展的战略能力做出正确的判断,在需要和可能之间针对各种方案做出明智的抉择。

对影响邮轮港口发展的各种因素进行分析,了解其变化趋势,并对其产生的后果进行研究是制定和选择港口发展战略目标的重要前提。

(一)国民经济的发展速度和规模

刺激港口发展的主要因素是国民经济发展和客源的大幅度增加。

国民经济总体发展目标是我们一切经济活动的出发点和归宿。在制定港口发展战略目标时决不能偏离这个大方向,应通过对国民经济的现状和发展进行分析,把握港口运营体系的发展与国民经济的内在关系,研究和预测相对于国民经济而言相应的港口运营体系的重要组成部分,应根据整个港口运营体系的发展目标制定相应的战略目标。

港口建设的超前问题也是制定港口发展战略目标所要考虑的一个十分重要的问题。而港口能力超前的量是受到国民经济和旅游发展态势的影响和制约的。

(二)发展战略目标的选择与邮轮港口管理体制

邮轮港口企业是社会经济活动中十分重要的部门,也是十分活跃的部门。邮轮港口企业在发展过程中的所有制形式、决策体系、投资、运营管理和经济利益分配体系都不能脱离我国经济体制的基本模式。因此邮轮港口发展战略的选择应该考虑到我们进行的邮轮港口管理体制,并且充分注意邮轮港口体制变革对邮轮港口发展战略选择的影响,以便使制定的发展战略能适应体制的转变。

四、邮轮港口发展战略的研究思路和技术路线

港口发展战略的制定与实施是一项系统工程,主要包括战略环境、战略资源能力、目标战略和重点战略实施等环节和要素,各环节和要素会相互影响、相互支撑,主要研究思路是:

(1)明确港口发展战略的环境和自身战略资源能力。深入分析企业所处的环境正在发生哪些变化,哪些变化会给企业带来哪些影响,哪些是机会,哪些是威胁,分析和评价企业内部条件、资源、竞争能力等。

(2)根据港口发展战略的环境和资源能力分析,提出港口发展愿景,指出港口的使命和核心价值,在此基础上建立目标体系,将港口发展愿景转化成港口要达到的具体业绩标准,使整个组织对战略行动都有一种目标感,明确港口发展方向。

(3)根据港口自身特点,识别适应港口发展需要的战略重点。选择最能突出港口核心竞争力的、最能支持和加强港口实力的、最能克服港口弱点的、最能利用外部环境所带来的机会的,而又能使港口面临的威胁最小的战略。

(4)有效实施和执行港口发展战略,将战略转化为一种执行的语言,落实到各个岗位具体的工作中去,并制定一套战略推进机制、风险防范机制及战略评价和修正机制(见图6-1)。

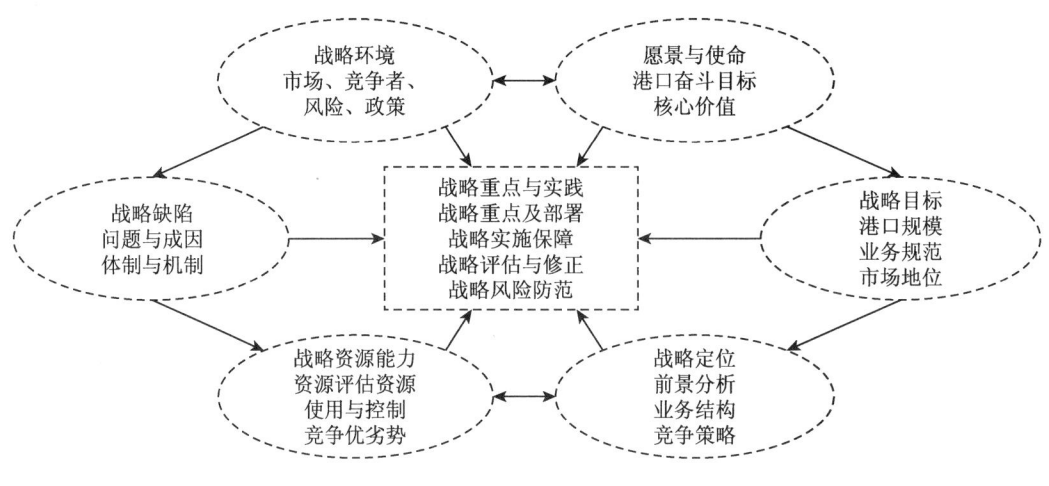

图 6-1 港口发展战略的研究思路

五、邮轮港口发展战略的主要内容

邮轮港口发展战略的主要内容如图 6-2 所示。

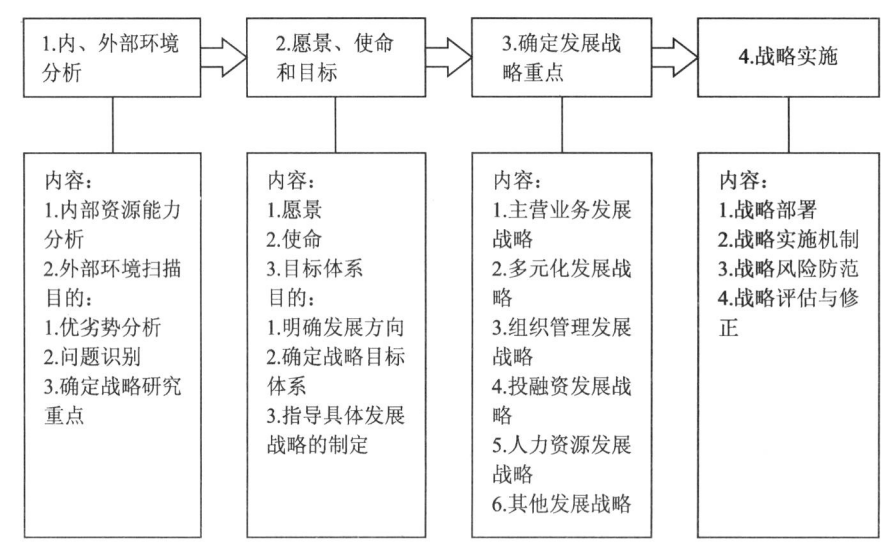

图 6-2 邮轮港口发展战略的主要内容

(一) 内、外部环境分析

环境是邮轮港口生存和发展的空间,包括内部条件和外部条件两大部分。邮轮港口内部条件主要是指邮轮港口自身的能力,包括业务范围、资源情况、财务状况、管理组织和核心竞争力等,是邮轮港口发展的基础和出发点;外部环境包括宏观社会经济环境、行业特点、行业发展趋势等,是确定邮轮港口发展方向的前提。

通过 SWOT 分析、核心能力及其可持续判断等方法对内、外部环境进行分析和评价,识别邮轮港口核心竞争和面临的主要问题和机遇。

(二)愿景、使命和目标

根据内、外部环境分析的结果,明确邮轮港口的愿景、使命和目标。同时要注意,愿景、使命和目标的确定与战略重点和措施之间存在多次循环修正的关系,确保愿景、使命和目标的合理性、可行性,以及制定的战略重点和战略措施的针对性、可操作性。

(三)确定发展战略重点

目前我国邮轮港口的发展情况不一定,发展特点迥异,其战略重点的选择必然有明显的差异性。港口战略类型选择的思路如图 6-3 所示。

图 6-3 港口战略类型选择思路

例如,发展较为领先的港口战略重点可能是品牌经营、国际化、延伸产业链条等;具有老国有港口企业特征的邮轮港口发展战略重点可能是管理机制调整、产权改革、人力资源管理等;新兴邮轮港口的发展战略重点可能是培育核心竞争力、产业选择、投资决策;等等。找准定位,把握战略重点是成功制定港口发展战略的关键。

(四)战略实施

战略目标能否顺利实现,在很大程度上还取决于战略的实施机制。各级管理者要能够明确地执行战略,否则战略目标将无法兑现,也无法真正适应不断变化的经营环境。战略实施需要对战略进行有效分解和落实。战略实施是邮轮港口发展战略的重要部分,是目标和结果间的关键环节。

(五)保证战略目标实现的相关政策

邮轮港口发展离不开政策。邮轮港口的发展与经营是密切相关的,如果说邮轮港口以其自身的发展作为目标,那么经营便是手段。邮轮港口发展战略与邮轮港口经营战略的许多内容是交织在一起的,因此,邮轮港口发展战略的相关政策也涉及与港口建设、发展和经营相关的政策。邮轮港口发展战略所考虑的相关政策包括:邮轮港口本身所采取的经营、发展政策和邮轮港口要满足国民经济发展的要求需要发展,从而要求国家在针对港口的经营和发展方面所应给予邮轮港口的政策这两个层次。根据不同邮轮港口的具体情况,港口发展战略研究的相关政策主要侧重于以下几方面。

(1)多渠道多类型的资金筹措及使用政策。
(2)机械设备更新及改造传统产业,努力采用高科技产品和新工艺技术进步决策。
(3)经营价格政策。
(4)将港口置身于整个社会、经济生活的市场活动中的竞争和开发政策。
(5)岸线资源利用的政策。
(6)人才开发及培训政策。

第三节　我国邮轮港口的发展战略

当今世界技术、经济、贸易正在高速发展和不断变化。航运公司经营规模不断扩大,邮轮船舶趋于大型化,这一切注定将对港口的功能、作用与布局产生深远的影响,并使邮轮港口面临更加严峻的竞争环境。为此,邮轮港口应及时调整自己的发展战略,以适应环境的变化与要求。随着港口竞争的日益加剧,港口迫切需要通过正确分析邮轮港口的内外部环境、发展形势和自身优势与不足,提出有效的战略经营措施与对策,以提高竞争能力,提高经济效益,巩固自身的市场定位。

一、港口发展外部环境的变化

(一)技术发展

新技术的高速发展已对港口的建设和经营管理产生了重要影响。作为国际邮轮旅游链上重要的一环,港口的效率、服务水平及可靠性是非常关键的因素。而现代技术,尤其是信息与自动化技术可为港口运营过程提供良好的控制与管理。因此,信息港或可提供良好信息与通信基础设施的港口在未来竞争中更能显示其优势。

(二)政府职能转变

目前,世界各国政府都在对港口放松管制,并采取私有化政策,目的是鼓励竞争、降低成本和提高服务水平。政府的职能正在由直接经济活动向社会福利活动方面转变。政府更加注重港口发展的可持续性,即环境、健康与安全方面的规章与管理。但并不能否认政府对港口商业活动具有重要影响,因为政府的保护与扶持政策及对基础设施的投入和建设等还是十分必要的。而港口经营更加商业化和多元化,越来越多的港口开展不同形式的合资与合作经营。

(三)港城一体化

世界上大多数港口城市都十分重视港口的发展,港城关系更加密切。港口和港口产业已经成为这些城市不可分割的重要组成部分和新兴经济增长点。

外部条件的转变对港口发展形成了挑战,要适应这种环境,港口必须认识到自身的机会与挑战,要适应这种新环境。港口必须认识到自身机会与挑战以及优势与不足,制定有效的战略措施,不断加强在国际供应链中的地位和作用。同时港口发展战略还必须满足航运市场变化所引起的需求与挑战。

二、港口经营策略的制定

面对激烈的市场竞争环境,必须分析港口发展的外部环境、内部实力,进行市场预测和市场定位,提出港口经营发展战略重点和分期实施步骤,进一步进行经营发展战略对策研究,确定为达到战略总目标必须采取的经营策略。

港口经营发展战略是在根据港口所处内外部环境、面临的机遇和挑战及可取得的各种资源,为求得生存和长期稳定发展,对港口的发展目标、发展重点以及实现战略的途径和发展对策进行总体谋划,是港口发展思想的体现,是制订企业发展规划和计划的基础,是经营管理等方面战略决策的科学依据,对现代港口发展起着十分重要的作用。港口经营策略主要包括以下几个方面。

(一)市场开发策略

市场经济中,竞争无处不在,而且竞争越来越激烈。竞争是企业发展之母,谁能在市场竞争中取胜,谁就能立于不败之地。企业建立经营战略的主要任务,就在于寻求市场机会,积极地去开拓市场和创造客源。要建立灵敏的竞争情报系统,及时收集、分析、传达和运用市场信息。

(二)优质服务策略

从世界上各大港口发展趋势看,作为服务业,其生存的根本就是服务。因此,优质服务策略是港口的基本策略。港口必须制定具体服务措施和标准,以适应市场、适应客户、提高服务水平。

(三)价格策略

在市场经济中,价格是一个有力的精神杠杆,因而也成为市场竞争中的一种有效的竞争策略。在我国目前计划经济和市场经济共存的大环境中,价格更显示出其力量。从一般意义上来讲,低价格策略是种打入和开拓市场的策略。各类港口在管理上必须采取灵活手段,在不损失国家和港口根本经济利益的前提下,从长远和总体利益出发,进行价格竞争。

(四)多元化经营策略

现代企业,特别是大型企业为了充分利用已有的资源、技术和市场优势,为了获得更高的经济效益,为了减少或避免经营单一业务的风险,往往采取多元化的发展战略。特别是港口和航运企业,由于投资巨大,其投资被称为沉没性投资。一旦行业萧条,利润率下滑,就会遭受巨大的损失,因而多元化发展策略是当今世界港口和邮轮企业集团的普遍策略。

（五）协作策略

港口的协作伙伴关系主要包括货物的业主,如生产者、经营者或消费者。企业协作的根本动机在于增加企业的经济效益,使合作双方或多方具有利益共同点。通过协作,避免或减少不必要的竞争,各自保障自身的利益;通过协作和建立伙伴关系,减少浪费性竞争,避免竞争所造成的损失;通过协作建立大规模专业化的分工体系,依靠规模效益,分享规模经济带来的效益;通过协作可充分发挥双方或多方资金上、技术上、市场上和设施上的优势,创造新的发展机会,创建新的项目或共同开发新的领域,共享利益。

（六）科技开发策略

科研和开发是企业经营发展必不可少的主要环节,是促进经济增长方式转变的主要因素,决定着企业的长远发展,其最终目的是促进企业经济效益增长。企业科研开发战略要以经济发展总目标为基础,与企业经营紧密结合,从长远的观点分析企业的发展事业,从而制定适合和促进企业基本发展方向和未来经营项目的科研开发目标和策略。

（七）科学决策策略

港口要从战略高度思考企业发展,瞄准世界港口发展的前沿水平,准确把握国际航运市场的发展趋势,大胆调整业务结构,集中力量优先发展核心业务。

（八）创新策略

创新是推动港口持续发展的有力手段,因此港口要推进创新型港口建设,建立完善创新激励机制,支持和鼓励职工自主研制生产设备,改进生产流程和管理办法。利用自己的核心竞争力在市场中赢得更多份额。

（九）环保策略

港口要通过优化生产组织、改进装卸工艺、实施卓越绩效管理、推广节能新技术、严格控制能耗指标等措施,减少港口的污染,建设生态港口。

此外,还有文化组织策略等。重要的是,港口在制定经营发展战略的同时,必须进行战略管理,保证经营战略的实施,并定期或不定期地补充修正战略和实施计划。

企业发展已经进入战略制胜的时代,企业管理者首要的任务就是制定和实施企业经营发展战略。目前,我国部分港口已经或正逐步意识到社会主义市场经济条件下港口经营发展战略的重要性,并根据地区经济需求和自身实力,动态研究和制定港口经营战略目标、战略思想和战略措施,确保港口的可持续发展。

知识链接

环渤海地区邮轮产业发展对策

一、树立环渤海邮轮旅游整体形象

邮轮产业覆盖面广,需要多部门、多行业、多层级间的协调与合作。针对现阶段所存在的问题,环渤海地区要积极探索建立有效的机制,按照优势互补、统一规划、协调运作的原则,在国内外邮轮旅游市场上树立环渤海邮轮旅游整体品牌形象。由此,不仅可以有效节约运作成本,避免区域内部的恶性竞争,而且可以充分利用各港口城市及其腹地的特色资源。通过整体开发、联合促销,扩大环渤海邮轮旅游品牌的整体影响力。"长三角""珠三角"、福建厦门、海南三亚等地区的邮轮产业发展已经形成一定的规模和影响,环渤海地区邮轮产业的发展要想追上甚至超过就必须走出一条联合发展的道路,把"环渤海邮轮旅游"这一品牌不断做大做强。

二、进行环渤海区域旅游资源和产品的整合

树立邮轮旅游的整体品牌形象要从区域旅游资源和产品的整合入手。环渤海地区拥有丰富的旅游资源:内蒙古的"草原风情游"和坝上森林草原等自然风光,从秦皇岛、山海关向京津地区延伸的"长城游",以山东东营市入海口为起点的"黄河游"及黄河、辽河河口湿地观光,由北京、沈阳、承德等明清皇家文化组成的"皇室寻宗游",山东的儒家、道家文化,以大连、青岛为核心的辽东半岛、山东半岛海滨度假旅游等各具特色。针对这一优势,环渤海地区的邮轮旅游开发要统一规划,注意突出开发那些能够体现自身特色和反映区域旅游资源整体优势的旅游资源,通过精心的线路组织、统一包装和联合促销,吸引国际邮轮停靠,并有计划地发展国内沿海邮轮旅游,以形成与华东、华南遥相呼应的中国北方邮轮旅游中心。

三、加大对邮轮产业扶持力度

环渤海地区要借鉴发达国家邮轮产业的发展经验,发挥政府在邮轮产业发展中的主导作用,制定与国际邮轮产业发展同步协调的产业规范标准,建立与国际接轨的市场运作机制。由于邮轮码头设施的缺乏和规章制度的不完善,游客通关已成为制约环渤海地区邮轮旅游的重要瓶颈之一,因此环渤海地区应该联合出台相应的政策,简化游客的通关程序,缩短游客的通关时间,提高游客的通关效率。同时,各级政府和旅游主管部门要积极促进邮轮港口、旅游企业以及邮轮产业链中其他部门之间的合作,通过宣传和政策引导有效提高邮轮产业的经营效率。

四、加紧邮轮产业链建设

邮轮产业链可依次分为邮轮制造业、邮轮营运企业、港口服务业以及旅游商贸业等。作为技术与资金密集型产业的邮轮制造业几乎都被欧洲所垄断。环渤海地区的大连、天津、青岛等港口是我国重要的船舶制造和维修基地,可以通过不断吸收消化欧美等国家的邮轮设计、建造经验,逐步培养产业发展的新的增长点。邮轮企业运营、港口服务和相关旅游商贸是密切关联的邮轮产业链条,积极统筹协调好港口与港口之间、港口与腹地之间、国内与国外之间在上述领域的协作关系,是当前我国特别是环渤海地区邮轮产业链建设的重要任务。港口之间在邮轮设施建设、港口服务上要统一协调;港口与腹地之间在旅游商贸服务上,如游览、住宿、餐饮、交通、线路安排、停车场建设等方面,要步调一致;国内邮轮港口企业与国外邮轮公司、主要客源市场的旅行商也要密切合作,以逐步将环渤海地区的邮轮产业纳入世界邮轮网络之中。

资料来源:殷翔宇,佟玉权.环渤海邮轮港口竞争力评估及产业发展对策[J].世界海运,2010(3)。

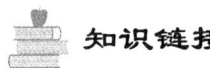
知识链接

舟山群岛国际邮轮产业发展思路

当前舟山群岛邮轮产业还处于国际邮轮到港服务阶段,受到资金、技术和管理经验等的影响,发展邮轮设计制造、国际邮轮经营的可能性很小。舟山群岛应该发挥自身的资源优势,立足于邮轮产业下游邮轮码头经营、吸引国际邮轮运营企业开展业务,并逐步向邮轮中上游产业链拓展。

针对上述舟山群岛邮轮产业发展的现状,对舟山群岛国际邮轮产业的发展提出以下建议。

一、合理规划布局,加快基础设施建设

舟山群岛建港条件优越,城市依托条件好,港口基础设施已形成一定的规模,宁波—舟山港是我国沿海主要港口、长江三角洲地区综合运输体系的重要枢纽。舟山群岛凭借旅游胜地的优势,在每年都能停靠大型国际邮轮基础上,加快专业化邮轮码头与配套设施的建设,积极推进邮轮产业硬件设施建设,提升宁波—舟山港的服务档次。因此,加快舟山群岛国际邮轮码头建设是当前舟山群岛邮轮产业发展的重点。

二、调整产业结构,完善邮轮配套设施

舟山群岛的邮轮配套设施的完善与发展离不开各行业和各部门的支持和协调。舟山群岛邮轮产业配套设施的设置应侧重人员服务和物资供应两个方面:对邮轮公司、旅客,提供办公、金融、保险、交通、住宿、餐饮、娱乐等方面的综合服务;对邮轮,提供食物、饮料、燃料、船上设施、维修保养等方面的综合服务。

三、建立邮轮人才培养教育机制,适应邮轮人才的需求

舟山群岛的邮轮产业刚刚起步,邮轮专业人才十分缺乏。邮轮产业对从业人员在知识、素质乃至语言能力等方面有着综合性的高要求。舟山群岛在积极引进各类人才的同时,要与国内外高等学校和研究机构密切配合,建立各级邮轮人才的长远培养教育机制。

四、提升旅游品牌,融入国际邮轮市场

舟山群岛应开辟适合本区域市场的邮轮航线,特别是开发乘坐邮轮赴台旅游的各路航线。政府相关部门应加强宣传力度、鼓励多元投资,吸引国际邮轮企业进驻,加快舟山群岛国际邮轮产业融入国际市场网络。

五、完善邮轮产业相关政策,鼓励发展邮轮产业

舟山群岛应出台鼓励邮轮产业发展的相关政策,充分发挥企业积极性;同时,完善邮轮产业经营相关规定,积极建立符合国际惯例的出入境程序和口岸管理条例,在完善相关法律法规的同时,加强游客到港的一系列服务。

资料来源:刘万锋,刘洪义,王能贝. 舟山群岛国际邮轮产业发展思路[J]. 港口经济,2011(5):48-51。

本章小结

邮轮港口发展战略是对邮轮港口未来的发展所做的全局性、总体性的谋划,它比较原

则性地指导邮轮港口的发展和建设。邮轮港口发展战略具有目的性、全局性、层次性、长期性和系统性等特征。邮轮港口发展战略的内容是指邮轮港口在一定时期、一定阶段内的发展布局,其主要内容有战略目标和战略措施两个部分。

邮轮港口发展战略按照制定的主体划分,一般包括港口属地政府制定的港口发展战略和港口企业制定的企业发展战略两个层面。我国沿海港口的发展步伐加快,港口管理体制和经营模式也发生了重大变化,制定合理的邮轮港口发展战略具有重要意义。邮轮港口发展战略的主要内容包括:内、外部环境分析;愿景、使命和目标;发展战略重点;战略实施;相关政策。

邮轮港口发展策略主要包括以下几个方面:①市场开发策略;②优质服务策略;③价格策略;④多元化经营策略;⑤协作策略;⑥科技开发策略;⑦科学决策策略;⑧创新策略;⑨环保策略。

思考题

1. 邮轮港口发展战略的基本特征是什么?
2. 邮轮港口发展策略应包括哪几方面内容?
3. 制定邮轮港口发展战略的重要意义是什么?
4. 邮轮港口发展战略研究的主要内容是什么?
5. 邮轮港口发展经营策略的主要内容是什么?

案例分析

青岛市邮轮产业发展规划

一、指导思想与发展目标

(一)指导思想

以国内外邮轮经济发展趋势为导向,从青岛实际出发,将邮轮经济作为青岛市新的经济增长点和新的旅游业态加以培育和发展,通过科学布局和综合协调,创新发展理念和发展模式,以建设青岛"国际邮轮城"为核心,完善邮轮经济发展的基础设施和配套环境,指导和促进青岛市邮轮经济健康快速发展,为建设宜居幸福的现代化国际城市做出积极贡献。

(二)发展原则

政府主导,市场导向原则。把邮轮经济作为城市经济和旅游业的重要增长点来规划和发展,积极研究国际邮轮经济发展趋势,开拓市场,指导邮轮经济健康、快速发展。

统筹布局,综合协调原则。从青岛的实际出发,整合资源,科学布局,协调各级政府和各有关单位部门,为青岛邮轮经济创造一流的设施、效率和发展环境。

创新模式,产业联动原则。借鉴商业领域发展思路,创新邮轮母港发展模式,延伸邮轮产业,提升区域功能,发挥邮轮产业的集聚性和辐射带动能力,为邮轮旅游活动提供全方位的功能服务。

前瞻规划,循序渐进原则。研究国际邮轮经济发展趋势和本地邮轮经济的发展潜力,科学规划,适度超前、留有余地、循序渐进,可持续发展。

合理定位,积极合作原则。在中国大陆沿海、东北亚、太平洋西岸和环球邮轮经济发展格局中合理确定青岛的发展定位和市场定位,积极开展与沿海港口城市、东北亚港口城市和世界邮轮公司之间的广泛合作,谋求互利共赢、和谐发展。

(三)规划期限

本规划的期限为2013—2020年,分两期实施。

2013—2015年:全面启动期。

2016—2020年:完善发展期。

(四)发展目标

构建高效、务实的邮轮经济,建立协调机制和邮轮产业信息平台,分阶段部署推进邮轮码头的设计、开发与建设工作,形成科学、合理的邮轮产业布局,发挥邮轮城带动经济发展、增强区域功能、提升城市形象的作用,营造宽松的产业发展政策环境,大力吸引国际邮轮公司落户青岛,培育一批专业化的邮轮业务人才与企业,完善邮轮经济服务体系与配套开发项目,开发设计一批有吸引力的邮轮旅游产品与线路,强化区域市场培育,积极组织国内外营销推广,将青岛全力打造成为中国邮轮产业"模式创新的先行区""高端服务的前沿区"和"产业升级的示范区",最终实现将青岛建设成为中国最具国际影响力的"中国北方邮轮中心"和"东北亚区域性邮轮母港"的发展目标。2015年出入境邮轮达到80艘次,出入境邮轮游客达到16万人次以上;2020年出入境邮轮达到160艘次,出入境邮轮游客达到32万人次以上。

1. 产业发展目标

2015年,完成邮轮产业整体布局,形成较为完善的邮轮产业服务链;2020年邮轮业成为青岛市重要的经济产业,对城市经济和社会发展做出较大贡献。

2. 邮轮港口发展目标

2015年跻身"中国重要国际邮轮港"行列,成为"中国最具吸引力邮轮旅游目的地之一"和"中国北方重要邮轮母港"。2020年成为"中国北方邮轮中心",晋级"东北亚区域性邮轮母港",成为东北亚重要的邮轮客源输出市场和游客入境口岸;以大港邮轮港为基础,联合现有的中港、小港,初步建成全球一流的集国际客运中心和融金融商务、商业贸易、文化休闲、旅游度假为一体的综合性"国际邮轮城"。

二、总体发展布局

(一)空间布局

位于东、西两个片区的"奥帆中心邮轮停靠港"和"青岛大港邮轮港"组成"邮轮组合港"布局模式,两个邮轮港空间上遥相呼应、功能上主辅结合、时序上远近相连。原四方滨海作为邮轮港备用区域预留。

(二)产业结构布局

分阶段、有重点地进行邮轮产业链的培育与建设,形成与青岛社会经济发展条件相适应的邮轮产业经济结构形态。

2013—2015年:大力开拓亚太地区邮轮客源市场,打造具有吸引力的邮轮旅游目的地,重点开展"国际邮轮城"项目规划和启动片区建设开发,包括邮轮产品销售、餐饮、娱乐、购物、休闲、商贸、市区观光、邮轮游艇维护修理等在内的邮轮岸上业务,吸引国际邮轮挂靠和国内外邮轮公司办事机构入驻,发展邮轮游艇所需物资、食品的供应基地。

2016—2020年:面向东北亚地区、东南亚地区全面拓展国际邮轮市场网络,深化综合性国际邮轮城建设项目,包括金融商业、论坛会展、度假居住等,创造条件建造邮轮,逐步组建邮轮船队,开展邮轮运营管理业务,构建邮轮要素市场、区域邮轮组织和邮轮信息平台,推动邮轮经济向高附加值的上游高端产业升级。

三、邮轮航线开发

(一)航线开发阶段

配合邮轮组合港建设,邮轮航线开发分三个阶段实施。

第一阶段(2013—2014年):进行基础设施和相关配套设施建设,加大邮轮旅游宣传力度,争取更多邮轮挂靠;同时延伸腹地范围,吸引客源;吸引国际邮轮公司在青岛设立分公司或办事处,争取2~3家邮轮公司入驻青岛。这一时期邮轮目标市场以入境游客为主,本地客源市场培育为辅,主要开发面向东北亚地区、欧美地区、亚太地区的挂靠邮轮航线,争取成为亚太区域邮轮航线运营网络上的重要挂靠港。

第二阶段(2015—2016年):完善相关配套设施建设,奠定挂靠港地位;吸引、鼓励国际邮轮公司开辟和运营母港航线,逐步将青岛发展为母港城市。这一时期邮轮目标市场兼顾出入境客源。重点开发东北亚地区、欧美地区挂靠航线,增加挂靠密度,同时加强开发以青岛为基地至日本、韩国的东北亚母港航线,加挂大连、上海、厦门、台湾、香港或海南的母港航线以及其他东亚邮轮航线。

第三阶段(2017—2020年):完善邮轮经济体系各个环节,吸引更多邮轮公司选择青岛作为母港。邮轮目标市场延伸至国际、国内客源市场,大力开发中远程邮轮航线,将母港航线逐步延伸到亚太地区和欧美地区。

(二)挂靠航线开发

第一阶段(2013—2014年):青岛在完善相关配套设施的基础上,加强城市的对外营销推介,大力吸引目前以上海、天津作为母港营运的国际邮轮挂靠青岛,试开加挂青岛的东北亚邮轮航线;同时大力吸引欧美地区和亚太地区国际邮轮航线在我国加挂青岛的挂靠航线。

第二阶段(2015—2016年):重点开发国内始发加挂青岛的中远程东亚邮轮航线,以及东北亚地区和欧美地区挂靠航线。

第三阶段(2017—2020年):重点开发国内始发加挂青岛辐射至日韩和东南亚地区的远程邮轮航线。

(三)母港航线开发

第一阶段(2013—2014年):不具备母港航线开设条件,青岛主要作为邮轮航线挂靠港,其中以环球航线的挂靠港为主。

第二阶段(2015—2016年):根据邮轮市场发展状况,先行开设为期3~7天,面向东北亚地区日本南部、韩国邮轮港口的母港航线;随着东北亚市场日渐成熟,分别开发青岛始发挂靠日本中部与北部港口的母港航线和加挂大连、上海、厦门、中国台湾、中国香港或海南的母港航线以及其他东亚邮轮航线。

第三阶段(2017—2020年)：短途旅游航线已初具规模,适当开发中远程邮轮旅游航线,增加挂靠港,将航线延伸到东南亚区域(越南、柬埔寨、泰国、菲律宾、马来西亚、新加坡),并逐步向亚太和欧美地区国际航线延伸。

四、国际邮轮城总体规划

借鉴商业领域的发展思路,依托港口地区的纵深聚集式开发,增强邮轮经济的集聚性及其辐射带动能力,为邮轮旅游活动提供全面的港口商贸服务和综合的旅游休闲服务,从而极大地提升城市服务能级、加速产业升级转型,并促进城市就业水平和国际知名度的提高。

(一)规划目标

以邮轮母港为核心,以邮轮延伸产业为依托,以旅游休闲和港航服务两大产业为支柱,借助于邮轮经济带动老城区改造,着力打造成为具有全球示范作用的"国际邮轮城",使"国际邮轮城"成为老城区"皇冠上的明珠"和青岛市的新地标。

强力配套邮轮母港。"国际邮轮城"开发的第一目标是为邮轮母港的建设形成强有力的配套,通过大力开发商贸、旅游、房地产等项目,更好地促进青岛邮轮经济的发展。

推动老城区升级改造。根据老城区的实际情况,以及港区功能提升更新的要求,通过"国际邮轮城"项目的开发,引入旅游休闲和金融商务产业等,带动老城区功能改造、转型升级,为邮轮码头周围区域注入新的发展动力,进而提高青岛的知名度。

打造邮轮旅游服务集聚区。通过采取"国际邮轮城"这一全新的港区商业综合开发模式,创建符合现代社会需要的新型经济集聚体,把邮轮停靠、旅游观光、生活居住、休闲游憩、社区发展和环境营造等诸多功能在同一空间内实行最佳程度的结合,使之在经济、社会和环境三方面实现可持续的发展。

打造现代港航服务集聚区。借力"国际邮轮城"开发建设,加快传统航运产业升级和港口功能转型,围绕高端港航服务业"企业成群、产业成链、要素成市"的发展目标,大力培育航运市场服务、金融创新服务、进出口物流服务和国际客运服务四大功能,完善综合配套服务体系,促进青岛港航服务产业向更高层次跃升。

(二)业态开发

1.金融商务功能开发

建设港航服务商务街区。围绕高端港航服务业"企业成群、产业成链、要素成市"的发展目标,在青岛"国际邮轮城"内建设企业集聚、要素繁荣、配套完善的高端港航服务商务区域,集中配备豪华商务酒店、商务写字楼、商务公寓等设施,努力构筑国际化高端服务商务平台,打造航运服务、法律、保险、金融、贸易功能融合发展,商务与办公环境一流的中央商务核心区,成为吸引政府派驻机构以及航运、港务、金融、贸易、物流、电子商务和旅游等相关行业的大量企事业单位扎堆的高端服务聚集区和青岛吸引世界知名港航企业、金融机构的重要载体,重点吸引国际知名港航物流企业、金融保险企业、邮轮公司等的地区总部及其分支机构入驻。

2. 商业贸易功能开发

国际购物中心。利用青岛国际邮轮城广阔的发展前景,大力引进国际购物中心和商业机构投资开发商业,建设由国际化的购物广场、大型综合性仓储式超市、大型百货商店、专业商店和商贸中心等构成的大型商贸街区。重点建设面向邮轮乘客和普通游客以及市民的大型保税商店,规划和发展特色鲜明、独树一帜、互为补充的各类主题购物中心,以求达到共荣共赢,营造"国际邮轮城"良好的整体形象,努力把邮轮城区域发展成为青岛市重点区域内的商业中心区。

特色商品购物街。在旅游活动中,购物是游客的重要旅游消费内容,也是发展旅游经济不可忽视的环节。国际邮轮城应该集中挖掘当地的具有地方文化特色、反映民族文化的商品资源,开发包括民族服装、手工艺品、装饰品、土特产、小吃、纪念品、风味食品等在内的各类地方土特产店铺,建设能吸引游客光顾的具有规模的特色商品购物街,进一步丰富游客在邮轮城的游玩内容,努力营造邮轮城"商品丰富、服务满意、特色突出且吸引力强"的购物环境。

3. 文化游憩功能开发

标志性旅游景观建筑。"国际邮轮城"是将城市的精华和美好的事物展示给世界各地游客的一个典型区域。该区域需要有一流的风景和城市轮廓线,邮轮码头周边的建筑应注重加强其景观效果的开发,形成较大片的具有观赏性的景观。每座建筑就是一件艺术品,要突出标志性的建筑造型,建筑群构成的视觉效果要求具有美感。建筑的外形和立面、邮轮码头整体的灯光夜景以及周边的整体环境对游客来说就是一个富有吸引力、充满生机活力的城市动感画面。

滨海休闲风景带。邮轮乘客到达母港以后的活动规律是上岸进行观光、休闲、购物或在本地进行短途旅游,船员也会在码头逗留、休闲或购物等。针对这些人群,邮轮母港应该给他们提供一个在码头附近进行休闲活动的场所和空间。因此,"国际邮轮城"应开发成可供国内外旅游者以及本地市民休闲与游憩的风景带。滨海休闲风景带需要具备由休闲、步行以及购物等综合设施构成的舒适的环境空间,成为一个具有景观、雕塑、广场、运动场地、购物亭、亲水平台的城市风光风景带。

大型娱乐城项目建设。国际邮轮城不仅应该建设豪华酒店,配套餐饮、休闲与购物设施,还需要开发供游客娱乐体验的大型综合娱乐项目,要大力挖掘"国际邮轮城"商业旅游的潜力。例如可引进各类具有刺激、惊险和愉快效果的电子娱乐设备、室内机械娱乐设备及其他娱乐设施等,让游客玩得开心快乐。

4. 度假居住功能开发

房地产开发。在国际邮轮城区域规划开发房地产是推动邮轮母港发展、完善功能配套的需要。随着老城区的改造升级,周边的配套设置和居住环境将不断提高,加之便利的交通,这势必会吸引更多的人来此居住。同时,通过房地产的开发,可以加快回收投资成本的速度,形成循环发展的模式,增加此区域的人气,为国际邮轮城的更好发展打下基础。

休闲度假街区。根据游客的需要,在"国际邮轮城"集中开发餐饮、跳蚤市场、节假日集市、博物馆、艺术中心、影院、酒吧、咖啡馆、超市便利店、文化设施、运动健身设施等设施项目,加强国际邮轮城休闲度假功能的整体规划,加大引导力度,完善基础设施,加强软环境建设,创建一个和谐共生、舒适愉悦的休闲度假空间,使青岛"国际邮轮城"成为融购物、餐饮、休闲、娱乐、文化、运动健身、会展、商务、旅游为一体的具备综合服务功能的大型现代化都市休闲度假街区。

(三)功能结构

在邮轮码头建设第二阶段,将启动邮轮母港的配套项目——青岛"国际邮轮城"开发建设,结合城市规划进行邮轮港周围的旧城改造升级,优化配置,合理开发海岸、海滩等旅游资源,构筑"陆海互动,三区合一"的功能结构,形成集聚国际客运、金融商务、商业贸易、文化休闲、旅游度假等各类服务为一体的功能体系,进而构筑邮轮母港较为完善的功能设施和具有吸引力的旅游环境,奠定青岛邮轮母港的地位,使该区域逐步发展成为青岛旅游产业、港航产业的亮点和具有经济增长潜质的新型滨江商务休闲中心。

陆海互动,即以码头客运、商业区、商务区、居住区为陆域依托,以购物、美食、休闲和娱乐为主要旅游项目,实现陆岛旅游产品与海上旅游产品联系互动,构筑"国际邮轮城"综合功能体系。

三区合一,即核心功能区、配套功能区和辐射功能区三个区域空间上相互连接,功能上相互补充,以青岛丰富的旅游文化资源为主要节点,循序渐进地开发"国际邮轮城"的配套项目,使其形成青岛邮轮经济的门户。

核心功能区:以邮轮母港启动区为重点,按照1+2艘邮轮规模,即一艘超大型邮轮、两艘8万吨以下级邮轮建设码头泊位。远期考虑利用1号、2号、8号码头增加停靠泊位。核心功能区内建设青岛"国际邮轮城"标志性建筑——客运大楼,配套联检大厅、邮轮物资补给区、交通换乘中心、集散广场等邮轮母港核心设施。

配套功能区:为"国际邮轮城"核心功能区配套旅游休闲和港航服务两大功能。旅游休闲功能重点打造邮轮旅游服务集聚区,开发大型国际购物中心、滨海娱乐设施项目、游艇俱乐部等。港航服务功能着力打造现代港航服务集聚区,区内建设地标性建筑——"总部大楼",吸引国内外知名港航企业、邮轮公司、航运服务企业、社团组织到青岛设立地区总部,并为邮轮到港提供配套的船舶修理、物资仓储、客货滚装等服务。

辐射功能区:通过邮轮城辐射功能区建设,将邮轮母港建设与城市发展相衔接,带动青岛老城区功能改造、转型发展,重点开展度假休闲、商品住宅、绿地广场等地产开发项目,为邮轮旅客和青岛市民提供度假、居住的好去处。

(资料来源:青岛市邮轮产业发展规划.青岛政务网.2013年11月4日,http://www.qingdao.gov.cn。)

结合案例思考以下问题:

1. 分析青岛邮轮港发展战略提出的依据有哪些?
2. 简述青岛邮轮港发展战略的要点。

第7章 邮轮港口经营管理

 **本章导读**

上海年接待邮轮量从2011年的208艘次升至2015年的410艘次,出入境游客数从2011年的36万人次升至2015年的174万人次,2015年上海已跃居为全球第八大邮轮母港。

2012年9月,上海吴淞口和北外滩两个"中国邮轮旅游发展实验区"成立,但制度的创新,显现出与现有海关、税务、交通等部门的规定相冲突的一面,成为制约邮轮产业进一步发展的瓶颈。

2015年8月,《关于推进中国邮轮旅游发展实验区与中国(上海)自由贸易试验区联动发展的实施意见》的出台,在贸易便利、金融服务、通关监管制度创新三方面有所突破,但是局限与不足依然显而易见,具体体现为政策效力不高,一些自贸区制度没有复制到位,现有扶持政策比较零散等方面。

上海市人大代表张辉在2016年上海两会上透露,如果能把吴淞口码头也纳入自贸区,直接享受自贸区的政策,可能是最方便的办法。

张辉表示,上海的邮轮港要成为好的母港,多造几个码头不难,但吸引更多的邮轮公司总部入驻,打造人才集聚地、后勤保障基地等才是关键。

邮轮港口经营面临的法律环境属于邮轮港口经营环境的一部分。本章主要介绍邮轮港口经营的外部环境和信息化对邮轮港口经营的影响,邮轮港口经营管理的主要职能,以及邮轮港口的经营性收费等内容。

第一节 邮轮港口的经营环境

一、邮轮港口企业经营的外部环境

邮轮港口企业经营面临的外部环境主要有政治法律环境、经济发展环境、技术环境、产业环境、社会环境等。

（一）政治环境

在邮轮港口经营管理中必须同时考虑社会和经济效应，正因为如此，政府对邮轮港口的干预往往超过对企业行业的干预。但是，随着邮轮港口竞争的加剧，邮轮港口的经营性特征显得更为重要，为此，世界各国正在出现放松对港口的行政干预的趋势。例如，一些国家政治推进邮轮港口的私有化，而另外一些国家则积极推动政府在邮轮港口管理中的职能转变，以使邮轮港口企业能更好地适应市场竞争的环境。而政府则通过制定相应的政策来引导邮轮港口的健康发展。

2015年12月29日，《上海市推进国际航运中心建设条例（草案）》〔以下简称《条例（草案）》〕提交市十四届人大常委会第二十六次会议一审。此次立法不对航运及相关业务事项进行规范，而定位为促进型法规。针对国际航运中心建设中的短板问题，立足地方政府可以积极作为的领域，主要聚焦集疏运基础设施建设、航运企业和机构集聚、航运营商环境营造等事项。为加大对航运中心建设的支持力度，上海采取了设立国际航运中心建设专项资金等多项有效措施。为了使这些政策长期化、法制化，《条例（草案）》规定，上海设立上海国际航运中心建设发展资金，纳入同级财政预算，为推进上海国际航运中心建设提供资金扶持。为进一步推进邮轮旅游发展实验区建设，规范和促进邮轮产业发展，此次立法规定，市旅游、交通部门应当制订上海邮轮产业发展规划。上海市旅游局应当会同相关部门制定与国际接轨的邮轮旅游标准化体系，对票务销售、合同签订、码头服务、应急处置等环节做出规范，并在邮轮码头推进实施特定时限内的过境和出入境免签政策，设立双向便利的免税购物商店；同时鼓励境内外邮轮公司在本市注册设立经营性机构，开展经批准的国际航线邮轮业务。

天津国际邮轮母港坐落在天津滨海新区东疆港岛，享受滨海新区"先行先试"优惠政策，2013年获批国家旅游局"中国邮轮旅游发展实验区"，2014年获批交通运输部"开展邮轮运输制度创新试点"。特别是2015年天津自贸区获批建立，邮轮母港公司享受自贸区优惠政策。大力推进投资便利化、贸易自由化、金融创新和海关监管制度的创新，为邮轮产业链延伸，开展邮轮船供等综合配套业务奠定了良好的政策基础。

（二）经济环境

邮轮港口所在地区经济和社会发展水平直接影响到邮轮港口功能的发挥，进而影响到邮轮港口的发展。"以港兴市"已成为越来越多的邮轮港口所在地政府的共识，邮轮港口已成为与所在地区的经济发展紧密相连的不可分割的重要组成部分和新的经济增长点。

以深圳太子湾邮轮母港建设项目为例，业内对深圳发展邮轮旅游产业持乐观态度。分析称，珠三角地区游客经济收入高于内地城市，旅游观念较为前卫，市场成熟度高于其他城市，而且，经由深圳前往东南亚各国尤为便捷。有调查显示，仅广东即有70%以上客人没有搭乘过真正的邮轮出境，坐拥珠三角这座"富矿"，太子湾邮轮母港建成后，势必会吸引一大批珠三角游客。

尤其值得关注的是邮轮旅游的联动效应。国际旅游组织统计数据显示，母港建成之后外溢经济效益可达10倍。太子湾国际邮轮母港将为深圳带来可观的经济收益，目前，国际上每接待一名国际邮轮游客的平均综合收益已高达1340美元，邮轮母港的收入是纯停靠港效益的 10~14 倍。因此,有关专家预言,放眼未来 3~5 年,太子湾国际邮轮母港将打造出一个城市母港经济体,有望同香港迪士尼乐园并列,成为深港西部旅游带的"双核"。

(三) 技术环境

随着知识经济的来临,新技术的发展将会加快。而在邮轮港口从劳动密集型向知识和技术密集型转变的过程中,新技术将对邮轮港口企业的建设和经营方式产生重要的影响。邮轮港口的生产效率、服务水平以及系统的可靠性直接影响着邮轮港口企业的市场竞争能力。在知识经济时代,特别突出的是全球通信技术的发展以及所在地区通信技术的应用水平将对邮轮港口是否能提供一个更为良好的经营环境起到越来越关键的作用。

港口是直接为航运服务的,因此,航运的发展将直接影响到邮轮港口的发展。例如,邮轮航班的密度增加必然会加速邮轮港口的建设,扩大邮轮港口的能力;又如,邮轮大型化将改变邮轮码头原有的技术装备,航道的深水化,设备的大型化,泊位的延长,等等。哪个邮轮港口顺应了这种变化,它在邮轮港口经营的竞争中将会处于优势。

 知识链接

天津将成邮轮人才聚集地

天津国际邮轮母港相关负责人表示,天津港所处的京津冀及环渤海区域经济总量大,游客消费能力强,周边旅游资源丰富,天津口岸具备完善的综合服务功能,这些都是天津港成为国际邮轮母港的优势。天津港将继续加大国际邮轮母港区域的建设,逐步形成完善的邮轮母港复合产业体系,打造以邮轮休闲和航运服务为特色的休闲商务区。

此外,在邮轮人才培养方面,目前世界顶级邮轮集团——美国皇家加勒比国际邮轮有限公司已与天津海运职业学院签署合作协议,将在天津海运职业学院建立中国首个邮轮人才培训中心。

据介绍,该培训中心设立后,加勒比邮轮公司将把在上海、马尼拉的两个培训基地全部整合转移到天津市,在天津建立新入职员工、晋职就任人员及航海驾驶人员全方位、多层次的培训基地,并开辟以天津邮轮母港为中心的加勒比邮轮公司人才中心。这一合作项目不仅为天津发展邮轮产业解决了人才培养的瓶颈问题,还将净化行业人才市场,搭建健康有序的人才供给模式。未来,天津市将成为国内和国际邮轮人才的聚集地。

(四) 产业环境

近些年来,全球邮轮产业呈现持续快速增长态势,发展重心向亚太地区、特别是中国等新兴市场东移趋势日益明显。随着我国出境旅游的迅猛发展,我国邮轮经济发展迎来了重要的历史性机遇。

传统的邮轮港口仅仅从事运输和中转。随着邮轮港口规模的扩大和产业链复杂性的增强,必然要求邮轮港口发展增值功能,以带动当地经济和工商、旅游业的发展。因此,邮轮港口以及港口所在地区是否意识到港口的这种连带作用,积极发展延伸产业,已成为影响邮轮港口发展的决定性因素。

有业内专家表示,根据世界各国邮轮码头的实践经验,国际邮轮的经济链条包括邮轮制造、维护、补给、油料、淡水、废品处置、游客餐饮、酒店、购物、参观、游览等环节。2015年1月27日,招商局蛇口工业区有限公司与美国嘉年华集团签署了合作备忘录,双方合作投资建设深圳太子湾邮轮母港。太子湾邮轮母港位于蛇口一突堤,片区规划总用地面积约72公顷,总建筑量约170万平方米。2015年6月,太子湾片区综合开发项目邮轮母港工程已经完成,邮轮码头工程已完成竣工验收。2016年年底,太子湾将迎来世界上最先进的邮轮靠泊,成为中国第一、世界一流的邮轮母港。太子湾片区建成后将新提供近3万个就业岗位;同时,邮轮母港建成后,还将优化码头周边消费环境,构建"码头消费圈",推动邮轮经济和相关产业的发展,完善现代国际港口城市的内涵,使深圳成为世界先进邮轮的交通要塞及国内甚至国际著名的邮轮旅游中心。

二、信息化对邮轮港口经营的影响

（一）信息技术的主要特点

信息革命被喻为是继农业革命和工业革命之后的第三次革命,它已对当今社会经济各个领域的发展产生越来越重要的影响,其中,信息革命对交通运输领域的影响更为深刻。

信息流不同于交通运输中的物流,是一种非实物化的传递方式,它与物流相比具有以下特点。

（1）信息传递成本较低。在信息的传递中,没有实物体的空间位移,因此传递成本较低。

（2）信息流动速度很快。信息高速公路的实现将使信息在更大范围内实现无阻传递,并提高信息的实际传递速度。

（3）信息载体占用空间小。信息的传递和存储载体尺寸非常之小,与物流相比可以认为几乎不占用空间。

（4）信息传媒手段丰富。信息传媒手段发展迅速,正在形成越来越完整的多媒体信息系统。信息传递的选择性将远远超过目前实物体位移的方式,后者主要包括公路、铁路、水路、航空和管道等方式。

（二）信息技术与邮轮港口的关系

作为交通运输枢纽的港口,它既是客流集散中心,同时也是一个信息中心。信息技术的开发和利用将对未来港口的发展和走向市场化起到至关重要的作用。信息技术的应用提高了港口对邮轮的服务密度,能使港口资源得到最佳合理组合,为港口经营进入市场提供必要的公平竞争的手段;同时,也为港口生产提供安全保障,改善港口服务质量,并能促进港口的专业化发展。

（1）信息技术提高了港口生产效率。传统上,在考虑一个港口的生产能力时,主要是指如何提高港口设备的单机效率,或者是增加港口的规模。而信息技术的采用,能使港口能力资源得到充分发挥,并能在相同生产资源情况下,显著地提高港口生产效率。

(2)信息技术的应用提高了港口对邮轮的服务密度。由于信息的畅通,港口为船舶服务的整个生产过程的相互协调性大大增强,由此促使邮轮在港的非生产性停泊时间降低到最低。因此,在港口生产设施(设备)条件一定的情况下,充分的信息支持能使港口在单位时间内所能服务的邮轮数量明显增加。在国外的一些港口中,借助于计算机处理的专家系统在港口生产调度中的应用,已使港口生产过程得到优化。

(3)在信息充分的情况下,港口资源能得到最佳合理组合。对于整个港口而言,如果能够实时掌握整个港口资源的利用情况,便能对全部资源的利用进行系统的安排,以实现物尽其用的合理组合,使港口的资源发挥出最佳效能。

(4)信息的畅通保障了港口生产的安全。例如,先进的信息技术替代人工安全控制系统,可以避免人工系统可能造成的疏忽,由此可以提高港口安全保障系统的可靠性。

(5)信息技术的应用提高了港口服务的质量。例如,在客运服务中,电子订票系统的出现,不仅使乘客可以就近订票(甚至能做到足不出户),而且能帮助乘客做出旅行时间和线路的最佳选择。利用信息技术提高港口服务质量的典型方法是采用 EDI(电子数据交换)技术,可使港口和各个运输环节做到有机的协调。

(6)信息技术促进港口的专业化发展。现代化、高效率的邮轮码头的生产和经营离开了信息系统的支持是不可想象的。专业化码头生产节奏的加快,已使得原先采用的完全靠人工进行的生产和业务管理方法难以应付。借助于计算机高速的信息处理便显得尤为重要。

从上述分析中可知,信息技术将使港口服务系统更趋完善。当然,信息技术对港口的影响不仅在于对港口的日常经营管理,而且也将对今后港口枢纽化发展和区域港口的布局产生重大影响。这种影响必将改变现在人们对港口发展的认识,并且使未来港口经营方式受到由信息技术发展带来的各种影响。比如,信息革命将加速港口枢纽化进程。在人们做出旅游线路选择时,假如在信息充分的条件下,如果手续的复杂性并未随港口的不同选择而增加,但却能提供更优良的服务和快捷的运输,这便会促使人们容易做出选择枢纽港的决策。

(三)邮轮港口应对信息革命的策略

从 20 世纪 80 年代开始,世界已进入信息时代的初期,现在谈论信息时代已不是谈论遥远的未来。在信息时代,信息技术的发展更新周期之短,新技术普及推广速度之快是前两次革命无法比拟的。

根据信息技术的发展可以预言,信息技术将会对中国港口的发展产生深刻的影响。为此,从事港口管理和经营的人们应该对此有充分的准备。在充分利用信息技术给港口发展带来益处的同时,必须注意使港口的发展能顺应这种变化。对此,应对我国港口的经营和管理方式采取以下对策。

(1)港口的竞争往往是具有共同腹地的港口群之间的竞争。因此,在未来中国各港口群的发展中,哪一个港口重视信息技术的利用,它将在争夺港口群的枢纽港地位中占有优势。其原因是信息革命将进一步促进港口的枢纽化进程,故未来的枢纽港应该同时是信息港。

(2)在充分信息条件下,港口群的各港分工将更为合理。这种分工并不取决于政府行为或港口间的不公平竞争。由于信息充分,使港口的使用者在选择港口时具有完全的确定性,从而使港口群中的物流、客流状况更趋合理。在这种状态下,港口间更多的不是竞争,而是合作。通过合作,达到各港口之间效能的最佳配合。

(3)在今后考虑港口发展与建设时,应将信息系统的发展和信息流、客流的相互影响进行综合分析,特别是应重点考虑在港口现有条件下,如何通过发展信息系统来进一步提高港口的能力。

第二节 邮轮港口经营管理的职能

邮轮港口企业经营管理是涉及大量相关企业经营活动的专业分工的总和。因此,邮轮港口企业经营管理的结构有高度的复杂性。它所涉及的业务主要有为船舶提供的服务、游客上下船、设施的供应和管理等,这些港口业务既可以由一家码头企业全部覆盖,也可以分别由多家企业经营。

一、船舶服务

为船舶服务的种类和范围非常广泛,包括船舶通信、引航、拖带、安排船舶进出港的港内代理服务,以及燃油、水、食品、设备等的供应以及船舶修理等。

2013年年底,随着天津东疆国际邮轮母港二期建设完工,码头泊位总长度达到1112米,能够满足两条国际邮轮同时停靠的需要。同时,长85米、4.5米低标高特制码头岸线能够满足低潮位时国际邮轮装卸托运行李及物料的作业需要。此外,日益完善的服务设施和不断提高的服务水平也使邮轮公司和旅客的满意度持续提升。例如,东疆海事局以"星级化标准,零距离服务"为理念,打造了一支"业务精湛过硬""服务热情贴心""行政务实高效"的星级管理团队,形成了一套具有自身特色的"四精四心"(精干于形,让船方感到放心;精学于用,让船方感到专心;精细于行,让船方感到贴心;精诚于助,让船方感到暖心)服务工作法,用智慧和勇气守护了邮轮平安。

2015年5月,上海市宝山区在全市率先出台了《关于复制推广自贸试验区改革试点经验,积极推动探索"区港联动"制度创新的行动方案》。"区港联动"中的一项重要任务,是积极支持建立上海邮轮物资配送中心。吴淞口国际邮轮港发展有限公司董事长王友农说,作为亚洲最大的邮轮母港,吴淞口国际邮轮港理应成为东北亚邮轮物资配送基地。但目前,邮轮公司却将主要配送港口放在韩国釜山,上海只配送部分生鲜食品等,市场占有率与行业地位严重不匹配。原因是在釜山邮轮中转货物、港口收费、海关政策等方面享有优惠,物流效率很高。而在上海,现行邮轮物资配送的查验手续相对烦琐,通关时限较长。因此,宝山将对接自贸区海关监管制度和检验检疫制度创新,推进设立邮轮船供物资专用保税仓库,建立便捷高效的邮轮物资供应体系,扩大区域邮轮经济产出水平。

二、辅助性业务

在港口,除了上述这些直接相关的业务活动外,还有港内船务代理服务、邮轮船票销售业务等辅助性业务。

在这些功能中,最重要的是港内船务代理服务,一般是由航运公司驻港口的机构经营。船务公司往往利用当地公司作为港口代理,除了船务公司的驻港机构作为港口船务代理外,一些港口经营公司也设有船务代理机构,经营船务代理业务。

2010年天津国际邮轮母港正式开港运营,时隔5年,以天津港为母港的国际邮轮公司由1家增加到4家,其中不乏来自欧美的顶级邮轮公司,如歌诗达、皇家加勒比等邮轮公司。据统计,2015年有12艘母港邮轮在中国邮轮港口运营,其中半数在天津港运营母港航线。在国际大牌邮轮密集到港的同时,邮轮运营时间也在延长,从2015年开始,想体验邮轮旅游的乘客无论是在炎夏还是在寒冬,来一场说走就走的邮轮游不再是奢求。

三、信息的协调

在港区的每种业务的经营人之间都存在明显的差异,使相互的信息提供和接收变得复杂。为此,港口经营者,作为码头经营的主体,往往保持着对码头作业的总体控制,以便协调各种与港口相关的业务以及信息。

2015年5月,天津市发布的《中国邮轮旅游发展实验区建设三年行动方案(2015—2017年)》(以下简称《方案》)中提出,今后国际邮轮进出境将实行24小时通关保障,并争取过境免签、入境购物免税、无目的地邮轮线路许可政策等国家相关政策支持,以吸引更多邮轮游客上岸旅游、消费;对国内来船,在边检预检正常、没有游客离船的前提下,船方不再需要集中交验游客护照;同时,还将依托国际航行船舶电子查验系统,实行电子申报、审批的新通关模式,逐步推进邮轮通关无纸化。《方案》明确天津市将进一步加强国际邮轮通关保障,对国际邮轮进出境实行24小时通关保障,优先办理国际邮轮及船员相关审批事项,港口、海事、引航部门优先安排国际邮轮的靠泊、离港作业。邮轮靠泊后,在预申报正常的情况下,游客和船员即可下船办理入境、入港手续,缩短在港停留时间。

四、设施的管理

港口设施大致可以分为以下几类。
(1)由国家政府或港口管理机构自己拥有,由港口管理机构经营的设施(公用设施)。
(2)由非营利机构拥有,租赁给其他人的设施(专用设施)。
(3)由企业自己拥有的设施(码头设施)。

第三节　邮轮港口的经营性收费

关于我国港口收费的规定,目前有两个:《中华人民共和国交通部港口收费规则(外贸部分)》和《中华人民共和国交通部港口收费规则(内贸部分)》。《中华人民共和国交通部港口收费规则(外贸部分)》1997年4月29日由中华人民共和国交通部令第3号发布,根据2001年12月24日中华人民共和国交通部令第11号公布的《关于修改〈中华人民共和国交通部港口收费规则(外贸部分)》的决定》修正。《中华人民共和国港口收费规则(内贸部分)》于2005年7月12日经中华人民共和国交通部第14次部务会议通过,并经国家发展和改革委员会同意,自2005年8月1日起施行。

我国目前尚无关于邮轮港口经营性收费的专门规定,因此本章主要介绍《中华人民共和国交通部港口收费规则(外贸部分)》的相关内容。

一、引航、移泊费

由引航员引领船舶进港或出港,按下列规定计收引航费。

(1)引航距离在10海里以内的港口,按"航行国际航线船舶港口费率表"(表2)编号1(A)的标准计收,即0.50元/[净吨(马力)·海里]。

(2)引航距离超过10海里的港口,除按表2编号1(A)的标准计收引航费外,其超程部分另按表2编号1(B)的标准计收超程部分的引航费,即0.005元/[净吨(马力)·海里]。

(3)超出各港引水锚地以远的引领,其超出部分的引航费按表2编号1(A)的标准加收30%。

(4)大连、营口、秦皇岛、天津、烟台、青岛、日照、连云港、上海、宁波、厦门、汕头、深圳、广州、湛江、防城、海口、洋浦、八所、三亚港以外的港口,除按上述(1)、(2)的规定计收引航费外,另据情况可加收非基本港引航附加费,但最高不超过0.30元/[净吨(马力)·海里]。

(5)引航距离由各港务管理部门自行公布,报交通部备案。

(6)引航费按第一次进港和最后一次出港各一次分别计收。

二、拖轮费

使用港方拖轮时,按"租用船舶、机械、设备和委托其他杂项作业费率表"的规定,以拖轮马力和使用时间,由委托方计收拖轮使用费。

拖轮使用时间为实际作业时间加辅助作业时间。实际作业时间为拖轮抵达作业地点开始作业时起,至作业完毕时的时间;辅助作业时间为拖轮驶离拖轮基地至作业地点和驶离作业地点返回拖轮基地时止的时间。实际作业时间由委托方签认,按实际时间计算;辅助作业时间实行包干,由各港务管理部门综合测算确定,报交通部备案。

三、系、解缆费

由港口工人进行船舶系、解缆,按"航行国际航线船舶港口费率表"(表2)编号4(A、B、C、D)的规定,以每系缆一次或解缆一次计收系、解缆费。具体如下:

(1)2000净吨及2000净吨以下船舶在码头,每次收费107元。

(2)2000净吨及2000净吨以下船舶在浮筒,每次收费159元。

(3)2000净吨以上船舶在码头,每次收费213元。

(4)2000净吨以上船舶在浮筒,每次收费318元。

船舶在港口停泊期间,每加系一次缆绳计收一次系缆费。

第7章 邮轮港口经营管理

四、停泊费

（1）停泊在港口码头、浮筒的船舶，由码头、浮筒的所属部门按"航行国际航线船舶港口费率表"（表2）编号5（A）的规定征收停泊费，即0.23元/［净吨（马力）·日］。

（2）停泊在港口锚地的船舶，由港务管理部门按"航行国际航线船舶港口费率表"（表2）编号5（B）的规定征收停泊费，即0.05元/［净吨（马力）·日］。

（3）船舶在港口码头、浮筒、锚地停泊以24小时为1日，不满24小时按1日计。

（4）停泊在港口码头的下列船舶，由码头的所属部门按"航行国际航线船舶港口费率表"（表2）编号5（C）的规定征收停泊费，即0.15元/［净吨（马力）·小时］。

①装卸、上下旅客完毕（指办妥交接）4小时后，因船方原因继续留泊的船舶；
②非港方原因造成的等修、检修的船舶（等装、等卸和装卸货物过程中的等修、检修除外）；
③加油加水完毕继续留泊的船舶；
④非港口工人装卸的船舶；
⑤国际旅游船舶（长江干线及黑龙江水系涉外旅游船舶除外）。

（5）由于港方原因造成船舶在港内留泊，免征停泊费。

（6）系靠停泊在港口码头、浮筒的船舶，视同停泊码头、浮筒的船舶征收停泊费。

（7）船舶在同一航次内，多次挂靠我国港口，停泊费在第一港按实征收，以后的挂靠港给予30%的优惠。

五、港务费

（1）由港口工人开、关船舶舱口，不分层次和开、关次数，按"航行国际航线船舶港口费率表"（表2）编号6（A、B）的规定，分别以卸船计收开、关舱费各一次，装船计收开、并舱费各一次。具体如下：

①2000净吨及2000净吨以下船舶，每舱口收费264元。
②2000净吨以上船舶，每舱口收费530元。

（2）港口工人单独拆、装、移动舱口大梁，视同开、关舱作业，计收开、关舱费。

（3）大型舱口（又称A、B舱）中间有纵、横梁的（包括固定纵、横梁和活动纵、横梁），按两个舱口计收开、关舱费。设在大舱口外的小舱口，按4折1计算，不足4个按1个大舱口计算。

六、货物港务费

凭客票托运的行李，船舶自用的燃物料，本船装货垫绑材料，随包装货物同行的包装备品，随鱼鲜同行的防腐用的冰和盐，随活畜、活禽同行的必要饲料，使馆物品，联合国物品，赠送礼品，展品，样品，国际过境货物，集装箱空箱（商品箱除外），均免征货物港务费。

七、装卸费

（1）港方可根据作业需要使用船舶或港口起货机械装卸货物。使用船舶起货机械时，除按"外贸进出口货物装卸费率表"（表4）规定的船方起货机械费率计收装卸费外，另按"航行国际航线船舶港口费率表"（表2）编号7（A、B）的规定计收起货机工力费，即1.08元/重量吨或0.54元/体积吨。

（2）申请使用浮吊进行装卸作业的，除按"外贸进出口货物装卸费率表"（表4）规定的船方起货机械费率计收装卸费外，另按实际租费向申请方计收浮吊使用费。经港方同意，使用货方或船方自备浮吊进行作业的，按"外贸进出口货物装卸费率表"（表4）规定的船方起货机械费率计收装卸费。

八、工时费

（1）港方派装卸技术指导员在船上指导组成车辆、危险货物、超长货物、笨重货物（钢坯、钢锭除外）的装卸作业，按"租用船舶、机械、设备和委托其他杂项作业费率表"（表7）的规定计收装卸技术指导员工时费。

（2）应船方或货方的委托进行下列作业，按"租用船舶、机械、设备和委托其他杂项作业费率表"（表7）的规定，以实际作业人数，向申请方计收工时费。

①在装卸融化、冻结、凝固等货物时，进行的敲、铲、刨、拉等困难作业。
②除本规则另有规定的外，进行捆、拆加固，铺舱，隔票，集装箱特殊清洗以及其他杂项作业。
③上述作业所需材料由委托方供给，使用港口机械的，另收机械使用费。

九、其他费用

（1）租用港方船舶、机械、设备，船方或货方委托港方工人进行杂项作业，以及由于船方原因造成港方工作人员待时等，均按"租用船舶、机械、设备和委托其他杂项作业费率表"（表7）的规定计收费用。

（2）租用码头、浮筒进行供油、供水等作业，由租赁双方协商付费。

（3）通过港区铁路线的集装箱，按"集装箱铁路线使用费、货车取送费率表"（表8）的规定计收铁路线使用费。

（4）使用港方机车取送的集装箱，按"集装箱铁路线使用费、货车取送费率表"（表8）的规定计收货车取送费。

（5）出口货物或集装箱退关时，按实际发生的作业项目向货方计收费用。

本章小结

邮轮港口企业经营面临的外部环境主要有政治法律环境、经济发展环境、技术环境、产业环境、社会环境等。

信息革命对邮轮港口具有以下影响：①信息技术提高了港口生产效率；②信息技术的应用提高了港口对邮轮的服务密度；③在信息充分的情况下，港口资源能得到最佳合理组合；④信息的畅通保障了港口生产的安全；⑤信息技术的应用提高了港口服务的质量；⑥信息技术促进港口的专业化发展。为此，邮轮港口必须积极应对信息革命的影响，做好充分的准备。

邮轮港口企业经营管理的结构有高度的复杂性,其所涉及的业务主要有为船舶提供的服务、游客上下船、设施的供应和管理等,这些港口业务既可以由一家码头企业的业务全部覆盖,也可以分别由多家企业经营。

我国目前尚无关于邮轮港口经营性收费的专门规定,因此邮轮港口收费主要参照《中华人民共和国交通部港口收费规则(外贸部分)》的相关规定,主要涉及 9 个方面的收费:引航、移泊费;拖轮费;系、解缆费;停泊费;港务费;货物港务费;装卸费;工时费;其他费用。

思考题

1. 简述邮轮港口企业经营面临的主要外部环境。
2. 信息化对邮轮港口经营有哪些影响?
3. 简述邮轮港口经营管理的主要职能。
4. 邮轮港口经营性收费有哪些主要方面内容。

 案例分析

广西北海将大力开发国际邮轮航线

北海邮轮码头项目是广西壮族自治区统筹推进的重大建设项目,设计标准为年通过能力 200 万人次,是目前我国南方在建年接待能力最大的邮轮码头。该项目 2010 年 7 月 30 日正式动工建设,目前一个 5 万吨级、两个 2 万吨级的邮轮码头工程建设已完成,两个码头已预留 10 万吨级和 5 万吨级水下基础工程各一个。联检大楼、候船厅、配套服务设施等项目正紧锣密鼓推进,预计 2016 年年底前投入使用。届时,从该邮轮母港起航开往东南亚的国际邮轮有望达到 5 艘以上。这也将改变往来北海和东盟城市邮轮因没有专用泊位被迫停靠散货作业区码头的弊端,提升北海旅游城市形象。

广西北海市市长林山青 2016 年 1 月 13 日在北海市第十四届人民代表大会第七次会议上表示,处于广西北部湾核心区域的北海将加强与东盟各国的海洋合作,加快发展海洋经济,打造经济发展新引擎。

广西北海是"海上丝绸之路"最早的始发港之一,也是全国 14 个沿海对外开放城市之一。一直以来,北海都是广西的海洋强市。

"十二五"时期,北海的海洋经济产业可谓硕果累累。其中,2014 年,北海市海洋经济生产总值达到 345 亿元,比 2010 年翻了一番,海洋生产总值占全市 GDP 的比重已经超过 4 成,占广西海洋生产总值的比重超过 1/3。2015 年,临港新材料产业园完成产值 320 亿元。同年,北海同海南省海口、三亚市共同被列入我国在西南沿海规划布局的邮轮始发港,国家海洋局第三海洋研究所北海基地正式揭牌。全国海洋经济调查时,北海被列为首批 3 个试点城市之一。

此外,国家珍珠产业综合标准化示范区、广西南洋船舶工程有限公司修造船厂工程、北部湾海洋重工万吨级船舶修造厂等一批海洋强市项目建设正顺利推进。

北海市"十三五"规划纲要(草案)指出,北海市将大力开发国内国际邮轮航线和特色邮轮航线旅游产品,引进有实力的国际邮轮公司,发展高端邮轮商务;加快推进中国——东盟(北部湾)现代渔港经济区,建设水(海)产品线上线下电子交易中心和冷链物流中心;同时,逐步建立面向东盟的海洋科技合作交流平台、人才培训基地,加强与东盟各国海洋科研、海洋环保、海上安全等方面合作;力争到2020年,将北海建设成为广西临海先进制造业和新兴海洋产业的聚集地、北部湾特色海洋旅游城市和休闲度假区。

林山青指出,"十三五"时期,将加强与东盟各国的海洋合作,建设国际海洋交流中心。加快推进中国——东盟现代渔港经济区建设,引导水产品加工企业聚集发展。大力开发国内国际邮轮航线,推动延伸中越海上国际旅游航线,打造北部湾高端游艇俱乐部。完善港口基础设施和港口集疏运体系,增开国际客货运航线,建设21世纪海上丝绸之路国际港、服务西南中南地区的亿吨大港和邮轮母港。

(资料来源:中国经济网.http://www.ccyia.com/news/xingyexinwen/2016/0118/2806.html。)

结合案例思考以下问题:

1. 简述北海市邮轮港口经营面临的外部经济环境概况。
2. 试分析北海市邮轮港经营需要哪些方面的政策措施。

第8章 邮轮港口运营管理

本章导读

尽管全球可以挂靠邮轮的码头有900多个,但必须看到,中国多数港口城市腹地客源不足、集散不便、商品供应能力不强、当地邮轮维修服务不完善、始发邮轮班次少以及受到母港布局、口岸管理、邮轮航行等诸多制约,相当长时间内很多港口不具备发展成为邮轮母港的条件。

我国邮轮港口运营绩效不佳,很重要的一个原因就是邮轮港口运营服务不规范。本章主要介绍邮轮港口运营管理的相关内容,包括国际邮轮母港运营服务体系、国际邮轮母港运营服务标准,同时介绍上海和天津等邮轮母港的运营现状。

第一节 国际邮轮母港运营服务体系

一、邮轮母港的功能要素

(一)水域及码头

邮轮港口水域应尽量满足邮轮全天候进出港的要求。虽然邮轮有大型化的趋势,但其吃水并不是很深。

邮轮干舷以上部分很高(50米以上),邮轮港选址应保证有足够的净空。

邮轮对码头结构本身没有特别的要求。

(二)泊位

邮轮港泊位的长度和水深应满足现代超级邮轮的停泊要求。

(三)客运大楼

满足游客短暂停留、快速通过的客运大楼是邮轮港的必备设施。客运大楼内可以实现旅客的候船休息、行李提取、验票、安检、通关、上下船等。为配合旅客休憩及消费的便利,客运大楼应提供多元的休憩活动服务,包括购物、消费、水上活动、咨询导览和交通运输。

(四) 上下船设施

邮轮港口需要设置便捷的上下船设施。多数邮轮码头都采用登船桥+登船机的模式。

为适应潮位的变化和舱门位置的不同,登船机可以实现水平移动和竖直方向上的调节,使登船口和邮轮舱门保持对接。

登船机后方设置登船桥,与客运大楼相连,形成便捷的上下船通道以及实现客运设施的封闭管理。

(五) 物资补给

邮轮母港应给邮轮提供各种补给和物资运送服务,因此港口应配备适当的储存和作业区。

以观光为主的邮轮港,港区是否美观会直接影响到对旅客的吸引力,应通过适当的立面处理来隐藏作业区。在邮轮港规划中,将休憩区和作业区做适当的分割是必要的,以避免作业区对环境的冲击。

(六) 行李处理

邮轮乘客一般携带行李较多,在管理方式上,旅客和行李一般是分离的,这和机场管理比较相似,不同之处在于机场行李是由旅客进行托运,邮轮上则需要由服务人员将行李送至旅客的房间。

邮轮乘客行李一般每人2~3件,这比普通国内旅客要多。行李一般在验票前和出关后送取,在船上则需要在旅客房间交接,这就需要有完善的管理措施,一般邮轮码头设有专门的行李处理设施。

行李处理区的最小面积通常是每个旅客1平方米。另外,还应考虑进出通道、海关检查和休息室所需的面积。

(七) 对外交通

对外交通联系存在广义和狭义之分。

狭义的对外交通联系指具体的邮轮港口的对外交通联系,具体方式包括公路、城市铁路等;交通工具包括大型巴士、出租车、地铁等。

广义的对外交通联系指邮轮港口所在城市的对外交通设施,具体包括公路、铁路、航空、水运等。

对于邮轮母港,由于邮轮乘客来源广泛,往往对航空运输要求较高,单艘邮轮的载客量可接近大型客机的10倍,邮轮港口的高效运行需要机场充足便捷的航班保障以及邮轮港口与机场之间交通、管理、票务方面的无缝衔接。

对于一般性邮轮港口,邮轮码头只是旅客上下船的节点,只需要通过交通工具实现到市区的快速集散即可,一般采用巴士或自驾车等。

对于综合性邮轮港口,除邮轮乘客外,往往还承担部分城市功能,需要考虑其他旅客及市民的交通需求,因而在交通规划上需要综合考虑各种交通方式的便捷衔接,形成交通枢纽。

第8章 邮轮港口运营管理

(八)停车场

小汽车到港比例的高低,与当地的大众交通运输系统的发展程度有关。

北美地区由于大部分城市的公共交通发展不完善,因此港口的停车设施需求量较大,而欧洲和亚洲地区(中国香港及新加坡)则是搭乘公共运输系统,故港口整体的停车需求较少。

(九)住宿

邮轮母港的旅客中有20%到25%在邮轮假期开始前或结束后需要住在港口所在城市内,等待邮轮或者航班,故需要有足够的酒店住宿服务。

二、邮母港服务接待流程

(一)概述

邮轮港服务接待流程大体如下:
(1)邮轮停靠港口;
(2)行李分类转运(根据团体或是否需要搭乘班机离开);
(3)旅客下船顺序(根据团体或是否需要搭乘班机离开);
(4)检修和补给;
(5)旅客及行李登船;
(6)邮轮离港。

(二)登船流程

由于邮轮旅游涉及进出境,故抵达邮轮港前须通过安全检查点,类似于收费站的形式,由稽查人员进行检查,并可要求检查可疑行李,车辆也可能受检,以维护港口整体安全。目前,吴淞口邮轮港未进行车辆检查,碰到亚信峰会等特殊情况时才进行车辆检查。

通过检查点后,港区内详细的指引可以直接将旅客引导到邮轮旅客客运大楼,户外空间类似国际航空航站。进入旅客客运大楼即可准备卸下行李,搬运工将协助处理,并确认每个行李的邮轮辨识标签和旅客身份标签,搬运工会将所有的行李装进一个行李钢笼,以便运送至邮轮内部。

旅客进入客运大楼后,既定的指引提示可以引导旅客办理所需的登船手续。在客运大楼内的第一个检查点将要求旅客出示相关文件,包括护照、船票等。通过后需接受安全检查,其设备与航空机场的X光设备相同。完成行李及个人检查后,将引导旅客至服务柜台区,相关服务人员将在此检查身份证明文件、船票、护照、签证及信用卡。信用卡在此预刷,类似在旅馆登记的信用卡预刷手续。完成后发给旅客一张印有姓名的塑胶卡片,为旅客的登船票、房间钥匙和船上的消费登记卡(邮轮内的一切消费不以现金形式交易)。完成相关手续后,游客便可至候船室等候上船。多数大型邮轮客运大楼会采用类似于机场使用的空中连接通道,直接将旅客引导上船。

(三)离船流程

要求旅客于前一天晚上将行李置于船舱门口,并由邮轮工作人员在晚间将所有的行李整理好,以便邮轮靠岸后先行卸货。邮轮工作人员会在旅客准备下船时将之分组以区分下船时间,以此减少离船高峰的阻塞。等候下船的旅客在大厅集合,旅客大约在靠岸1.5小时后开始下船。

另外,有其他既定游览行程或者搭乘航班的旅客可优先下船。在等待下船的同时,要求旅客完成报关表,登记所有在旅游期间购买的物品,报关时向官员提交所有文件供检查。完成后至行李传送带提取行李。此部分程序与乘航班相同。

客运大楼出口备有等候区。

第二节 国际邮轮母港运营服务标准

一、国外邮轮港口服务接待标准

(一)国外邮轮港口建设的环境条件及服务设施标准

建设国际邮轮港口,一般取决于港口是否拥有足够水深的航道、区位、泊位、用地和必要的导航设施,提供高效率的船舶联检、引航、拖带服务,提供淡水、燃油、船用物料、食品、商品供应和相关服务,同时应兼顾景观、交通及近远期发展的合理性。其硬性环境条件主要包括港口条件、客运通关设施、船舶供应服务、城市交通、景观、环保以及旅游服务(见表8-1)。

表8-1 国外邮轮港口建设环境条件、服务设施与要求

硬件环境条件	内容	标准与要求
港口条件	水深	一般均要求10米以上通畅水深
	地理	一般应与港口的货运装卸区分开,或存在条件的城市设立专用的邮轮码头
	区位	尽量靠近城市中心和旅游景点
	码头	码头岸线以及功能开发需结合邮轮旅游的开发
	航线规划	母港需提供游客集散、加载燃油、补充物资和养护维修邮轮的功能,挂靠港只是邮轮航线的途经点
客运通关设施	设施要求	主要包括停车场、游客候船、保安、安检、通关、行李搬运和领取、票务、办理登船手续、游客上下船升降舷梯等主要功能
	通道	液压升降通道,邮轮与候船大楼之间实现直通
船舶供应服务		一般包括油料、淡水、配件、食品、物料,通过专业的供应商提供服务,由外轮代理公司负责结算

续表

硬件环境条件	内容	标准与要求
城市交通	市内交通	邮轮停泊位置尽可能靠近市区,方便游客就近消费和自由行动;公共交通线路、轨道交通和出租车待客区应该尽可能地贴近候船大楼,力争实现零换乘;要处理好码头区各功能的交通联系,尽可能创造人车分流的交通环境
	码头区内部服务	码头区内部服务线路应保持通畅和隐蔽,对外应保证码头区域与城市交通系统之间的便利衔接,做好邮轮与码头之间的装卸安排。应有足够的停车位,建立与邮轮客源市场连接的完善航空网络
景观		应处理好码头区内各功能体之间的空间关系,形成有吸引的城市节点
		对确定的重点建筑(如客运大楼),应精心设计,达到现代感与地方性的完美统一
环保		要系统控制四个方面:水污染防治、大气污染防治、噪声控制、固体废物处理
旅游服务	旅游设施	候船大厅应设置旅游信息咨询服务和自助查询系统,向团体游客提供一条龙的团体旅游预订和接待服务,也需要为愿意自助旅游和自由活动的游客提供周到的个性化服务
	餐饮购物	大量的超市和便利店等,满足临时需求的餐厅,要与综合体的设置错位

（二）国外邮轮港口的内部功能要求及服务流程标准

目前,国际上邮轮码头的开发标准主要采用由美国 CBP（美国海关和边境保护局）所指定的一系列规范。CBP 设计的邮轮旅客处理设施标准,简称邮轮码头设计标准（CTDS）,是为了设计和建造 CBP 设计的邮轮旅客处理设施标准所采用的国家政策、程序、设施标准。这些技术设计标准,作为市政港口当局、建筑师/工程咨询公司、港口运营商、交通运输线路管理者的主要参考文件,包括了所有参与 CBP 邮轮旅客处理设施标准的策划、设计、装修等内容。这些标准是为了提供明确的指导和协议,建立最低的设施设计要求,提出规范的 CBP 的邮轮乘客处理设施程序（见图 8-1）。这些标准与适当的法律、法规和规章相适用,它不是一个包罗万象的文件,而是一个设施开发指南。这些标准在 CBP 裁决范围内将得到不断调整、扩充和更新。

在国外邮轮码头的管理运营中,应满足港口交通建筑运营业务的需求,为高效港口运营业务提供保障,满足对各类现代化港口管理信息化的需求。

设计和建造规则旨在帮助设计者和建造者设计和建造 CBP 乘客接待服务系统,供二级服务后勤区域和其他相关设施之用。

表 8-2 介绍了国外港口所需内部装置、设备的要求与标准。

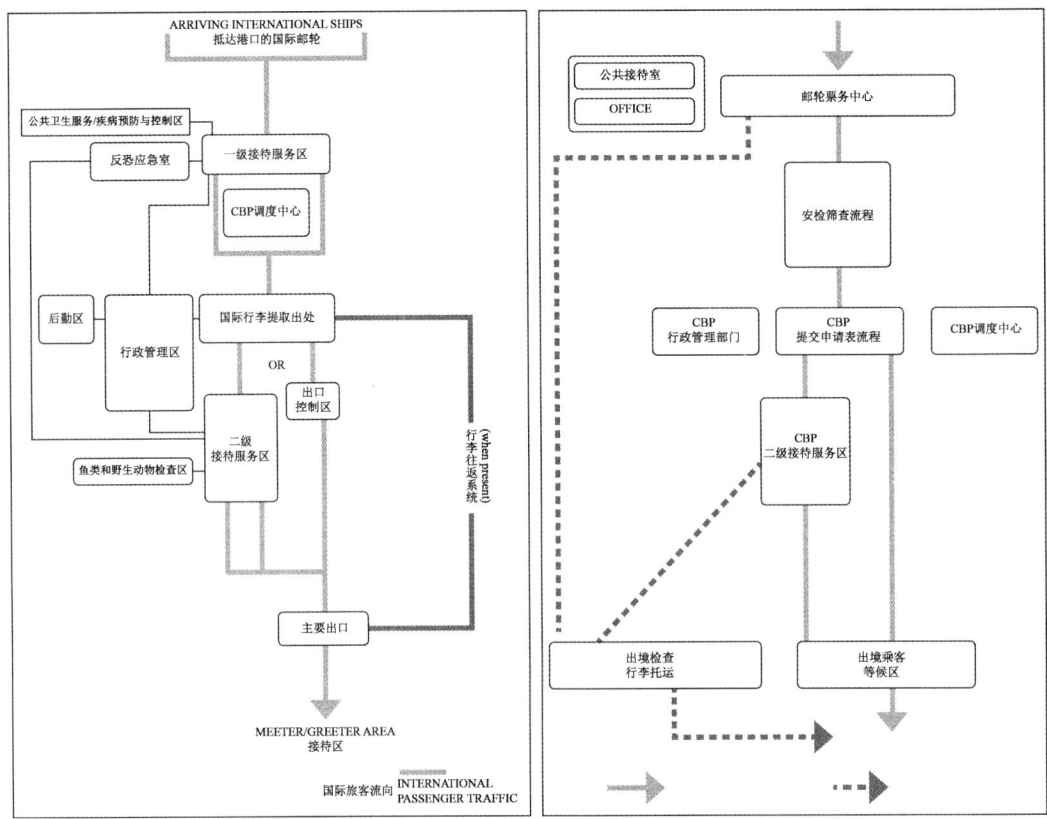

图 8-1 CBP 流程

表 8-2 国外港口所需内部装置、设备的要求与标准

内容	要求与标准
舷梯	舷梯与 CBP 初级乘客接待服务系统相连
	CBP 协调中心必须确保走廊系统和舷梯正常、有效运转
	CBP 应该能及时发现违反联邦审查服务规定的行为,并且要有实时彩色编码图形显示、声响报警和闭路电视显示器
封闭走廊系统	必须用不透明的障碍物分离乘坐国际邮轮到达的游客和其他不进入封闭走廊系统的游客
	乘客的队伍应该保持直线并尽可能短;中间不能有任何形式的障碍物,包括横穿的交通流
	CBP 工作人员和经过许可的人员才能在 CBP 运转期间进入联邦检查服务(FIS)系统
	和 FIS 区域连通的门都要装闭路电视录像设备,以确保检查到所有范围,这些门还要装自动化控制设备和异常功能报警装置

续表

内容	要求与标准
封闭走廊系统	整个封闭走廊系统还应该覆盖有无线通信网络
	需要一个广播设备房
	进出安全走廊的门和安全出口必须有安全控制系统监控
	洗手间不可以设置在封闭走廊系统内
CBP 初级乘客接待服务区	初级乘客接待服务区(一级接待区 PPA)最前面是乘客排队用的接待大厅
	乘客接待区的设施包括:表格柜台,排队等候区和初级接待服务通道,初级接待服务柜台,足够的残疾人轮椅和让乘客填写文件所需的空间
	乘客和船员所排的队伍是分开的,需要进一步检查的乘客会被带到二级乘客接待服务区
表格填写柜台	每10个初级接待台应该至少配备一个16平方米的表格填写柜台,并且其位置应该在乘客队伍的最后方
	柜台里不能设置有任何废弃物的存储容器
排队等候区和初级接待服务通道	可能有两种排队方式:第一种是每个队伍对应一对背驮式柜台;第二种是每个蛇形队伍对应一个柜台
	排队区的初级乘客接待服务柜台前还应该配有可移动式隔离带。排队区的面积大小由初级接待服务区柜台的大小来决定
初级乘客接待服务柜台	一台电脑和照相机、指纹识别器
	照明设备,覆盖范围最少21米
	黑光灯,必须放置在工作人员的正前方和上层柜台的底层
	柜台通信系统以及柜台胁迫报警系统
CBP 协调中心	需要监控国际乘客和行李的活动路径
反恐应急反应室	其位置应该在初级乘客服务区的旁边
先进的乘客信息系统	收集乘客的履历和传输数据给 CBP,CBP 使用预警系统对数据进行合并,提供给联邦执法机构间边境检查系统(IBIS)

二、国内邮轮港口服务接待标准

由于邮轮旅游在中国尚处于起步阶段,国内并没有针对邮轮旅游制定专门的法规标准,相关单位采取了邮轮运营各个环节涉及的国际、国内规则和标准作为现阶段邮轮旅游在中国发展所需遵行的行业法规及标准。

目前国内现有的针对邮轮港口服务规范标准只有《国际邮轮口岸旅游服务规范》(LBT017—2011),该标准规定了国际邮轮口岸旅游服务的基本要求及服务内容、服务设施、安全、卫生、信息传递、管理等质量要求。该标准适用于国际邮轮口岸提供邮轮旅游服务的承运人、港口经营人、口岸查验监管人、邮轮口岸旅游经营人等各服务主体。

(一)接待服务的基本要求

1. 接待安排要求

(1)口岸各服务主体应通过联席会议、定期会商等方式,互相沟通、密切配合,保障有特定时限要求的邮轮旅游活动按预定的计划实施。

(2)承运人、港口经营人、口岸查验监管人、邮轮口岸旅游服务经营人等应利用各种类型媒体发布服务信息,信息内容应真实、准确、完整、有效。

(3)承运人及其代理人应按相关行政主管部门规定的时限办理完成邮轮进出口岸代理服务的一切手续,积极与口岸查验监管人沟通,及时协助解决各类突发问题,保障邮轮的旅游者和船员顺利出入境。承运人及其代理人应当主动向港口经营人、邮轮口岸旅游服务经营人通报旅游者的具体人数、下船旅游线路等信息。

(4)港口经营人应对旅游者提供集聚、疏导和候(接)船服务,及时引导旅游者上、下船,维持秩序,协调、配合口岸查验监管人作业,提高通关速度;主动防范、调解服务场所内发生的矛盾纠纷,涉及治安管理的问题,应向驻口岸或当地的公安部门报告。

(5)口岸检验监管人应对邮轮旅游者提供及时的通关服务,保障出入境邮轮的旅游者随到随检,在口岸检验监管行政主管部门规定时限内,便捷、高效地通关。

(6)邮轮口岸旅游服务经营人应提供旅游产品以及文艺演出等各种配套服务。

2. 服务要求

(1)邮轮口岸各服务主体应在旅游团(者)抵达后,提供热情、友好的接待,主动、礼貌地提供引导、咨询服务。

(2)履行包括服务时间(含时限)、服务项目和服务质量等内容的服务承诺。

(3)对老人、孕妇、儿童、怀抱婴幼儿的妇女、残障者等需重点照顾的旅游者主动提供相应的服务。

3. 港口经营人服务要求

(1)邮轮抵达时应有专人迎接、引导,有序协调旅游者分流,应当协助旅游者填写各类单表。

(2)旅游者登船或离船时应有专人引导,通道畅通,要有专人守护。

(3)应准时、准确接收交付、提取行李;有行李保管服务项目,宜设特大行李特殊搬运服务。

(4)应向入境的旅游者发放含有邮轮停泊具体位置及交通示意图的信息卡。

(5)停车场服务应有专人管理、协调,车辆分类停放,进出有序,避免车流混杂、人车交叉。

(6)应有便捷的集聚、疏散旅游者的公共交通引导服务,合理布局公共交通、出租车引导指示牌。

(7)应有服务监督电话(箱),并予以公示。

4. 旅游服务经营人服务要求

(1)接受承运人(或海外旅游运营商)接待邮轮旅游者的委托后应认真研析、编制、周密下达邮轮旅游的接待计划,合理安排旅游日程,细化落实导游、车辆、景点、餐饮等业务;提供导游,陪同邮轮旅游团(者)进行游览活动。

(2)接待邮轮的大型旅游团队时,应视团队人数派出多位导游,一般每辆旅游客车派一名导游;派出多位导游时应指定其中一位为负责人,负责总协调。

(3)邮轮口岸旅游服务经营人派出的导游,应自始至终地参与邮轮旅游团全程程活动,引领邮轮旅游团(者)进行观光游览,负责按计划实施接待,并协调翻译、司机、地陪等接待人员的关系。

5. 接船前准备工作要求

(1)认真查阅接待计划及相关资料,了解旅游团(者)的全部情况,注意掌握其重点和特点。

(2)做好必要的物质准备,确认接待用车数量、车内设施、车内卫生、司机的有效证件,督促司机预习旅游线路。

(3)组织接待前分析会,提前熟悉游客出团名单表,检查、确认接船服务人员的服装、证件、车标、旗帜、景点及用餐票据等的落实情况。

(4)提前(不低于一天)向港口经营人确报进入口岸的旅游用车和专配的接待邮轮团队工作车辆的计划。

(5)凡有大型旅游车队出行,宜事前向相关景区及游览沿线的公安、交通部门通报旅游车队的行程,力求取得支持,保障交通畅通。

6. 接船服务要求

(1)应提前一小时由导游携带车辆到口岸等候邮轮靠泊,迎候旅游团(者)。

(2)接到旅游团(者)后,导游应与承运人的代表核实团队有关情况。

(3)导游应代表邮轮口岸旅游服务经营人向旅游者致欢迎词。欢迎词应包括欢迎、介绍自己及所属企业、介绍司机、介绍本团旅游路线、表示提供服务的诚挚愿望等。

7. 游览活动服务进行时要求

(1)讲解服务应语言生动、语速适中、语言清晰、内容丰富、文明规范。

(2)关注全团的行进速度,关注司机按规定车速行驶,保障行车安全。

(3)游览进行中及时向饭店或餐厅、景区(点)预告旅游车辆抵达的具体时间。

(4)应将导游本人和服务机构的电话号码告知旅游者,以备迷路、走失时可及时联络。

8. 游览景点服务时要求

(1)游览景点过程中导游应自始至终与旅游者一起活动,随时清点人数,以防走失。

(2)在景点游览过程中,导游应与景点导游密切配合,保证在计划时间、预定线路、计划费用内,旅游者能充分地游览、观赏。

(3)应讲解与引导游览相结合,适当集中与分散相结合,劳逸适度,并特别关照年老体弱的旅游者。

9. 就餐服务要求

(1) 应提前向预订团体用餐的饭店或餐厅,通报用餐时间、用餐具体人数、用餐菜谱、旅游者特殊餐食、餐具的需求。

(2) 应引导旅游者入座进餐,并介绍菜肴的名称、特点等。

10. 旅游者购物时服务要求

邮轮旅游团(者)有购物需求时应:

(1) 带领旅游团(者)前往经商业或旅游行政主管部门认可的为邮轮旅游服务设置的购物场所(或特设的专业商店)购物。

(2) 向旅游者介绍本地商品的特色、品种,由旅游者自行选购,严禁强制旅游者购物。

(3) 向旅游者提供购物过程中的翻译,介绍托运手续等所需要的服务。

(4) 注意掌控购物的时间,防止耽误行程。

11. 游览结束时服务要求

(1) 游览活动结束时,应做好送返旅游团队(者)回邮轮的服务,妥善处理遗留问题。

(2) 诚恳地征求旅游者对接待服务工作的意见或建议。

(3) 待旅游团队(者)全部进入口岸后导游方可离开。

(二)服务设施与服务项目的质量要求

港口经营人的服务设施应满足以下要求。

(1) 应有贵宾休息室,专人接待。

(2) 应有与旅游者高峰值相匹配的迎客厅、候船处(厅),迎客厅、候船处(厅)宽敞、明亮,服务周到,有休息的座椅,提供饮水供应等服务。

(3) 应有婴、幼儿休息室,配备婴儿专用的辅助服务设施。

(4) 应有与旅游者高峰值相匹配的行李手推车,取用方便,摆设整齐、有序,回收及时。

(5) 应有行李运行系统,其信息、监控、接受、交付等运作良好。

(6) 应有银行外汇兑换点、公共电话、邮箱、免税商店等服务设施。

(7) 应有轿车、旅游客车等车辆的分类停车场,停车场总车位数与客流高峰流量相匹配。

(8) 应有出租车、公共交通车专用的停车泊位、专用车道;设防雨、防风、防晒的设施。

(9) 宜配置轮椅、担架等帮助残障者的服务设施。

(三)安全要求

1. 健全的安全、保安制度

港口经营人应建立健全的安全、保安制度,其制度符合国际海事组织(ISPS)《国际船舶与港口设施保安规则》的要求。

(1) 应有处理恶劣气候、公共卫生、防台防汛、灭火应急疏散、安全生产、窗口服务及突发事件等处理应急预案,并定期组织实施演练、演习,记录台账完整、完备。

(2) 应有上下船安全设备,候船和上下船场所的安全设备应符合 GB/T16890—2008 中 7.3.1、7.3.4 的要求。

(3) 应有专人维持登轮廊桥等关键部位的秩序,避免伤亡和落水事故的发生。

（4）安全标志齐全、醒目，口岸各处通道畅通，重点部位有中英文警示牌。相关标志分别符合 GB2894—2008、GB13495—2015 的要求。

2. 突发事件的应急预案

邮轮口岸旅游经营人应有处理游旅服务突发事件的应急预案；处理突发事件应符合 GB/T 15971—2010 附录 A 的规定。

（四）卫生要求

（1）口岸各服务场所的卫生状态应符合国家卫生行政主管部门有关卫生要求的相关法律法规，建立卫生制度，责任到人。口岸的站容、站貌应符合 GB/T 16890—2008 中 7.1 的要求。服务场所的空气质量等各项卫生标准值应满足 GB 9672—1996 中 3.1 的要求。服务场所的集中式空调通风系统应符合卫生部《公共场合集中式空调通风系统卫生规范》的要求。

（2）为旅游者服务的卫生间设置、卫生标准不应低于 GB/T 18973—2003 中的三星级标准要求，并有卫生保洁养护作业制度。

（3）供水和饮水水质应符合 GB 5749—2006 的规定。

（4）公共场所用品卫生应符合 WS 205—2001 的相关规定。

（5）口岸的服务人员应身体健康并无传染病，持有国家卫生行政主管部门规定的《健康证》。

（6）邮轮口岸旅游服务经营人应按 GB/T 15971—2010 中 4.1.1 的要求，提前核查接待邮轮旅游者场所的卫生状态，确认其卫生质量符合相关的卫生标准。

（五）服务信息传递要求

（1）口岸各处服务场所应按 GB/T 15566—2007 要求，设置通用、旅游设施及服务的公共信息图形标志。

（2）导向、提示、环境、安全等信息标志应分别符合 GB/T 10001.1—2000、GB/T 10001.2—2006、GB 2894—2008、GB 13495—2015、JT/T 471—2002 的要求。

（3）传递信息应准确、及时、有效。

①公众广播应语言清晰、匀速、自然流畅。

②滚动式电视屏、触摸式多媒体等系统应运作良好，显示流畅、清晰。

③文字传递应使用规范汉字并配英文译文。

④语音传递使应用汉语普通话并配以英语（或与邮轮旅游者相适应的外语），传递时至少重复两次。

⑤应设置自助式查询系统、船期自动显示系统。

⑥服务场所内的旅游咨询服务台，应能向个体旅游者提供推介旅游产品、游览路线等服务信息。

⑦应提供中、英文版本的服务指南或游客须知信息。

⑧火灾应急广播与公众广播合用时，应符合 GB/T 50116—2015 有关规定。

（4）传递信息的基本内容，应有服务信息、特别通告和紧急信息、口岸周边的交通信息。

（六）管理要求

（1）口岸各服务主体应按 GB/T 19001—2008 的需求，建立服务质量管理体系，加以实施和保持。

服务质量管理体系包含服务方针、岗位责任制度、人员培训制度、环境保护和资源节约制度、设施设备维护制度、重大安全生产事故等应急反应制度、食品卫生责任制度、治安保卫制度、治安安全责任制度、投诉制度等。

有员工手册,内容包括服务和专业技术人员岗位要求、主要工作职责等。

(2)口岸各服务主体应有自律的治理机制,应按照口岸查验监管、交通运输、旅游等行政管理部门的质量管理要求,定期自查自评,持续地保障国际邮轮口岸旅游服务品质稳定。

(3)旅游行政管理部门可委托或授权邮轮业的专业或权威行业组织建立行业自律机制,监督、约束、抑制业内违标的现象;为经营者提供信息咨询服务,配合旅游行政主管部门贯彻实施口岸服务标准。

三、国内外邮轮港口服务标准述评

(一)国内外标准比较分析

通过对上述国外邮轮母港接待服务相关标准与国内相关标准的梳理研究不难发现,国外目前在邮轮母港(旅游)服务及建设方面的标准较完备,有专门针对邮轮母港(旅游)服务及建设的标准。尤其表现为邮轮经济发达的国家和地区在邮轮航行、邮轮停靠、游客通关、司法管理、海洋环境保护等方面逐步形成了一套国际通用规程,而且专门针对邮轮的法律也已经历从无到有、由粗到细的逐步完善过程,在邮轮的租赁、海事、安全、旅行、靠泊、出入境等方面已经形成法定规范,为保障邮轮母港的持续健康发展提供了法制保障。同时一些邮轮母港也有针对自身的服务接待标准出台,均体现了国外邮轮母港发展较为完善的特点。

我国目前的情况是发展邮轮经济的时机日益成熟,发展潜力巨大。但是,无论是港口硬件设施建设,还是软件接待环境改善方面仍是困难重重。目前针对邮轮具有聚焦性的标准主要还是停留在国家和地方扶持政策的层面上,仅有一份关于邮轮旅游服务的行业标准。其他前文所略述的标准均是与邮轮相关的或者是目前邮轮母港发展所需要参照的标准,都还空缺。这与我国目前邮轮母港快速发展的态势是不相称的。

(二)国内标准存在的问题

上海现有的《国际邮轮口岸旅游服务规范》(LBT017—2011)实际运用于上海吴淞口国际邮轮母港服务接待工作时,还存在一定的局限性,相关条款不够具体。

1. 服务标准的内容宽泛

《国际邮轮口岸旅游服务规范》是上海的第一个邮轮港口规范,对制定港口详细的服务条款提供了很好的指导作用。但作为一个指定港口的规范条例,其内容太过于宽泛,不适合吴淞口的某些特殊情况,所以为吴淞口港口量身定制港口服务接待标准确有必要。

2. 反馈机制缺失

作为一个服务标准,有效的反馈机制必不可少。服务标准如果做不到双向,就不能保证信息被接收者接收和理解,那么这个服务标准就无法及时更新,甚至被逐渐淘汰。因此,所有的服务标准方式必须有反馈机制,保证接收者接收到。而且反馈机制不可流于形式,它有相当的重要性。

3. 港口应急机制缺失

港口应急机制可以理解为为应对港口的突发事件而制定的规章制度和应急预案。其通常包括预防机制、预警机制、反应机制、控制机制、恢复机制五个主要部分。

(1)启动应急机制的前提是:分析、判断事件的性质、类型及其影响,如果涉及重大的人员伤亡或财产损失,应立即启动应急机制。

(2)应急机制的主要内容是:组成应急小组,制订应急工作计划;确定联络方式方案,保障信息的畅通;开设热线电话,收集各方面资讯;协调有关部门共同开展工作。

应急机制的启动,并非是一种单纯的技术操作,它是面对突发事件的反应能力增强的一种外在表现,更是代表处理突发事件的观念的转变,是危机意识不断增强的表现。

第三节　我国主要邮轮母港运营现状

近年来,随着中国邮轮旅游市场的迅速增长,中国邮轮经济快速起步,港口建设因此也备受关注。建设邮轮母港,不仅可以接待更多的游客,更重要的是其与城市的产业转型、功能升级、环境改善和形象塑造密切相关。

根据中国交通运输协会邮轮游艇分会的资料显示,截至2014年,上海、天津、厦门、三亚已建成5个国际邮轮港口,舟山、青岛、大连、深圳4个城市正在建设邮轮港口,海口、广州、宁波、南京、烟台、秦皇岛6个城市有计划、规划建设邮轮港口。目前中国已建成运营的邮轮港口中,只有位于上海宝山的吴淞港实现了盈利。

同时,中国一些港口已成为亚太地区邮轮航线的重要始发港和环球航线的重要挂靠港。《2014年中国邮轮产业发展报告》的数据显示,2010年中国大陆接待国际邮轮246艘次,2014年这一数字上升到了466艘次,平均每年增长22.3%。预计2015年中国大陆将接待邮轮550艘次,从中国大陆境内乘坐邮轮的人数将达到200万人次。

一、吴淞口邮轮港运营现状

上海吴淞口国际邮轮港自2011年开港以来,接待国际邮轮和游客规模持续大幅增长,2014年游客吞吐量占全国半壁江山,接靠邮轮216艘次,接待出入境游客约110万人次,成为中国邮轮门户港及亚洲最大的邮轮母港。

(一)建设吴淞港的原因

上海作为全国重要的港口城市,拥有上海国际客运中心和吴淞港2个邮轮接待码头。

建设吴淞港的原因,在上海吴淞口国际邮轮港发展有限公司(以下简称吴淞口国际邮轮港公司)副总经理叶欣梁看来,"与其说是政府规划,不如说是市场的选择。"

2008年8月5日,位于上海北外滩的国际客运中心码头(简称上海国际客运中心)首次接待歌诗达邮轮旗下的"爱兰歌娜号"靠泊,成为上海第一个真正意义上的邮轮码头,该码头可同时接待3艘7万吨以下豪华邮轮的停靠。而那时的中国邮轮产业刚刚起步。但这个被寄予厚望的邮轮港口却很快就陷入了尴尬的境地：因为，邮轮的大船时代来了。目前在中国运行的10艘邮轮中，有7艘超过了7万吨。尤其是近两年进入国内的邮轮，大多在10万吨以上。邮轮从公海沿黄浦江驶入上海国际客运中心前，必须经过限制船舶高度的杨浦大桥，因此大吨位的邮轮被挡在了国际客运中心之外。所以，当时7万吨以上的邮轮，只能停靠在外高桥的货运码头。具体而言，每次游客都要在上海国际客运中心过边检、办理各种登船手续，然后再被统一运送到外高桥码头登船，既给边检工作增加了难度，增加了邮轮的运行成本，也降低了游客的体验。

这甚至导致2009年时一度没有邮轮愿意在上海停靠。所以，重新选址，再建新邮轮码头势在必行。"但是具体新的邮轮码头建在哪里，还需要论证。"吴淞口国际邮轮港公司副总经理高艳辉说。

而当时的宝山区正在进行滨江开发，谋求产业转型。

宝山区本是上海的重工业区，其产业支撑是宝山钢铁集团和物流运输业。但随着上海城市功能定位的变化和经济的转型升级，特别是国际航运中心建设的不断加快，宝山原有的货运码头开始逐步外迁，而宝钢的外迁也成定局。这就使宝山区失去了重要的产业支撑，也为滨江地区的开发建设和岸线功能的调整提供了契机，引入新的产业项目成为当务之急。

彼时的宝山区已启动了滨江开发项目，吴淞炮台湾湿地公园建设也初显成效，但是对于一个有着137万常住人口的区域来说，当时的宝山区手中资源有限，必须找一个功能性的龙头项目。

位于黄浦江与长江交汇处的炮台湾船舶基地，原本是一座用于船舶编组、解组的中转基地，最高峰时每天有200多艘为宝钢运输铁矿石及钢材的驳船进出，当时也同样面临着转型问题。三方的需求几乎同时叠加在一起，于是，2009年炮台湾船舶基地被上海市政府确定为新的码头建设地，也就是今天的吴淞邮轮港所在地。

（二）不断挖掘邮轮衍生产业

2009年，宝山区政府与炮台湾船舶基地的所有方——中国外运长航集团有限公司合作，合资组建了吴淞口国际邮轮港发展有限公司，正式启动新港口建设工程。

两年后，即2011年4月27日，随着11.6万吨级别的"钻石公主号"邮轮缓缓靠上吴淞港的码头，船上的游客通过引桥，走出客运大楼，这个基础设施投资9.3亿元，耗时两年多建成的邮轮港口顺利实现了首靠成功。

2012年，吴淞港正式开始运行，并确立了建成国际邮轮母港的目标。当年邮轮停靠60艘次，客流量达到了20万人次。吴淞港建好后，中国邮轮旅游的发展形势远远超出了预料，所以吴淞口国际邮轮港公司的运营非常好。

吴淞港2013年接待邮轮靠泊121艘次，接待邮轮游客60万人次；2014年这一数字上升到了216艘次和110万人次，分别增加了79.3%和85%。而且，2014年吴淞港接待邮轮靠泊艘次占全国总量的46%，全国64%的邮轮游客通过吴淞港进出。2015年吴淞港接待邮轮靠泊280艘次，接待邮轮游客超过150万人次，这超过了新加坡港口，使吴淞港成为亚洲第一大邮轮母港。更重要的是,吴淞港从2012年正式运行开始,年度收入就高出了年度各项支出。这在国际的港口运营中也是很少见的。数据显示,2014年吴淞港的收入达2亿元,实现盈利约1500万元。

这种盈利不仅得益于中国蓬勃发展的邮轮旅游市场,更关键的是对邮轮衍生产业的不断挖掘。最早的时候,该公司有80%的收入来自港务费,但是到2014年,吴淞港传统港务收入的比例已经下降到了六成多,其他业务收入的比例则不断增加。

吴淞口国际邮轮港公司的管理层认为,真正意义上的邮轮母港要能够为邮轮经济发展提供全程、综合的服务及其配套。

因此,吴淞港不断围绕邮轮完善各种服务和商业的配套。2013年6月,吴淞口国际邮轮港公司与歌诗达邮轮公司签订协议,港口将逐步参与歌诗达邮轮公司的全球采购项目,最终成为地区级的独家船供代理商。一位不愿意透露姓名的专家预估,仅这项业务每年就可为吴淞港带来约6000万元的收入。

船工劳务输出也已成为吴淞港新开辟的重要业务之一。2014年,吴淞口国际邮轮港公司与歌诗达邮轮公司达成了培训输送中国船员的协议,目前已成功为其输送了1000名中国船员。

此外,吴淞口国际邮轮港公司还建立了自己的旅行社,开辟了广告业务和其他港务商业服务。

(三)成为母港的差距

全球可以挂靠邮轮的码头有900多个,而真正成为母港的不到20个。吴淞港想要成为真正的邮轮母港,还有较大差距。

(1)硬件方面的差距。在世界的邮轮母港中,吴淞港2.4万平方米的建筑面积并不算小,但是真正用于游客办票、停留休息的空间却十分有限,只占整个客运大楼不到1/3的空间。两船同靠时,每天约有1.5万人次需要经由客运大楼进出码头,空间显得十分局促。

(2)港口的服务管理水平也需要进一步提升。由于吴淞口国际邮轮港公司是由宝山区政府与中国外运长航集团有限公司合资组建的,港口的工作人员也都来自双方。因此,原本从事货运服务的人员转而从事客运服务工作,还需要更多的适应和培训。

(3)港口的管理模式和信息化管理方面也有很大的提升空间。比如,邮轮港口的运行中,固定员工越多,企业的成本越大,因此世界一流的港口一般只有少量的固定职工。"英国的一个邮轮港口公司,只有5个固定工人进行日常管理,其他业务都是外包给专业公司完成。"叶欣梁说。吴淞港目前仅编制内员工就有100多人。

(4)港口周边配套和商业配套缺失。比如,以吴淞港为中心,500米的辐射范围内没有对接港口的地铁交通,距离吴淞港最近的地铁站直线距离有1.5千米。吴淞港周边目前还没有观光、购物、餐饮、娱乐设施。

(5)围绕邮轮的产业配套也不健全。在这方面,宝山还需要提供更多的优惠政策,吸引更多的供货商在宝山注册。

二、天津邮轮港运营现状

2010年6月投入运营的天津国际邮轮母港,位于天津港东疆港区最南端,规划面积

1200平方米,辐射范围包括京津冀、东北三省、华北五省市、西北五省区。

天津国际邮轮母港提供的数据显示,该港2015年对周边经济的贡献达到48.1亿至77.4亿元。2016年天津国际邮轮母港运营的豪华邮轮预计有150艘次。

(一)五年实现"快""新""优"

随着经济迅猛发展,天津自贸区获批和京津冀协同发展战略的实施,天津邮轮产业获得了难得的发展机遇。

据介绍,经过五年时间的发展,天津国际邮轮母港总体呈现出"快""新""优"三大特点。

1. 接待邮轮艘次及旅客人数增速"快"

2015年天津国际邮轮母港接待国际邮轮102艘次,比2010年增长255%,其中母港邮轮91艘次,比2010年增长506%;进出境旅客预计47万人次,比2010年增长540%,其中母港进出境旅客45万人次,比2010年增长843%。

2. 区域邮轮发展政策"新"

天津国际邮轮母港坐落在天津滨海新区东疆港岛,享受滨海新区"先行先试"优惠政策,2013年获批国家旅游局"中国邮轮旅游发展实验区",2014年获批交通运输部"开展邮轮运输制度创新试点"。特别是2015年天津自贸区获批建立,邮轮母港公司享受自贸区优惠政策,大力推进投资便利化、贸易自由化、金融创新和海关监管制度的创新,为邮轮产业链延伸,开展邮轮船供等综合配套业务奠定了良好的政策基础。

3. 邮轮接待软硬件条件"优"

2013年年底,随着东疆国际邮轮母港二期工程建设完工,码头泊位总长度达到1112米,能够满足两艘国际邮轮同时停靠的需要。同时,长85米、4.5米低标高特制码头岸线能够满足低潮位时国际邮轮装卸托运行李及物料的作业需要。此外,日益完善的服务设施和不断提高的服务水平也使邮轮公司和旅客的满意度持续提升。例如,东疆海事局以"星级化标准,零距离服务"为理念,打造了一支"业务精湛过硬""服务热情贴心""行政务实高效"的星级管理团队,形成了一套具有自身特色的"四精四心"服务工作法,用智慧和勇气守护了邮轮平安。

天津国际邮轮母港良好的条件,吸引了世界著名邮轮公司前来开展业务。至今,已有皇家加勒比邮轮公司、歌诗达邮轮公司、公主邮轮公司、海航集团等多家邮轮公司在天津开辟母港航线,主要运营天津至济州、仁川、福冈、长崎等多条旅游航线。

(二)邮轮公司"扎堆"聚集天津

天津的母港邮轮航季比往年进一步延长,由之前的6个月延长到8个月,这是2015年天津国际邮轮母港最大的看点之一。

往年天津的母港航季最多就是从5月到10月,2015年母港邮轮从5月一直运营到年底。歌诗达"大西洋号"邮轮2015年常驻天津港,在天津"过冬",完成了跨年度连续运营,游客可以第一次实现在天津出发的邮轮上体验圣诞和元旦的欢乐时光。

2015年天津母港的邮轮公司区域聚集度进一步提高,全年共有四家邮轮公司的6艘邮轮在天津运营日韩航线,其中"海洋水手号""蓝宝石公主号"和"海洋量子号"都是首次在天津运营母港航线。

2015年5月,皇家加勒比邮轮公司的"海洋航行者号"率先回到天津,运营母港邮轮航线,7月"海洋水手号"首航天津港,掀起暑期邮轮热潮,10月23日万众期待的"海洋量子号"来到天津,为北方邮轮旅客带来全新的邮轮体验。

2015年6月,歌诗达邮轮公司将极具欧洲风格的"大西洋号"邮轮派驻天津,运营跨年度日韩航线;8月,海航集团的"海娜号"邮轮回到天津市场,运营共计12个邮轮艘次;10月,公主邮轮公司首次开辟天津母港航线,将"蓝宝石公主号"带到天津,为北方游客奉上高端精致的"公主礼遇"。

目前,进入中国市场的主流邮轮公司均已运营天津母港邮轮航线。

(三) 2016年将迎来更多梦幻体验

天津国际邮轮母港相关负责人介绍,2016年,邮轮母港将依托已经建成的港口设施优势,培育邮轮旅游客源市场,与皇家加勒比邮轮公司、歌诗达邮轮公司、海航邮轮公司、公主邮轮公司深化合作,继续增加邮轮航线,拓展新的邮轮旅游目的地,2016年预计将有"海洋赞礼号""黄金公主号"等多条新邮轮投入天津市场。

其中,皇家加勒比邮轮公司将会在2015年航线的基础上,继续加大邮轮运力投放。2016年新下水的"海洋量子号"姊妹船"海洋赞礼号"将会从英国南安普顿首航之后,横跨欧亚,直接来到天津,为北方邮轮乘客带来梦幻体验。

歌诗达邮轮公司的"大西洋号"2016年将继续留在天津,成为第一艘在天津运营全年航线的邮轮,并会在2016年11月份开辟天津出发的环南太平洋46天航线,继续为北方邮轮消费者带来"海上威尼斯"的新奇体验。

公主邮轮公司2016年将会为天津市场带来旗下另外一艘邮轮——"黄金公主号",为游客带来不同的选择。海航邮轮预计也会带来一条更大、更新的邮轮来运营天津母港航线。

2016年,天津国际邮轮母港预计将会接待150艘次邮轮,接待65万人次旅客。天津港将尽最大努力使天津成为接待邮轮艘次多、邮轮游客量大、邮轮航线丰富、基础设施和服务设施好、游客满意度高的北方国际邮轮旅游中心。

三、青岛邮轮港运营现状

备受关注的青岛邮轮母港城建设进入一个新阶段:2015年8月11日,由青岛港集团、华润置地、招商地产三方合资设立的青岛邮轮母港开发建设有限公司正式揭牌。根据规划,青岛邮轮母港城预计总投资超过1000亿元,是该市继地铁、胶州新机场之后的第三个千亿级项目。

青岛邮轮母港之所以备受关注,是因为邮轮母港对周边经济具有巨大带动作用。而青岛作为北方重要的旅游与港口城市,发展邮轮母港具有天然优势,业内因此期待其能成为青岛经济发展的一个增长极。

(一)三大巨头联手

2015年8月11日,青岛邮轮母港开发建设有限公司在青岛举行揭牌仪式,青岛港集团、华润置地、招商地产相关负责人出席。

青岛邮轮母港开发建设有限公司2015年7月30日便已注册成立,公司经营范围包括邮轮母港开发建设的咨询、顾问服务,土地整理与开发的咨询、顾问服务等。该公司直接股东有三个,分别为青岛邮轮母港有限公司、华润置地(日照)发展有限公司和招商局地产(日照)有限公司,而这三家公司的控股股东正是前述三大巨头:青岛港集团、华润置地和招商地产。

青岛邮轮母港城位于青岛港大港老港区及周边区域,北至海泊河,东、南至胶济铁路,西以海岸线为界,占地面积约4300平方米,建筑面积约600万平方米,规划业态包括邮轮码头、客运中心及配套设施、住宅、写字楼、酒店、公寓、零售服务及各类休闲娱乐设施等,预计总投资超过1000亿元。其中,启动区位于青岛港六号、一号、二号码头及腹地区域,占地面积约77公顷,建筑面积约140万平方米,规划业态包括邮轮码头、邮轮母港客运中心、交通枢纽、住宅、写字楼、酒店、购物中心、室内主题公园、水族馆、青岛港史博物馆等。

其实,青岛邮轮母港城项目的前期工作早已展开。2014年上半年,该项目进行了设计投资人招标,华润置地、招商地产联合体的投标方案成为中选方案。

根据设计方案,青岛邮轮母港城将按照"世界眼光、国际标准、本土优势"的目标打造成为东北亚邮轮旅游首选目的地、中国沿海第四大金融中心重要节点、中日韩自贸区试点示范区,项目范围内规划建设中国首个海洋主题娱乐综合体、东北亚国际地标建筑群、中国最大的铁路历史文化博物馆等。

(二)为未来留余地

将青岛邮轮母港城作为青岛市经济社会发展的新引擎,这并不是一句空谈。当地此前出台《青岛市邮轮产业发展规划》,其中明确指出,"将邮轮经济作为青岛市新的经济增长点和新的旅游业态加以培育和发展。"

在业内,邮轮经济被称为"水道上的黄金产业",一艘邮轮所承载的不仅是几千名乘客,更是与之相伴随的餐饮娱乐、住宿旅游所带来的庞大消费。在邮轮经济中,邮轮母港又据核心地位,邮轮母港经济收益一般是停靠港的10倍以上。

正因为如此,国内很多港口城市都提出了建设邮轮母港的发展思路。目前,上海、天津、厦门、三亚等城市已经建有邮轮码头,还有更多的港口城市在跃跃欲试。那么,青岛发展邮轮母港有何优势?

青岛海陆空交通发达,旅游资源丰富,向内辐射山东半岛及中原地带,向外与日本、韩国隔海相望,而且青岛港有着优良的港口条件,接待邮轮经验丰富。

发展邮轮母港对当地经济发展具有巨大的带动作用,其直接表现在对邮轮的维护、保养、物资供应,对周边旅游、餐饮、住宿等产业的带动等。目前,应多做着眼长远、打造基础的工作。

要从基础做起,普及海洋文化、邮轮知识,提高居民高端旅游的消费能力。在规划中,要具有超前的规划理念,好好规划功能区;同时,要珍惜海岸线资源的稀缺性,在目前的规划建设中为未来留下余地。中国交通运输协会邮轮游艇分会副会长兼秘书长郑炜航表示,邮轮旅游在国内还处于发展初期,未来发展前景广阔。对于青岛邮轮母港的未来,他认为其位于老市区,地理位置较优越,这是青岛邮轮母港的一大优势。在建设过程中应注意与城市交通设施的配套,避免与城区的分离。鉴于青岛港腹地的消费能力与上海、北京等差距较大,在未来,青岛邮轮母港要更加注重对腹地客源的开发,同时要在经济性方面占据优势。

本章小结

邮轮母港的功能要素主要包括水域及码头、泊位、客运大楼、上下船设施、物资补给、行李处理、对外交通、停车场、住宿等部分。邮轮母港服务接待流程分为登船流程和离船流程,分别有具体规定。

国际邮轮母港运营服务具有一定标准。建设国际邮轮港口,一般取决于港口是否拥有足够水深的航道、区位、泊位、用地和必要的导航设施,提供高效率的船舶联检、引航、拖带服务,提供淡水、燃油、船用物料、食品、商品供应和相关服务,同时应兼顾景观、交通及近远期发展的合理性。和国外服务标准相比,我国邮轮港服务标准存在的问题主要有:①服务标准的内容宽泛;②反馈机制缺失;③港口应急机制缺失。

在邮轮港口建设方面,目前上海、天津、厦门、三亚已建成5个国际邮轮港口,舟山、青岛、大连、深圳4个城市正在建设邮轮港口,海口、广州、宁波、南京、烟台、秦皇岛6个城市有计划、规划建设邮轮港口。

思考题

1. 简述邮轮母港的功能要素。
2. 简述邮轮港的登船流程。
3. 简述邮轮港的离船流程。
4. 国外邮轮港口建设的环境条件及服务设施标准有哪些?
5. 国外邮轮港口的内部功能要求及服务流程标准有哪些?
6. 简述国内邮轮港口服务接待标准的主要内容。
7. 对比分析国内外邮轮港口服务标准的差异及国内标准存在的问题。
8. 简述吴淞邮轮港运营的现状及存在的主要问题。
9. 简述天津邮轮港运营的特点及发展趋势。
10. 简述青岛邮轮港发展的现状及发展趋势。

 案例分析

三亚做大邮轮业舵该怎么打

人逢喜事精神爽,三亚凤凰岛国际邮轮港高级顾问王万茂最近就是如此。

最近见到王万茂,是在一次旅游座谈会上。气色俱佳的他,正与众人分享喜悦:三亚与"邮轮之都"迈阿密成为友好城市,以后"拜师"方便多了;三亚第二个邮轮码头成功接待

13.8万吨的邮轮直泊,接待能力有了质的飞跃;三亚与中国交建集团、港中旅携手开辟海上丝绸之路新航线,年内有望建立自己的邮轮公司,两艘邮轮购买计划已在落实,相关航线首航可期;三亚成为《全国沿海邮轮港口布局规划方案》中西南沿海唯一始发港。

然而,兴奋之余,忧虑也写在王万茂的脸上。他的忧虑来源于一组数据:2014年全国邮轮母港靠泊邮轮436艘次,同比增长10.1%,势头正好;而三亚凤凰岛国际邮轮港靠泊邮轮71艘次,仅占其中的1/6,同比减少37%。

曾经作为全国唯一的邮轮专用码头——三亚凤凰岛国际邮轮港,曾经接待规模居全国首位,却遭遇连续三年邮轮接待量持续大幅下滑的现实,王万茂的忧虑也是更多产业界人士的忧虑,反思琼岛邮轮产业现状、谋划琼岛邮轮发展之路的工作早已启动。

一、海南能否打造一流始发港

(一)线路欠丰,客源不足,始发港优势弱

"上海邮轮市场快速上升,主要是始发港邮轮多。2014年上海接待的始发港邮轮占总接待数的89.2%,主要以出境游为主。"王万茂透露,与上海相比,除了"椰香公主号"邮轮,今年以三亚为始发港的邮轮数量为零。

而上海打造邮轮始发港卓有成效,旅行社是最大的功臣。截至目前,嘉年华和皇家加勒比两大邮轮集团确认上海包船航次已占两大集团全年总航次95%,仅占市场份额23.1%的中国本土3艘邮轮也基本呈现全部包船的态势。

旅行社包船成为上海邮轮港口最直接的拉动力。其实,早在2013年,海南省一些旅行社也尝试包船。2013年11月至2014年4月的邮轮航季,海南旅行社共包船60艘次,输送旅客6万多人次,然而"远未达到邮轮盈利所需的70%的上座率要求"。

"包船业务要做大,关键还是线路产品要丰富。目前'海南度假+邮轮'产品关注度并不高,邮轮路线海南至越南以及中国香港、西沙群岛等地并不具备足够吸引力,游客更愿意选择天津和上海母港的豪华大邮轮及航线去泰国、新加坡、日韩等东南亚与东北亚地区。"康泰国旅中国公民旅游中心总经理何鹏分析道。

"在国内市场分布中,海南邮轮客源市场的生态位宽度比较窄,周边和本土客源不足。再加上作为岛屿目的地,受制于旅游淡旺季的影响,机票价格的起伏严重影响海南入岛客人的数量。"王万茂说。

旅游专家王兴斌认为,海南距离国内主要客源地较远,即使距离最近的珠三角经济圈,临近也有香港国际邮轮码头,对游客来说更为便捷。另外,海外游客也习惯选择从香港乘邮轮来三亚观光旅游,三亚作为始发港优势不明显。

(二)海南专业邮轮旅行社为零的尴尬

本地客流有限,绝非海南一家的弱势,新加坡同样如此。但新加坡却被世界邮轮组织誉为"全球最有效率的邮轮码头经营者",其邮轮港年接待国内外游客达1000万人次,平均年增长率为10%~15%。

二、新加坡是如何做到的

早在2006年,新加坡就已成立邮轮基金——新加坡FCDF基金(Singapore Fly - Cruise Development Fund),由新加坡旅游局、新加坡民航局和新加坡邮轮中心三方共同创建,主要鼓励邮轮公司开发产品，奖励组团揽客旅行社从周边国家或地区收客，大力扶持专业邮轮旅行社发展。同时，专门成立邮轮发展署，研究开发邮轮旅游产品，分析客源市场需求。

其实，与新加坡类似，为推动邮轮产业发展，海南省也是费尽心思，出台了《海南省公安机关邮轮边境旅游出入境证件签发管理实施细则》《三亚市边境旅游管理办法》等，为游客便利进出海南提供政策支撑；《三亚邮轮旅游发展规划》对三亚邮轮旅游的发展定位与战略目标、母港建设、航线、市场开发、产业体系和保障体系等进行了系统设计。

然而，众多政策中缺少了对邮轮专业化机构的激励措施，这直接导致专业邮轮旅行社匮乏。而邮轮产品分销渠道的多样性和通畅性存在问题，则制约了海南省邮轮始发港的建设。据调查，目前三亚只有两家旅行社可以经营邮轮旅游业务，专业邮轮旅行社数量为零。

"海南缺乏专业、有实力的旅行社参与邮轮市场营销，制约了客源市场的有效开发。"王兴斌认为，海南邮轮旅游需要有实力的大型企业参与，从长远的角度开发产品、培育市场、培养人才，此次三亚与港中旅的合作就是一个好的开始。

三、海南能否打造一流的访问港

面对一系列市场数据，让王万茂等人稍许安慰的是，三亚依旧是中国访问邮轮最多的港口城市。三亚作为中国最大"邮轮访问港"的地位依旧坚挺。

2014年上海邮轮港业务呈井喷之势，但访问邮轮靠泊仅有29艘次，同比下降6.5%，不增反降。而三亚的邮轮几乎全为到访邮轮，约为70艘次。

"与国内其他一些港口城市相比，三亚发展邮轮访问港有着独一无二的地理优势和政策条件。"三亚市有关负责人透露，一是三亚出港口不足一小时，便可进入国际主航道，北上可至中国香港、中国台湾和日本，南达东南亚及印度洋，是国际环球邮轮东南亚交通中转站及航运补给线；二是有21个国家的旅游团队入出海南可享受"15天免办签证"的特殊政策，外籍游客通关便捷，加上三亚推出全国首个"锚地登轮检查"和"联检大厅检查"相结合的"移动口岸"服务模式，实现邮轮入境"零等待"，邮轮通关便捷。

"三亚邮轮产业的发展依托得天独厚的旅游资源，对全球游客的吸引力强。而且，三亚位于中国香港和新加坡两大国际邮轮港之间，方便国际邮轮访问。"王万茂认为，三亚发展邮轮访问港基础扎实，关键是要做精做细。

四、访客落地后的产品服务还不完善

数据显示，一名邮轮旅游者在邮轮停靠时消费能力高出一般大众旅游者，为180～240元/小时。若以最低花费180元/小时计算，1万名游客在邮轮港口停靠10小时，将为三亚带来1800万元的收入，这被称为邮轮旅游的"10小时经济效应"。

然而，在三亚，海南邮轮产业虽然从这里起步，但离做精做细还有距离，这里发挥"10小时经济效应"的相关配套却并不健全，这让从事多年导游工作的李永泉有话要说。

"邮轮客人下船游览的时间一般只有4～5小时，这次堵在路上的时间就有2小时，只能压缩游览时间，一些不错的景点只能错过。"李永泉说。

李永泉说的是2015年春节期间，"玛丽王后二世号"到访三亚，2650余名游客下岸旅游遭遇"堵城"一事，"三亚公共交通与旅游交通的软硬件设施不足，邮轮港前往市区途经的胜利路路窄车多，拥堵的风险实在太大。"

"邮轮产业是个系统工程，需要政府、企业、当地居民共同统筹规划。国际邮轮上的游客消费水平比较高，所要求的服务标准也很高，对旅行社和景点等旅游服务单位的服务接待提出了新的要求。"何鹏说，访问港城市既要能够提供一条龙的团体旅游预订和接待服务，也要能够为希望自助旅游和自由活动的乘客提供周到的个性化服务。

然而，这恰恰是海南邮轮旅游的短板。

"邮轮到访艘次少，很难组建固定专业化的邮轮导游服务团队，每次接待只能是临时召集导游，难以对游客服务进行研究和改进，服务水平自然难以提升。"李永泉透露。

服务水平还与产品供给能力息息相关。

目前，海南省只有5艘邮轮落地观光游览线路，个性化的旅游产品尚未有效开发。"游客对上岸购物、娱乐、休闲都有需求，他们特别希望能在沙滩上享受日光浴或是能自主到社会餐厅品尝当地美食，但目前都难以实现。"李永泉说。

来自春秋旅行社的一组调查佐证了李永泉的观点。在邮轮旅游的质量评分当中，排在倒数的是岸上观光和邮轮用餐。

五、海南能否打造一流的邮轮母港

（一）有潜力，但机遇与挑战并存

目前，九成的中国港口邮轮到港数量，以及邮轮旅客吞吐量集中在上海港、天津港、三亚港和厦门港。随着邮轮产业发展的深入，打造邮轮母港成为每个邮轮港口的终极目标，海南也不例外。

海南省委副书记、省长刘赐贵在三亚调研时曾表示，三亚要高起点规划、高水准建设国际邮轮母港，把凤凰岛国际邮轮母港打造为中国邮轮母港的领头羊，做大邮轮产业链，助推海南国际旅游岛建设。

"三亚早在2011年就已成为丽星邮轮'宝瓶星号'的母港，遗憾的是今年（2015年）没有邮轮以三亚为母港。"王万茂认为，打造邮轮母港要求港口前方有旅游目的地，后方有客源。目前离三亚比较近的越南有6个港口可停靠，新加坡也距离三亚不远，三亚作为母港拥有前方旅游目的地条件暂时具备。再加之依托南海旅游资源，三亚打造母港有潜力。

然而，与访问港和始发港不同，邮轮母港对地区提出了高要求。母港除需具备邮轮停泊、旅客和船员上下船、补给、垃圾污水处理、旅客通关等基本功能外，还应具备邮轮维修保养、邮轮公司运营管理等功能。

目前，海南省尚未有邮轮公司总部驻扎，与邮轮母港基地相匹配的餐饮住宿、休闲购物、邮轮维修保养、补给、废品处理、人才培训等产业体系尚未形成。

"三亚没有自己的邮轮，马来西亚丽星邮轮公司的'宝瓶星号''双子星'和海航集团的'海娜号'邮轮冬季曾以三亚为母港开往越南，夏季则从天津、上海港口开往日、韩和中国台湾地区。三亚的邮轮旅游'冬暖夏凉'，每年有5个月码头闲置。"王万茂说，在自己没有邮轮船队的情况下，很难使更多的游客把三亚作为开始和结束旅程的城市，严重影响三亚邮轮母港的发展。

（二）可借鉴迈阿密经验，打造"一程多站"邮轮合作

"目前三亚只有两个码头，邮轮在码头停靠一次的时间一般是6~8小时，远大于旅客

班轮。所以,和班轮相同数量的邮轮需要更多的码头。作为经停港,邮轮一般是满载而来,满载而去;作为母港,邮轮在三亚的实载率预测并不乐观,这在一定程度上影响国际邮轮公司将邮轮布局三亚。"王万茂分析道。

提升邮轮实载率是对母港的基本要求。作为三亚的新伙伴,美国的迈阿密是全球最大的邮轮消费市场,母港经验成熟。

"母港周围一定要有很多挂靠港跟它匹配,挂靠港越多,航线越多,它的承受量才越大。"上海海事大学经济管理学院副教授程爵浩介绍,迈阿密有两个国际机场,航线密集,可把美国枢纽机场的游客直接连起来,客流量大。同时,由于很多超级邮轮的总部聚集在迈阿密,始发航线丰富,进一步增强了对游客的吸引力。但对于一些游客而言,从住处前往迈阿密较远,飞机方便但成本较高,因此迈阿密积极与东加勒比一带的圣胡安、圣约翰港口形成挂靠港,吸引此类客人来迈阿密消费,与这些地区共同打造7~8天邮轮游航线。

"迈阿密给三亚提供了一个范本。三亚可尝试与广州、深圳、南沙、茂名、北海等地的港口打造'一程多站'邮轮合作,将周边港口形成多个挂靠港,游客可在每个站点便捷地上下船,甚至可以将从三亚始发的邮轮,当成前往新加坡、中国香港等地的一种交通工具。"王万茂说。

六、海南该如何打造邮轮母港

(一)强化"大三亚旅游经济圈",完善邮轮的休闲娱乐

"三亚作为访问港条件已基本成熟,但打造始发港和母港难度较大。三亚需要提升综合接待能力,以国际化的标准和服务向打造母港的方向努力。"王兴斌认为,三亚可与上海、天津等港口打"差异牌",做精访问港,以访问港的高质量发展逐步向母港过渡。

三亚学院旅业管理学院教师余燕伶表示,我国邮轮市场的平均航线设计时长为4晚、航行时长为1周。邮轮旅游产品作为特殊的短时间快速旅游消费项目,可充分强化"大三亚旅游经济圈"内的资源整合,打造复合型商业、旅游服务体系,为邮轮旅游者提供众多的旅游服务消费项目。

(二)自主建设邮轮,引进大型邮轮投放三亚市场

"旅行社非常愿意参与邮轮旅游开发,目前完全可以尝试打造'三亚—胡志明—新加坡'的航线,增加对游客的吸引力。另外,吨位越大,成本越低,目前上海等港口的邮轮几乎都在10万吨以上,建议积极引进大型邮轮投放三亚市场。"何鹏说,目前,随着"聚航号"打造两艘邮轮、"海丝公主号"邮轮以及凤凰岛即将投入的两艘邮轮,海南邮轮市场将迎来自主建设的邮轮,南海、东南亚市场的航线产品有望丰富。

(三)争取出入境邮轮旅客享受离境免(退)税政策

"我们正积极与相关部门沟通,推动邮轮港自贸区落地,争取国际邮轮补给出口退税、出入境邮轮旅客享受免税和离境退税政策,以及国内港口航线邮轮旅游享受离岛免税政策。探索设立邮轮保税仓,以邮轮运营航线形成多条贸易渠道,邮轮带货支持自贸区发展。"王万茂透露,目前,三亚与中国交建集团、港中旅开展合作,将组建中国交建港中旅自有品牌的邮轮船队,开发国内外邮轮航线,发力邮轮全产业链,在邮轮运营、三亚邮轮母港经济区合作开发、旅游目的地打造、邮轮产品销售、康养产业、旅游房车及其他邮轮延伸业

务方面，培育新的经济增长点。

（四）积极争取海港口岸"72小时过境免签"政策

"三亚可积极争取海港口岸'72小时过境免签'政策，方便到访邮轮游客在三亚停留2~3天，吸引环球航线邮轮访问三亚。"三亚口岸办主任左正和建议，三亚要加大国际邮轮交流平台上邮轮旅游产品的营销力度，与众多邮轮公司开展更加广泛的邮轮旅游业务接洽，推动三亚成为国际邮轮世界航程亚洲段和亚太航程的"必停站"邮轮港口；可尝试引导远洋海域邮轮航线的皇家加勒比、歌诗达、丽星等邮轮公司入驻鹿城开展业务，在国际航线开辟、市场推广、票务代理、销售渠道等方面展开深度合作，努力使三亚成为亚洲邮轮市场主力港湾之一。

（资料来源：海南日报. http://www.ccyia.com/news/xingyexinwen/2015/0910/2556.html，2015 - 09 - 10 09:29。）

结合案例思考以下问题：

1. 分析三亚港发展邮轮旅游时运营服务方面存在的问题。
2. 三亚邮轮港应该如何改善运营服务水平？

第9章 邮轮港口管理信息化

 本章导读

随着港口功能的扩展、码头作业的现代化以及邮轮码头运营的日趋复杂,在管理上采用传统的人工处理方式已越来越显得困难。伴随着客流而来的海量数据已无法用传统的方式处理,借助于计算机信息系统处理进出港口的数据,进而帮助港口的管理者和经营者更好地管理港口已经成为一种趋势。其中,港口生产过程组织方式的现代化是港口管理现代化的关键之一。中国港口的计算机信息系统在码头管理中的应用可追溯到20世纪80年代,经过30多年的发展,像客户信息查询系统、行李跟踪系统等一大批先进的计算机信息系统正在中国的港口扮演着举足轻重的角色,发挥着越来越重要的作用。

然而,从总体上看,中国港口的计算机信息系统的应用与国际上一些先进的港口相比,仍有较大的差距。同时,在港口之间的信息化的发展中也存在着不同水平的状况。许多港口的计算机信息系统的应用在系统集成化方面依然面临着许多问题。已经推行许多年的电子数据交换(Electronic Data Interchange,EDI)在实际应用中还是存在纸质单证与电子单证并存的局面。同时,在我们的港口管理中,一般不会采用决策支持系统(Decision Support System,DSS),因此,在港口现代化的发展中,信息化的推进仍然有大量的工作需要去做。

本章将结合目前中国以及世界港口信息化发展的实际状况,对港口管理中所运用的信息化技术进行介绍。

第一节 管理信息系统

计算机管理系统是以计算机为基础,以系统思想为主导建立起来的管理业务和管理决策服务的信息系统。管理信息系统是港口企业管理系统的一个重要方面,它可以划分为各种业务系统,一个港口企业中的管理系统由许多子系统构成,它在同一公司的使命下各司其职,相互协调,执行着制订目标、计划和组织、监督、调整及控制的职能,而这一系列职能的实施均要借助计算机信息处理,通过信息处理环节把各项管理职能连接起来,从而构成一个完整的管理信息系统。

一、管理信息系统的特点

（1）作为一个系统，它具有整体性、目的性、相关性、多层次性、环节适应性和活动性，它把很多混乱、重复、不一致的信息用系统的观点进行观测、分析和协调，使之成为有规律的信息。

（2）管理信息的服务对象是管理者，管理信息系统为港口企业战略决策及日常工作提供有效的信息。

（3）管理信息系统是以计算机为基础建立起来的，因此除了系统提供的一些操作系统高级语言等基本软件外，港口企业还要根据港口企业的具体情况购买和开发所需要的应用软件。

二、管理信息系统的作用

（1）为港口企业日常工作及时全面地提供所需的数据和信息，使管理信息得到有效的集中，使信息在企业管理中的威力得以发挥，实现港口企业管理的信息化、科学化。

（2）计算机管理信息系统从根本上改变了传统的信息系统的结构，大大加强了部门之间横向信息的沟通，扩大了职能部门管理人员的视野，使他们能充分了解到更多有关企业生产经营活动中的综合信息，使得各个部门的职能工作与整体工作之间更加协调。

（3）利用数学模型与统计分析方法，通过计算机对过去的数据进行归纳分类，对未来的情况进行预测。

（4）根据不同使用者的要求，给出相应的统计分析数据，以便港口企业管理者进行经营决策。

（5）管理信息系统可以取代一些手工处理的事务工作和一些程序性决策，使港口管理人员从烦琐的日常业务中解放出来，集中精力从事如确定管理目标、提出数学模型、分析信息等更有价值的工作，提高了工作效率，也提高了人员素质。

第二节　口岸管理的信息

一、电子港口

电子港口是指在口岸建立一个高度信息化、智能化、网络化的综合物流信息系统。该系统以海港、陆港和空港为核心向内陆扩张，继而服务于港口和口岸的各个环节。电子港口由口岸核心信息系统和口岸公共信息平台两部分构成，分布于口岸体系的操作层、商务层和网路层。口岸核心信息系统由码头操作系统、码头管理系统、调度系统等组成。公共信息平台主要用于口岸信息交换与通关服务，是以码头为核心的数学软件产品。

（一）电子港口的特点

电子港口的主要特点是：

（1）实现企业内外的高度集成，以合理的信息流动改善并促进企业的管理。

(2)充分体现"港区一体化"对码头综合服务能力及水平的提升作用,为客户提供更为便捷、全面的服务,为业务人员提供更为便捷、现代化的业务操作模式。

(3)为公司管理者提供智能的决策支持信息,以及建立基于供应链管理的且与现代电子商务同步的综合信息系统。

电子港口系统利用高速的网络数据交换和通信以电子商务的方式将各方面连接起来。简化点到点的信息流程,使港口用户获得错误校验、警告、时间跟踪、任务管理、电子邮件、在线寻呼等支持信息和管理功能。

(二)电子港口系统

1. 船舶单证子系统

船舶单证子系统主要提供航行信息的收集和查询以及泊位申请等功能,具体包括:
(1)航线;
(2)泊位申请;
(3)航行信息;
(4)船期表;
(5)靠泊时间表;
(6)船舶信息;
(7)代码数据库。

2. 海事信息子系统

客户可以利用该子系统为进出港船舶申请引航、拖轮(船)及供水服务,具体包括:
(1)引航申请;
(2)拖轮(船)申请;
(3)供水申请;
(4)燃料、物料申请。

3. 查询服务子系统

该子系统可提供一系列查询服务,具体包括:
(1)船公司或其代理:班轮价目表及运轴能力;基本运价及代理人等信息;订舱情况、网上订舱。
(2)码头:码头费率,码头设施、设备能力信息,码头装载、卸载信息,游客到港信息。
(3)公共服务:周边交通,网上新闻、广告、BBS、链接等。
(4)相关专栏:世界航运信息、中国航运信息等。
(5)查验信息子系统:海关税率及法律法规,检验检疫政策法规。
(6)其他服务子系统:财务管理,电子发票,账目核查,账目分析,重新开具发票,电子支付。

二、电子口岸

(一)电子口岸的含义

电子口岸也叫口岸电子执法系统。中国电子口岸执法系统是由多个与旅游及进出口业务有关的政府行政管理部门共同开发维护的一个网站(www.chinaport.gov.cn)。在该网站上,相应企业可以办理各种业务，政府部门可以进行跨部门、跨行业的联网数据核查、审批相应的业务。电子口岸涉及的政府部门包括海关总署、商务部、国家税务总局、中国人民银行、国家旅游局、国家出入境检验检疫局、国家工商行政管理局、公安部、交通运输部、信息产业部等部委。

中国电子口岸是一个公众数据中心和数据交换平台，依托国家电信公网，实现工商、税务、海关、旅游、质检、银行等部门以及邮轮港口企业的联网，将管理流信息、资金流信息以及客流信息集中存放在一个数据库中，随时向国家各级行政管理部门提供信息，进行跨部门、跨行业、跨地区的数据交换和联网核查，并向企业提供应用互联网办理报关、结付汇核销、出口退税、网上支付等实时在线服务。

（二）中国电子口岸的功能

中国电子口岸的主要功能如下。

1. 数据交换功能

通过中国电子口岸平台，政府与政府部门、政府部门与企业之间可实现数据交换和共享。数字交换对象包括国家行政管理机关、社会团体、事业单位、国内外企业、驻华使领馆、游客个体等。连接方法有 PSTN、ISDN、ADSL、DDN、FR、ATM 等有线接入方式或 GPRS、CDMA 等无线接入方式。交换格式包括 EDFACT、XML、HTML、WML、SWIFT 等。

2. 存证举证功能

根据国家行政机关的授权以及中国电子口岸数据中心与各用户单位之间签订的协议，中国电子口岸数据中心针对部门联网应用项目，承担存证举证的责任，电子数据的存证期为 20 年。

3. 身份认证功能

电子政务网上操作时，由于是虚拟的接触，所以不仅要解决安全问题，更要解决信任问题，否则发生法律纠纷难以判定法律责任。中国电子口岸入网用户都要经过工商、税务、质检、海关等部门严格的入网资格审查，才能取得入网 IC 卡开展网上业务，从而有效解决网上业务信任关系和法律责任问题。身份认证包括对工商、税务、海关等政府部门的身份认证以及对游客的身份认证等。

4. 事务处理功能

中国电子口岸可为政府部门和企业办理进出口许可证件和电子签证等业务，提供实时在线服务。

5. 标准转换功能

中国电子口岸数据中心按照国家行政管理机关各部门和企业用户的需要，对交换数据进行代码转换，如组织结构代码转换、业务单证代码转换、参数数据代码转换等。

6. 查询统计功能

根据提供共享业务数据主管部门或单位的授权，有控制地开放数据查询和统计功能。共享数据包括游客数据、企业经济户口档案数据等。

7. 网上支付功能

商业银行（中国银行、中国工商银行、中国农业银行、交通银行、招商银行等）针对用户支付税费和船票款的需求，在中国电子口岸设立网上银行，为用户开设电子账户，提供资金支付、信用担保、财务管理等多种金融服务。

8. 网络隔离功能

企业及个人与政府部门通过电子口岸实现"一点接入",使电子口岸成为政府网关,并实现政府网络与互联网的逻辑隔离,从而确保政府网络的安全性。

第三节 邮轮港口运营的决策支持系统

一、决策支持系统形成与发展

决策支持系统(Decision Support System,DSS)是目前迅速发展起来的一门新型计算机应用学科,它是在管理信息系统(Management Information System,MIS)的基础上发展起来的(见图9-1)。

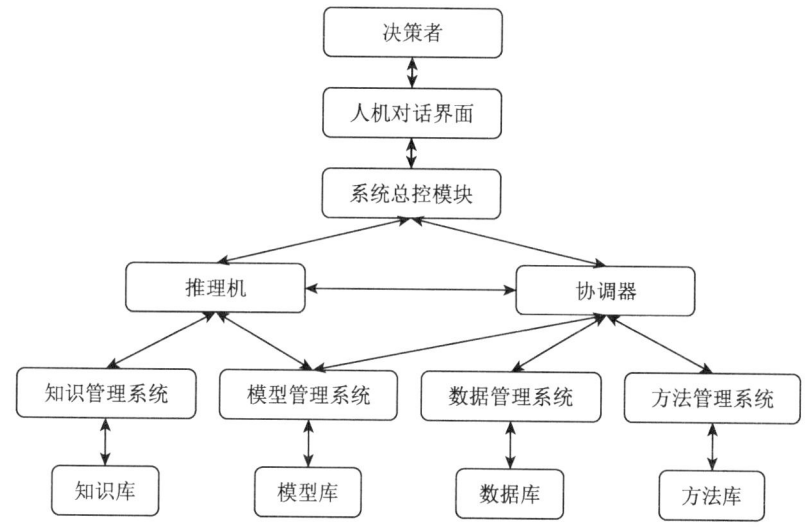

图9-1 决策支持系统一般结构示意图

决策支持系统是一门综合性学科,它是以决策科学、计算机科学、管理科学、社会组织学、心理学为基础,从系统的观点出发,综合了各学科的优势,其理论体系可以总结为三个基本特征:开放性、系统性和适合性。

目前,决策支持系统并没有一个能被普遍接受的定义,本教材定义如下:

决策支持系统是一种用于支持人类进行半结构化或非结构化问题的决策、以计算机形式体现的、能帮助决策人提高决策质量的复合决策环境。可以简单表示为:

$$决策支持系统 = 决策者 + 决策支持计算机系统$$

上式表明了决策支持系统中决策者扮演着至关重要的角色,决策支持计算机系统只是在决策的原有水平基础上提高决策质量,它按照决策者的意向去处理问题,因此,决策者的主观能动性、判断力、经验和智慧应该在决策中占有主导作用。

由于决策支持系统(DSS)的理论体系表现为开放性、系统性和适应性,这就决定了 DSS 的发展与相关学科和技术有着密切的关系。其他理论、方法和技术的产生,可能促进了 DSS 理论、方法和技术的发展,使得 DSS 在解决复杂决策问题方面有了新的突破,也大大提高了决策问题的精确度和效率。人工智能中的知识工程扩展了 DSS 中的知识管理和运用,形成了智能(Intelligence DSS,IDSS);人工神经网络理论改进了传统的建模思想和知识获取方式;计算机仿真技术更增加了 DSS 的实用性,避免了构造复杂的数学模型以及寻求有效解法的困难;遗传算法模仿生物进化和变异的进化原理求解复杂问题的大规模搜索问题为 DSS 注入了新的能量。计算机网络技术的发展和群组决策理论的形成,产生了群体 DSS (Group DSS,GDSS)、群体支持系统(GSS)和计算机支持的协同行为,从而使空间上异地分布、时间上异步的一组决策支持之间的决策成为可能。GDSS 是港口企业决策层对复杂问题进行问题求解时所借助的决策支持系统,它有助于促进具有不同知识和经验但肩负共同责任的人群进行决策,利用群体的增效性来减少决策过程中的不确定因素,以提高决策质量。

二、基于 DSS 的港口生产调度决策支持系统

港口生产调度过程中可以借助的决策支持系统主要包括辅助船舶泊位安排决策系统、全港资源利用实时查询系统、全港性生产资源调配决策系统、全港性生产会议辅助决策系统以及辅助生产调度运作计划编制系统等。

以下介绍各系统的功能。

(一)辅助船舶泊位安排决策系统功能分析

(1)船舶到港预报(旬度、五日)。

(2)当前锚地等待船舶的基本情况的获取(取之于船舶数据库和图形库)。

(3)到港船舶运作平衡决策的支持,即指泊位计划的制订。

(4)根据运作次序安排原则,确定在港等待运作船舶的运作排队序列。

(5)当前全港泊位运作情况的获取。

(6)全港泊位技术状态的获取。

(二)全港资源利用实时查询系统功能分析

1. 当前各泊位运作进度情况查询

主要包括:

(1)图形:港口码头平面实时更新视图;各类设施、船型、设备、货物等图形库。

(2)数据:泊位船舶运作进度;泊位机械使用情况;库场货物堆存情况等。

2. 港口资源数据库查询

主要包括:

(1)港口码头设施及其特性数据。

(2)港口分类机械设备数据。

(3)港口仓库、堆场数据。

(4)港口技术人员基本数据等。

（三）全港性生产资源调配决策系统功能分析

（1）全港性生产资源调配计划的制订。
（2）全港性生产资源数据库以及当前资源利用情况查询。
（3）紧缺生产资源调配决策支持（追求使用绩效最大）。
（4）全港资源实施跟踪功能。

（四）全港性生产会议辅助决策系统功能分析

（1）全港性生产会议的可视数字会议方式的技术支持。
（2）可视数字方式，交互式确定全港三班运作进度指导性计划。
（3）用于解决港口生产中各种常见的决策问题的模型库及管理系统。
（4）指导群体决策的方法和相应的技术。

（五）辅助生产调度运作计划编制系统功能分析

（1）各泊位船舶生产进度估计。
（2）集疏运组织：包括公路、铁路、水路集疏运计划制订。
（3）给出所在码头的确定性条件，如泊位数、机械数、堆场面积、平面布置、仓库面积、人员数和到港船型资料等。
（4）根据本日\周\月\年实际情况和预测下一昼夜的变化。确定本日\周\月\年港口生产的情景条件。
（5）采用动态图形真模型，以直观方式反映出船舶、泊位、道路、机械等动态运营情况以及用于选择生产调度的合理方案。
（6）建立港口生产调度专家知识库，并设计相应的知识获取方式和推理机制。
（7）建立用于港口生产调度决策优化的基本数据库管理系统，进行调度方案的优化。
（8）根据研究问题的要求，结合动态模型仿真运行结果、专家知识判断以及调度优化模型的计算产生昼夜计划的原则安排。
（9）生成港口昼夜调度运作计划表。

三、实现全港资源实时平面视图方式

在全港性资源调配系统中，直观实时地掌握全港资源分布情况，其系统功能实现的基本思路和方法是关键。该系统也是辅助生产调度者决策的有力工具。所以，本节主要探讨该系统功能实现的基本思路和方法。

在港口的平面图形中，构成港口的基本图形元素主要包括：
（1）船的图形元素。
（2）港口机械设备图形元素。
（3）候客大厅图形元素。
（4）行李通道图形元素。
（5）其他设备图形元素。

四、基于数据的平面图形的实时变更

为了保证港口平面视图能够实时反映港口生产活动变化状况，平面视图必须能够根据

港口生产进程进行更新。实时更新的依据是港口生产活动的动态变化数据。其中以服务对象——船舶的动态变化数据为主导,其他动态变化因素(如设备、港口设施、客流的改变等)一次更新。船舶动态变化主要包括:船舶到港信息、泊位运作进展情况、指泊规则、船舶离开锚地靠泊活动、船舶运作开始和结束信息、船舶移泊信息、船舶离港信息等。

图9-2描述了船舶动态数据实时更新的步骤,反映出总平面视图实时更新的基本思路。

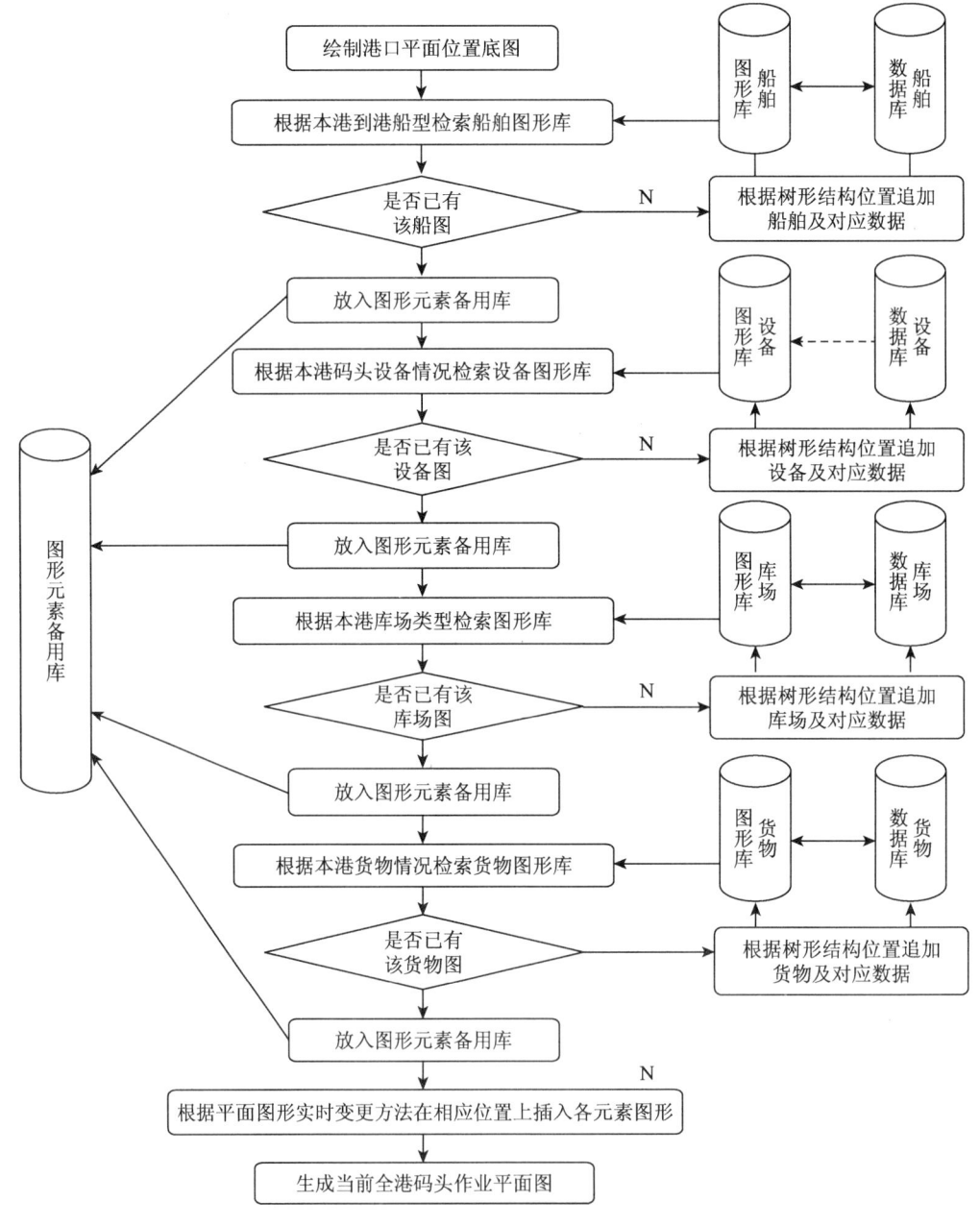

图9-2 港口总平面视图拼构过程示意图

第四节　邮轮港口管理的仿真技术运用

一、计算机动态图形仿真技术的方法

（一）数字仿真技术的类型

计算机仿真技术一般分为三种，即对连续事件的仿真、对离散事件的仿真和对混合事件的仿真。本教材所研究的港口活动事件特征属于离散事件，因此，仅介绍离散事件的计算机仿真技术。

自 20 世纪 60 年代开始，计算机图形处理已经发展成为以图形硬件设备、图形专用算法和图形软件系统等为研究内容的一门成熟学科。通过该技术，人们可以在计算机上生成各种线、图形以及自然景物的逼真图像，以此来加强信息的传递和对信息的理解。为了使计算机能够更为形象逼真地模拟所反映的系统，使其能随着时间的变化而变化，于是产生了图形动画技术。计算机动态图形仿真就是构造出一个离散时间系统的"动画模型"来形象地模仿实际系统内多发生的运动过程。

离散事件系统的计算机数字仿真是借助于计算机手段对被研究的系统状态在一系列离散时间上的变化规律进行模仿，并采用数字方式记录状态的变化的一种研究问题的方法。

（二）数字仿真技术的优点

数字仿真技术有很多优点，具体表现在：

（1）数字仿真特别适合于不便建立精确数字计算模型的复杂问题求解。人们往往需要对一些包含变量众多（其中含有随机变量）、变量间关系模糊、隐含又不易简化的问题进行求解。若采用数字仿真技术，可以无视各变量间的隐含特性，不必找出它们间的函数关系，而仅仅做到使建立的模型与实际系统的功能相似。这里实际上应用了所谓的"黑箱"原理，相对而言简化了研究工作。

（2）数字仿真能够动态地反映系统的各种活动。仿真这个技术名词本身就有该含义。从控制仿真过程出发，人们可以看到系统中哪些变量是重要的，在多大程度上影响系统状态以及变量之间的相互关系。在人们没有掌握足够材料且知之甚少的情况下，可以通过数字仿真对可能发生的情况有所了解，有所准备。

（3）数字仿真算法具有简单性。数字仿真结果是通过对被模拟随机变量的统计实验，即用一种算法大量实验而得到，因而特别适合于在计算机上编制程序进行计算。模型的复杂程度并不随精度提高而显著提高。

（4）数字仿真可以避免对实际系统进行试验所带来的昂贵代价或可能带来的损失，这一点对于研究港口系统中合理安排作业尤为重要。

（5）数字仿真不但可以通过实际数据的输入反映实际系统状态的变化情况，而且可以反映一定时期及其延长期的实际情况，并且能在短时间内产生和处理大量数据。

当然,数字仿真也有不足的一面,表现在系统的状态变化过程反映不够直观,用户很难了解仿真过程中的变化情况,以至于这项技术往往多用于科学研究,而较少被用于对日常生产和业务管理问题的研究中。

二、港口调度计算机动态图形仿真系统

(一)系统主要功能

为了实现港口调度计算机动态图形仿真,必须是软件系统完成一系列的工作。即从港口的主要随机事件统计—分布拟合—仿真方案拟订—仿真基本参数确定—仿真过程的实现,到仿真结果的评价等工作。

为了保证系统运行的可靠性,还必须考虑一些系统管理的功能,比如系统初始化、系统数据文件管理、运行过程控制,等等。

根据对动态图形仿真技术用于港口生产调度方案优化的功能需求分析,港口生产调度计算机动态图形仿真系统应有以下功能构成。

(1)进程控制功能:设置系统主菜单、控制系统操作进程等。

(2)系统管理功能:系统数据初始化、系统基本数据文件管理、仿真结果报表打印、退出系统等。

(3)确定分布模式功能:确定港口运营过程中几个事件的随机分布模式,包括船舶到港、船舶在泊作业、船型分布、客流状况等。该部分应具有对原始数据的采集和统计、选择分布模式、进行分布模式的拟合优度检验等。

(4)港口运营过程仿真方案拟定功能:包括港口客流疏导调配方案、泊位通过能力方案以及行李运送方案等。

(5)仿真基本参数确定功能:包括到港船型及其分布概率、到港船舶作业方式及其分布概率、船舶到港分布模式选择及其参数确定、码头设备作业效率分布模式选择及其参数确定、游客客流分布模式选择及其参数确定、仿真控制方式选择及其仿真长度、船舶作业时间确定等。

(6)动态图形仿真过程实现功能:根据所拟定的仿真方案,采用动态图形技术和离散事件数字仿真技术相结合的方式,进行港口生产调度过程的模拟处理。

(7)仿真结果评价功能:对拟定的各仿真方案采用评价指标进行评价。指标包括:

①到港船舶数、作业船舶数。

②完成吞吐量(分船型、泊位、进出口)。

③船舶等待作业时间(分船型等待时间、船舶平均等待时间、最长等待时间)。

④船舶作业时间(分船型、分泊位作业时间、船舶平均作业时间)。

⑤泊位利用率(分泊位)、库场利用率、机械利用率。

⑥平均船舶装卸速度(分船型、最短作业时间)等。

(二)系统总体框架

通过上述对系统功能需求的描述,结合对系统运行控制过程的分析,可以构造出如下仿真系统的基本框架结构(见图9-3)。

第9章 邮轮港口管理信息化

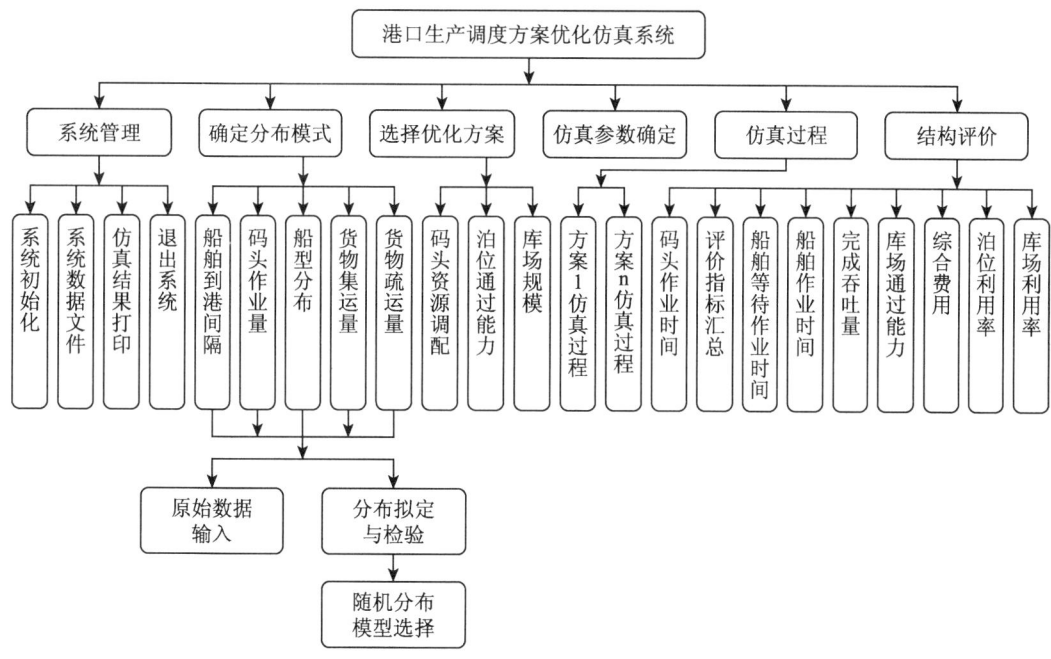

图 9-3 港口生产调度 CE 绩效仿真评价系统的基本框架结构

三、系统主要功能模型的实现

(一) 随机事件的概率统计模型

仿真技术的实质,就是利用各种不同分布的随机变量的抽样序列模拟给定问题的概率统计分布,并获得问题的渐进统计估计解。在实际应用中,一般采用由计算机程序运行产生的随机数序列。严格地讲,由此产生的随机数不是真正意义的随机数。随机数是仿真技术能够成功应用的关键。

无论哪种分布随机数的生成,都源于 U(0,1) 均匀分布的随机数,这是因为所有其他分布的随机变量都可以转换成独立的、同类的 U(0,1) 均匀分布的随机变量而得到,而产生 U(0,1) 均匀分布随机数的方法有中间平均方法、中间乘积法、线性同余法、Fibonacci 法等几种。

(二) 动态图形仿真模型的构建

整个动态图形模型的构建步骤如下:

(1) 不考虑动态图形的要求和最后输出评价指标的完整性,先从纯粹的系统动态变化着手,建立数字仿真模型。

① 根据船舶到港随机分布模式,采用随机数预先产生整个仿真期内船舶到达间隔,并算出其绝对的时间值。

② 根据到港船舶的船型分布和作业方式分布模式,随机产生仿真期内全部到港船舶的船型和作业方式。

③计算仿真控制参数(事件或船舶数),判断仿真是否结束。若结束,则退出仿真过程。进入(2)步。

④判断锚地是否有等待作业的船舶,有则进入⑤,无则进入⑥。

⑤判断各泊位是否有空,有空则从锚地调入船舶。

⑥根据泊位设备作业效率随机分布模式,产生单机小时作业量。

⑦如果采用"柔性资源调配方案",则调整各泊位该仿真时刻的设备拥有数。

⑧根据生产调度方案的资源调配方式,确定该泊位在单位时间里所完成的作业量。

⑨船舶是否是"装+卸"模式,是则转入④,否则转入⑩。

⑩确定是否有船舶到达。有:在锚地等待作业的船队中增加船舶数,转入③;无:直接转入③。

(2)在系统中采用 CAD 软件绘制港口平面布置底图、设备图、船型图、作业动态线图等,在程序中加入实现图形变化的程序段,包括:

①船舶离开锚地,靠泊动画效果。

②产生作业线工作的动态效果。

③产生船舶作业完成后离泊动画效果。

④船舶到港时,在锚地适当位置产生到港船舶的动画效果。

(3)确定评价仿真方案的各项指标,并编入程序。

(4)完善整个仿真系统。

(三)动态图形的实现方法

港口生产调度过程动态图形仿真的动画实现环节,主要由港口平面布置底图的建立、船舶到达动态过程实现、船舶靠泊动态过程实现、船舶作业动态过程实现以及船舶离开港口动态过程实现组成。

1. 港口平面布置底图的建立

港口平面布置底图主要包括码头图元素、不同穿行的图元素、装卸设备图元素以及作业线图元素。港口平面布置底图形成的方法如图9-4所示。

2. 船舶到达动态过程实现

船舶到达动态过程实现的关键技术是在确定到港船型后,调用相应的船型图,并可在锚地等待队列的最后位置显示该船型图。实现过程方法如图9-5所示。

3. 船舶靠泊动态过程实现

船舶靠泊动态过程实现技术的关键在于确定调用的船型、确定停泊的泊位、计算船舶移动轨迹、图片框的可视与隐蔽的切换和 move 语句的调用。过程实现方法如图9-6所示。

4. 船舶作业动态过程实现

船舶作业动态过程是通过码头设备后方的移动闪点来实现的。闪点移动方向反映作业的方式(装卸货)。过程实现方法如图9-7所示。

5. 船舶离开港口动态过程实现

船舶离开港口动态过程即在确定了应该移动哪一艘船后,先后通过垂直和水平的移动来完成,该过程相对比较容易实现。过程实现方法如图9-8所示。

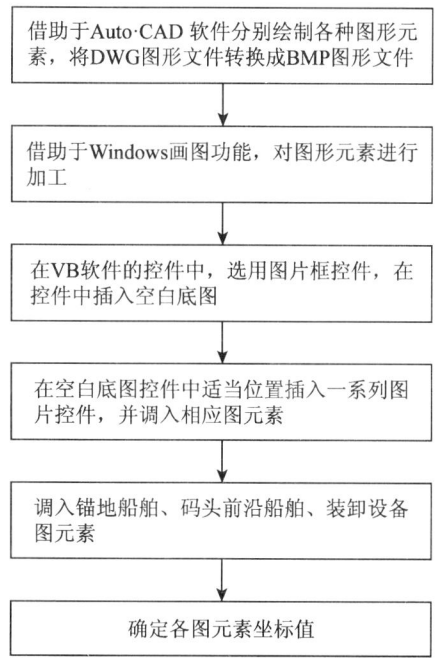

图 9-4 港口平面布置底图的形成方法

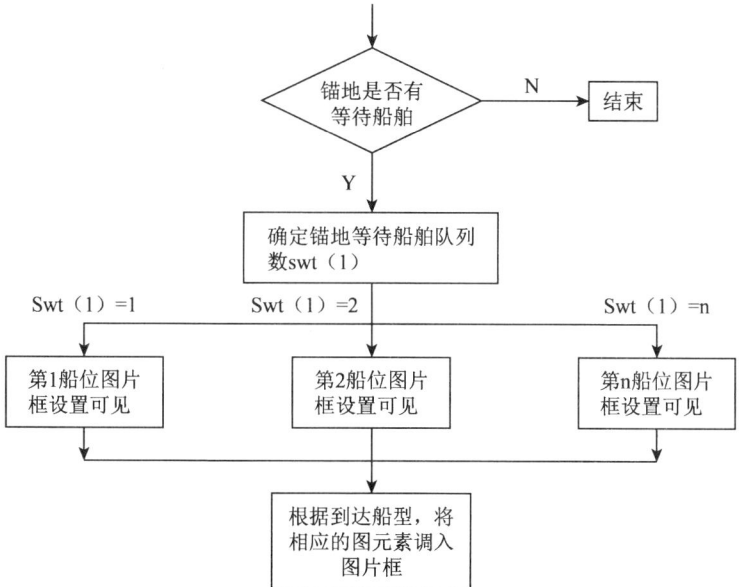

图 9-5 船舶到达动态过程实现方法

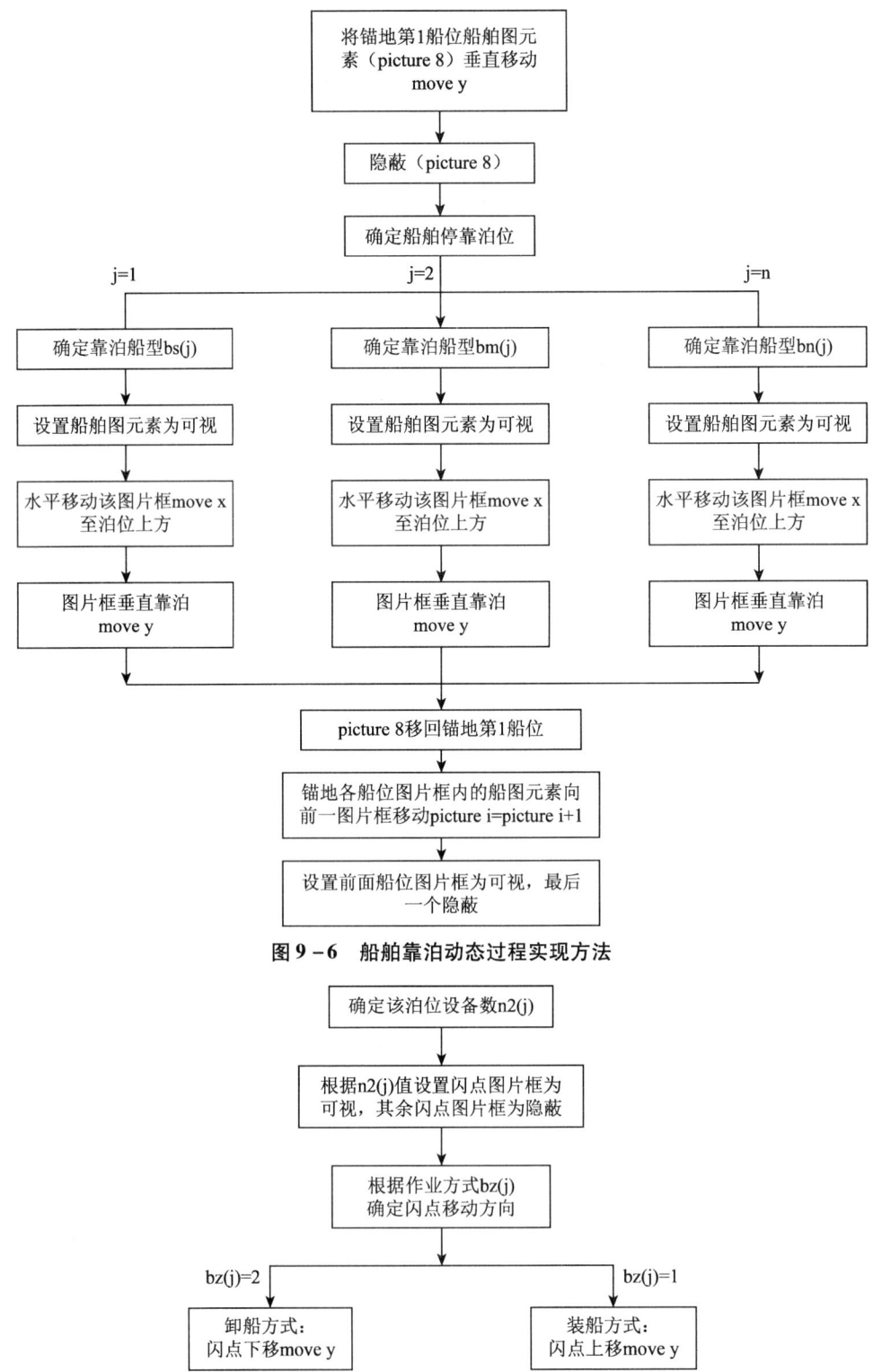

图 9-6 船舶靠泊动态过程实现方法

图 9-7 船舶作业动态过程实现方法

第9章 邮轮港口管理信息化

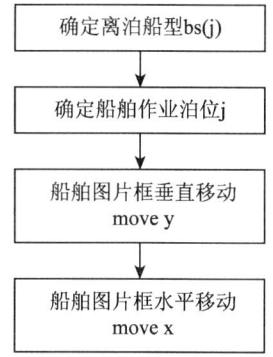

图9-8 船舶离开港口动态过程实现方法

 **知识链接**

RFID 技术

RFID 系统是利用无线电波来传送识别数据的系统,通常是由传感器(Reader)和 RFID 标签(Tag)所组成,其运作的原理是利用传感器发射无线电波,触动感应范围内的 RFID 标签,由电磁感应产生电流,供应 RFID 标签上的芯片运作并发出电磁波响应传感器。根据感应电磁波方式的不同,可将 RFID 标签区分为主动式(有源标签)及被动式(无源标签)两种系统。被动式的 RFID 卷标本身没有电池的装置,必须依靠传感器发出的无线电波进行电磁感应产生所需电流,所以只有在接收到传感器发出的信号才会被动地响应信息给传感器;而主动式的标签内则置有电池,可以主动传送信号供传感器读取,信号传送范围也相对比被动式广。

一、RFID 标签具有的特点

(1)数据可更新:RFID 标签则可不限制次数地新增、修改、删除 RFID 卷标内储存的数据。

(2)方便数据辨读:一般条形码阅读器需在近距离而且没有物体阻挡下,使扫描光源照射在条形码上才能辨读。RFID 标签只要在无线电波的范围内,即可传递信号。

(3)储存数据的容量大:一维条形码的容量是 50Bytes;二维条形码最大的容量可储存 2000 至 3000 字符;RFID 卷标最大的容量可达数 Megabytes。

(4)可重复性使用:RFID 卷标因为本身数据可更新,因此可以重复不断地使用。

(5)可同时读取数个数据:RFID 标签的传感器可同时间辨识读取数个 RFID 标签。

二、RFID 技术的发展前景

RFID 的基本技术原理起源于"二战"时期,最初盟军利用无线电数据技术来识别敌我双方的飞机和军舰。战后,由于较高的成本,该技术一直主要应用于军事领域,并未很快在民用领域得到推广应用。直到20世纪八九十年代,随着芯片和电子技术的提高和普及,欧洲开始率先将 RFID 技术应用到公路收费等民用领域。到21世纪初,RFID 迎来了一个崭新的发展时期,其在民用领域的价值开始得到世界各国的广泛关注,特别是在西方发达国家,RFID 技术大量应用于生产自动化、门禁、公路收费、停车场管理、身份识别、货物跟踪等民用领域中,其新的应用范围还在不断扩展,层出不穷。

21 世纪初,RFID 已经开始在中国进行试探性的应用,并很快得到政府的大力支持,2006 年 6 月,中国发布了《中国 RFID 技术政策白皮书》,标志着 RFID 的发展已经提高到国家产业发展战略层面。到 2008 年年底,中国参与 RFID 的相关企业达数百家,已经初步形成了从标签及设备制造到软件开发集成等一个较为完整的 RFID 产业链。据专家估计,2008 年中国 RFID 相关产值达到 80 亿元左右,并将在未来 5～10 年保持快速发展。

目前,RFID 在中国的很多领域都得到实际应用,包括物流、烟草、医药、身份证、奥运门票、宠物管理,等等。以物流产业为例,应用 RFID 技术可以大幅提高物流运作效率,如加快货物出入库时间,减少现场操作人员,实现快速而精确的库存盘点,实现货物准确定位跟踪。产业升级将带动中国企业提升市场竞争能力,逐步由单体企业竞争上升为产业供应链的竞争。今后几年,一批国产 RFID 企业,如创羿科技、远望谷、上海华虹、维深集团等迅速发展壮大。在未来几年,我们会看到,RFID 的实施将摆脱仅仅由单个企业实施的窘境,而展现为企业所在整个供应链的协同实施,RFID 技术将会得到最大程度的发挥。

本章小结

管理信息系统是港口企业管理系统的一个重要方面,它可以划分为各种业务系统,一个港口企业中的管理系统由许多子系统构成,它在同一公司的使命下各司其职,相互协调,执行着制订目标、计划和组织、监督、调整及控制的职能。

电子港口是指在口岸建立一个高度信息化、智能化、网络化的综合物流信息系统,包括船舶单证子系统、海事信息子系统和查询服务子系统。电子口岸也叫口岸电子执法系统。中国电子口岸执法系统是由多个与旅游及进出口业务有关的政府行政管理部门共同开发维护的一个网站(www:chinaport.gov.cn),它具有以下功能:数据交换功能,存证举证功能,身份认证功能,事务处理功能,标准转换功能,查询统计功能,网上支付功能,网络隔离功能。

决策支持系统是一门综合性学科,其理论体系可以总结为三个基本特征:开放性、系统性和适合性。港口生产调度过程中可以借助的决策支持系统主要包括:辅助船舶泊位安排决策系统,全港资源利用实时查询系统,全港性生产资源调配决策系统,全港性生产会议辅助决策系统,以及辅助生产调度运作计划编制系统等。在全港性资源调配系统中,需要直观实时地掌握全港资源分布情况的功能,并能够根据港口生产进程进行更新。

邮轮港口管理的仿真技术运用主要体现在港口调度计算机动态图形仿真系统中。

思考题

1. 什么是管理信息系统?其特点是什么?有何功能?
2. 什么是电子港口?其特点是什么?有何功能?
3. 电子口岸的主要功能有哪些?
4. 管理信息系统是如何划分子系统的?

第9章 邮轮港口管理信息化

 案例分析

信息技术融入港口生产 智能化让港口变得更加"聪明"

智能化正悄然改变着港口和货主、旅客之间的关系:从之前"跑码头"到现在只要坐在电脑前点鼠标;从集装箱堆积在码头上等待出海,到现在信息化的生产调配,缩短了货物堆存时间。在港口转型升级的大潮中,智能化已然成为港口未来的发展方向。

信息化水平对港口发展所拥有的重要影响,已被国际所公认,它不仅是衡量港口综合实力的重要指标,甚至成为港口未来发展走向的决定力量。在此背景下,我国诸多港口纷纷尝试将物联网技术、大数据技术、云计算、地理信息系统(GIS)等信息技术应用到港口生产中。智能化让港口变得更加"聪明"。

一、港口生产靠"智慧"

依托多年的信息化建设成果,利用物联网、大数据、云服务等现代科技,大连港在转型升级的大潮中,将智慧升级作为港口新一轮升级的竞争焦点。

走进大连铁路集装箱中心站,只见大卡车进出装卸集装箱,除吊车上有位操作工外,整个过程均无人工值守,其智能化、现代化程度和作业效率令人称奇。

在中心站场内,并没有集装箱堆积如山。"原因很简单,我们这是中转站,完全不同于内陆场站,这里更不是堆场,集装箱存放越少说明中转效率越高。"中心站工作人员说。最让人叫绝的是无人值守智能门,卡车由此经过,上方的智能探头可自动分析出集装箱内装载的是什么、各有多重,这些信息通过光缆传到处理中心,然后自动下达指令,卡车司机就可在无人值守智能门出口处取到机打票据,且上面已标明下步该到何处办理相关业务。

作为北方最大的综合性港口,天津港围绕加快"智慧港口"建设的总体目标,以服务四大产业发展为主线,全力打造"智慧港口"。

一个事例很能说明天津港如何打造"智慧港口"。在码头堆场,过去一个集装箱从进入堆场闸口算起,到集装箱摆放到指定位置需要2分钟,甚至还可能发生集装箱放错位置的情况,而今只需要30秒就能完成。这得归功于智能闸口系统——基于RFID的集装箱陆运作业项目所带来的改变。天津港太平洋码头公司的闸口是7进6出,按照原先一个车道配置两人,每班就需要20个人,现在仅需要在中控室安排3个人。港口是4班3运转,现在12个人就能完成过去上百人的工作量,效率大大提升。

宁波港集团深入实施科技强港战略,加快推进港口信息化建设,构建现代化、信息化的港口管理与运作体系,努力打造智能港口。在宁波港北仑港区,宁波北仑国际集装箱码头有限公司控制策划员陈立君说,以前集装箱进港区后需要人工查箱点箱,一个人怕数错,还得有几个人核对。有了信息识别系统之后,集装箱里的所有信息自动识别,一目了然。现在宁波港口生产过程全部在信息化的"掌控"之下。所有数据每时每刻源源不断地汇集到中央控制系统,船几时停、几时开、用了哪个流程等都可以一清二楚地看到。

二、实时跟踪货物运输

当今,一个能提供智能高效的物流通关、物流链管理等一体化服务的"智能港"已成为客户的重要需求。

在大连港客户眼里,全程跟踪物流电子商务服务体系就是令他们省心又省时的智能化系统。犹如网上购物可以实时查商品运输位置一样,货主输入货物提单号可以随时查询货物的位置,实时跟踪货物,甚至连找运货的车和铁路班列都不用操心,全部由智能化港口来完成。

基于公共信息平台的海铁联运更是为客户提供了便捷、准确、经济的服务。大批集装箱运抵港口,通过协同调度,短时间内就可通过铁路、公路运往目的地。例如,进口集装箱在大连口岸落地,但是它的终点站在沈阳,大连港通过海运和铁路班列结合的方式将货物运到沈阳去。"客户免去了自己找车的烦恼,海铁联运不仅让客户省心,还为客户省钱。"大连港一个工作人员说。

天津港通过构建三大平台——一站式对外服务平台、业务协同联动平台和内部管理信息系统平台,使其成为集团提升自身管理水平和对外服务水平的有效手段。其中一站式对外服务平台又称"津港通",可为客户提供统一标准化的服务流程和准确的信息查询,通过安全、便捷的网上操作模式实现业务办理流程的远程操作和无纸化办理,提高了集团的服务水平和对外形象。

而宁波港研发的 EDI 数据交换平台为港口生产提供全方位信息服务,为宁波口岸的港口码头、船公司船代、集疏运场站、理货、货主及相关代理和海关等监管执法部门提供了高效、便利、快捷、准确、经济的电子数据交换服务;在此基础上还提供了诸如海关双信息放行、国际中转、国内支线中转、海铁联运中转等 80 多项增值服务功能,建立了与国际互联的集装箱运输 EDI 系统,有效促进了宁波口岸业务办理的规范化、标准化、电子化以及区域物流服务水平的提升。目前,宁波港 EDI 报文传输用户数 943 个,月平均电子单证传输量 140 万条;一站式用户数 487 个,月平均一站式申报操作量 3200 票以上。

三、移动终端使港口生产更便捷

移动互联网技术是移动通信和互联网两大领域技术深度融合的产物,其影响正迅速地向经济、社会、文化的各领域进行广泛的渗透扩散。大力发展移动互联网技术应用已成为港口转变经济发展方式,打造"智慧港口"的全新战略抓手。

"在港口,几乎所有的职工都在使用智能手机。我们的目标就是将这些智能手机以及各类移动工业终端充分利用起来,为港口生产经营和建设发展做出新贡献。"连云港港集团通信公司总经理王兴好表示。

"不管我在哪里,只要装上这个 APP 就可以通过这部手机了解公司的全部情况,包括码头的生产甚至整个大楼的用水、用电等。"连云港港集团董事长白力群在接受媒体采访时介绍了由集团通信公司推出的一款智能化 APP 软件。

如今,连云港港职工可以通过手机终端随时随地了解掌握工作动态,码头生产都可以通过手机终端随时随地掌握进度、监督安全,港口客户远在万里都可以通过手机终端掌握码头货物和作业情况,了解货运市场动态。

大连港推出了"大连港航运通"移动应用系统,不管腹地客户走到哪里,只需用自己事先下载安装有这一软件的手机,就能很方便地查到大连口岸动态、船期查询、通知公告、港航114、我的订单、港口介绍、大连港客服热线等信息。如果客户想预订集装箱舱位,通过手机终端了解了相关航线船舶基本情况、舱位现状后,就可顺利完成预订。

港口生产智能化、信息化已经成为必然趋势,而移动互联网技术的运用将使港口生产智能化更加灵巧、快捷,更充满智慧。

四、打造智能化港口

作为智慧城市基础建设之一,智慧港口承载着中国港口向国际枢纽演化的期望。

在国外,如新奥尔良港、鹿特丹港、汉堡港和新加坡港等国际港口在现代信息技术方面的应用早为人熟知且享誉国际。如今,我国港口加快推进信息化建设,构建现代化、信息化的港口管理与运作体系,努力打造智能化港口,迈出了向国际枢纽港口看齐的关键一步。智慧照进港口现实。

借助信息的全面感知和智能互联能力,港口的集疏运、生产作业、海关监管、仓储物流、港口服务等多种港口需求做出智能化响应,让港口形成具备可持续内生动力,加速推动港口的业务升级,从而帮助港口实现向国际枢纽级港口的快速演变。

纵观世界主要港口的发展趋势,第二代港口仍是当今港口发展的主流。随着经济全球化、市场国际化和信息网络化,一些大型港口已经开始向第三代港口转型,正向国际化、规模化、系统化发展,形成高度整合的"大物流"港,因此,进一步拓展港口智能化功能的"增值物流"、打造技术密集型的"智能港"是当前和今后港口发展的潮流。我国港口只有跟上这一发展潮流,才能真正实现强港梦。

(资料来源:中国港口网,http://www.chinaports.org.)

结合案例思考以下问题:

1. 本案例所说"信息技术融入港口生产",这里的信息技术主要包括哪些?
2. 分析智能化让港口更加"聪明"主要表现在哪些方面。
3. 结合所学知识,谈谈中国港口如何才能实现强港梦。

第 10 章 邮轮港口突发事件管理

本章导读

2015年夏季的邮轮旅游和中国股市一样,屡创"跌停板",其中的成因其实在一两年前就已显现,只是全行业未能意识到。"灿鸿"台风来袭、韩国疫情蔓延、"东方之星"沉船事件的影响,在很短时间内,直接的、间接的风险集中来袭,导致很多游客打消了乘坐邮轮的念头。邮轮旅游并非刚需,在风险出现时,这种需求很容易被放弃。2015年邮轮风险短时间内集中爆发,可称是最后一根稻草。

邮轮游客突发性事件与社会上群体性事件有着本质的不同,大多是由于航次不正常,服务不到位等原因,导致旅客认为自己的自身权益受到侵害,其利益诉求与邮轮公司和旅行社利益发生冲突,双方产生严重的利益对立,旅客以"闹事"的形式来表达自己的不满情绪,大多数事件旅客的要求和目的是合理的,但是采取了非法的手段。对待邮轮旅客突发性群体事件应当本着客观冷静的态度。从诉求到闹事再发展为群体事件,中间有着很长的酝酿期,厘清事件的主客观原因是做好处置工作的前提。

面对邮轮突发性事件的突发性和破坏性,相关部门应该关注的是预警基础准备工作,使人们在面对类似事件时变得更理性、更灵活、更团结、更有责任、反应更快,这既是提高突发公共事件的处理能力,最大限度地减少损失的关键,也是迅速展开事后恢复的坚实基础。

本章主要介绍邮轮港口突发事件的管理,包括邮轮突发性群体事件的风险分析与界定,邮轮港口突发性事件风险预警与评价,邮轮港口突发性事件的应急处置等。

第一节 邮轮突发性群体事件的风险分析与界定

一、突发性群体事件的定义

突发性群体事件是指由某些社会矛盾引发,特定群体或不特定多数人聚合临时形成的偶合群体,以人民内部矛盾的形式,通过没有合法依据的规模性聚集,对社会造成负面影响的群体活动、发生多数人语言行为或肢体行为上的冲突等群体行为的方式,或表达诉求和主张,或直接争取和维护自身利益,或发泄不满、制造影响,因而对社会秩序和社会稳定造成重大负面影响的各种事件。其特点包括群体性、组织性、仿效性、破坏性以及反复性。

邮轮突发性群体事件,主要特指在邮轮旅游中,由于邮轮班次不正常或其他特定原因,发生的邮轮旅客10人以上聚众共同实施违反国家法律、危害公共安全、扰乱公共秩序的行为,表现行为主要是强行占据邮轮、阻碍正常邮轮班次运行、阻碍其他班次旅客乘船、引发冲突、封堵港口道路交通,以及打、砸、破坏港口公共设施,辱骂、殴打邮轮公司、邮轮港公司以及旅行社工作人员等极端行为的事件。

二、邮轮承运纠纷的责任

邮轮旅游所涉及的利益关系方较一般的水上、陆地上及航空运输更为复杂,由于它执行更多的是旅游职能,整个邮轮旅游会涉及一系列的责任关系,即邮轮公司与旅行社、游客及邮轮港口的直接合同关系,旅行社与游客的合同关系,游客与港口的间接责任关系,很容易造成关系网混乱,引起承运纠纷。因此,不管是旅客、旅行社、邮轮公司还是港口都必须明确自己的承运责任,减少和避免承运纠纷的发生。

邮轮承运责任关系如图10-1所示。

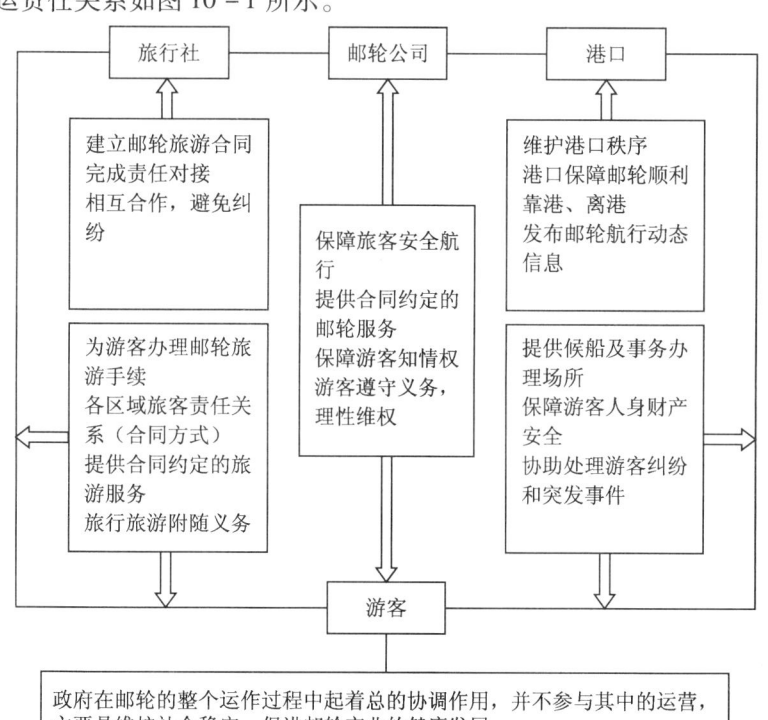

图10-1 邮轮承运责任关系

（一）邮轮公司

邮轮公司是提供服务的,其责任是为旅客提供安全可靠的按照合同拟定的航程;根据合同提供完善的合同内的服务,包括住宿、休闲、饮食、娱乐;如遇到突发事件要按照合同条款保障游客的利益。

邮轮公司的责任主要包括以下几点。

(1)签订合同明确各方责任。

(2)保障游客合同期内的安全航行。

(3)航行前影响因素预测发布。

(4)履行邮轮旅游合同。

(5)合理延误下的其他责任(告知义务、协助义务等)。

（二）旅行社

在邮轮旅游中,旅行社起着非常重要的作用,从船票销售到整个邮轮旅行过程,绝大部分都是由旅行社辅助完成的。在旅行社业务合同中,代办合同和包办合同是最常见的两种。在中国,旅行社接受邮轮旅游业务时,基本都是旅行社包办邮轮旅游业务或者包船业务。包办旅游或包船合同因其内在规定性,即提供综合性的旅游服务,所涉及的法律关系非常复杂,包括与邮轮公司、游客的合同关系等,为了在出现纠纷时方便问题的解决,必须明确旅行社在邮轮旅游的整个承运期内的责任。

(1)明确与游客的责任关系。

(2)明确与邮轮公司的合同关系。

(3)合理承担合同责任。

（三）游客

作为消费者的游客,在整个邮轮旅游过程中享有享受合同所拟定的服务的权利。但是在旅行社、邮轮公司以及港口履行相关承运责任后,游客也应该履行相关义务,其最基本的是,游客应该履行海商合同和旅游合同两方面的义务。

(1)支付包括船票价款在内的旅游费用。

(2)附随义务。依照诚信原则以及旅游合同的特征,旅客还负有以下附随义务:

①协助义务。登船前和在船期间,应该仔细阅读相关合同规定和注意事项,服从船长的指挥和管理,配合旅行社的工作安排。在岸上游览观光时,应该尊重当地的语言文化和风俗习惯。

②提交旅游所需证件的义务。

③守时、守法的义务。旅客应当准时集合,按照规定或约定的限量携带行李,不得擅自携带或在行李中夹带违禁品或者危险品。

游客在维护自己合法权益时,应该理性维权,应该根据合同条款以及相关法律规定,通过正当的法律渠道维护自己的合法权益,不应该以类似"滞船"这样的手段来维权,这样不仅不利于问题的解决,而且还影响了公共秩序。

（四）邮轮港

邮轮港不同于车站、机场和货运码头,除了执行码头功能,即提供邮轮停泊及上落访客及行李、货物之外,虽然与游客没有直接的合同关系,但是和邮轮公司有合同关系,因而在一定程度上构成辅助承运关系。

(1)邮轮港口应该辅助邮轮公司发布邮轮到达实时信息,及时跟踪发布邮轮航次安排、气候变化等信息,让游客充分了解邮轮相关运营信息。

(2)邮轮港口的功能之一是游客上下船的集散枢纽,港口有责任维护现场运营秩序,保证客运大厅内设施、设备运营正常,努力为游客提供一个安全、整洁的候船环境。

(3)港口需要提供处置问题时的旅客休息的场所,及时协调港口各保障部门、旅行社和邮轮公司,做好处置问题时的服务保障工作,如果旅客因"滞船"提出超出协议范围的要求,港口需积极主动联系旅行社和邮轮公司协调解决。

(4)辅助邮轮公司解决港口突发事件,维护港口及社会秩序。在实际运行中,邮轮港常常会出现因邮轮延误纠纷而发展成为危害社会公共安全的突发事件,此时相关政府部门处理这些突发事件的有效性,是旅客出行与邮轮的安全、和谐发展的重要保障。特别是当邮轮旅客因各种承运纠纷或者突发事件而"强行滞留"时,港口有责任维持现场秩序,辅助邮轮公司及相关部门解决问题,疏散游客,保证港口及邮轮的正常运行。

第二节 邮轮港口突发性事件风险预警与评价

突发事件是指突然发生的,造成或可能造成重大人员伤亡、财产损失、生态环境破坏和严重社会危害、危及公共安全的紧急事件。邮轮港区的突发事件主要包括邮轮事故、气象灾害以及突发公共事件。要想减少这些突发事件给邮轮港口带来的危害,就要建立健全邮轮港口突发事件监测预警体系,监测和收集邮轮港口的突发事件相关信息,进行必要的风险分析,预测事件发生的概率和严重性,并借助于国内外经验,对时间做出判断,发布预警信息,采取预防措施。预防要领在于实现"人—机—环境—管理"系统的本质化安全。英国著名危机管理专家迈克尔·里杰斯特说,预防是解决突发公共事件的最好方法。这就要求把预警放在首位。

预警就是在事件发生前进行预先警告,即突发公共事件职能部门对将来可能发生的危险进行事先的预报,以提请相关当事人的注意。预警系统是指为了在突发公共事件来临时能尽早地发现,而建立一套能感应突发公共事件来临的信号,并判断这些信号与突发公共事件之间的关系的系统,通过对突发公共事件风险来源、突发公共事件征兆进行不断的监测,从而在突发公共事件来临时及时向单位或个人发出警报,对突发公共事件采取行动。

建立邮轮港口突发事件检测预警体系,涉及港口、旅行社、邮轮公司、气象部门等,只有通过加强各部门之间的合作,实现信息共享,及时有效收集各方面的预警信息并予以发布,才能更好地做好预警工作。

一、预警体系

(一)检测环节

像由于天气原因,游客无法登船滞留在港口这样的情况,可以通过视频监控系统,结合图像处理技术设计预警系统。该预警系统主要由 PC 机和摄像头监控系统组成,其工作流程如图 10-2 所示。

首先在港口的安检区域、行李托运区域以及上下船区域都要安装摄像头监控系统,收集图像信息;其次经过图像处理系统,提取目标人群位置信息,分析目标人群的密度;再次根据提前输入电脑的根据历史案例分析出来的预警规则库(见表 10-1),看是否具有发生群体性的前提条件(如船期延误、合同纠纷等),是否具有发生群体性事件的特征(如人口密度、移动速度、形状等),最后根据人群设计人数触动相应等级的预警。

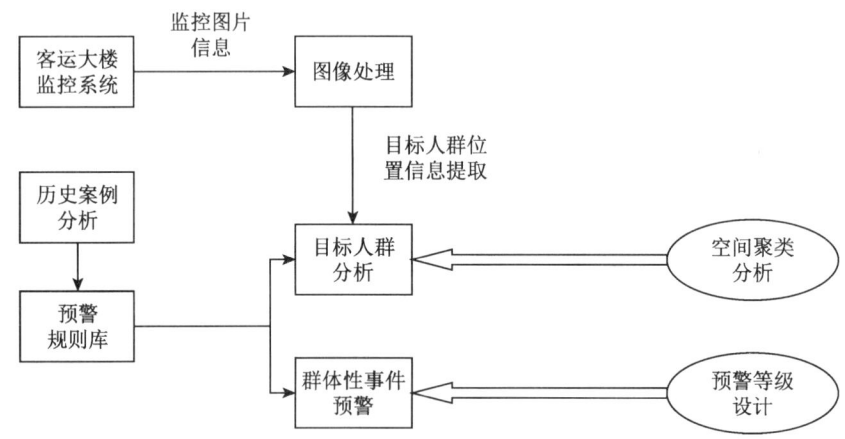

图 10-2　港口安全预警系统工作流程

表 10-1　港口安全预警规则库

人群密度(人/m²)	区域	聚集形状	延误时间(min)	预警
0.8~1.2	登船口	近扇形	60~120	Ⅰ级
1.2~1.9	安检区	近扇形	60~120	Ⅱ级
>3	候船厅	近椭圆形	>120	Ⅲ级
…	…	…	…	…

(二)靠港邮轮检测

可能由于多种原因,游客和船方发生纠纷,在船上发生一些群体性事件。由于这类事件在船上就已经发生,人数在可控的范围内,只要船方与港口实现信息的共享,就可以基本上确定群体性事件的规模和严重性,也就可以确定相应等级的预警。

(三)其他检测

由于交通受阻,游客和旅行社未沟通等原因,造成游客无法按时到达港口,就可能在游客到达港口时发生群体性事件。针对类似情况,旅行社与港口应实现一定程度的信息交互共享,在港口统计等船人数,估计可能发生的群体性事件的规模,确定好相应等级的预警。

(四)评价环节

准确及时地评价潜在的突发事件是有效处置的前提。在先前预测的基础上,由相关责任主体启动相关应急预案的相应措施,指挥协调并进行处置。为了有效处理各类突发事件,依据突发事件可能造成的危害程度、涉及范围、影响力大小、人员及财产损失等情况,由高到低划分为特别重大(Ⅰ级)、重大(Ⅱ级)、较大(Ⅲ级)、一般(Ⅳ级)4个级别。

二、预警类型

要减少港口群体性突发事件,就应该对导致群体性事件发生的邮轮事故、气象灾害以及突发公共事件进行及时有效的预警,采取有效的防护手段,将突发事件可能对港口造成的危害降至最低。

(一)邮轮事故预警

邮轮事故主要是指在港区内邮轮停靠或在行驶过程中发生的事故。邮轮事故分为4级,分别是特别重大(Ⅰ级)、重大(Ⅱ级)、较大(Ⅲ级)、一般(Ⅳ级),分别用红色、橙色、黄色、蓝色表示。这主要根据邮轮事故可能造成的紧急程度、危害程度以及形象范围来区分。根据表10-2可以很清楚地区分四个等级。

表10-2 邮轮事故预警级别

预警级别	级别描述	较大可能发生的事件类型	信息发布
Ⅰ级	特别重大(红色)	邮轮发生特大火灾;邮轮触礁沉没;特大人员伤亡事故;邮轮设备损坏,造成海洋特大面积污染事故(如埃克森巨型油轮的漏油事故)	加强与邮轮的信息互动,加强与海事、海警、消防及医疗部门的信息互动,为救援工作提供后方保障;通过紧急呼叫报告上级;立即通知相关公司和旅行社做好应急措施
Ⅱ级	重大(橙色)	邮轮发生重大火灾;邮轮触礁导致邮轮严重损坏;重大人员伤亡;邮轮设备损坏造成海洋严重污染	加强与邮轮的信息互动,通过互动机制通知海事、海警、消防、医疗部门进行救援;通过紧急呼叫报告上级;通知相关公司和旅行社做好应急措施
Ⅲ级	较大(黄色)	邮轮发生较大火灾;邮轮触礁导致邮轮较严重损坏;较大人员伤亡;邮轮设备损坏造成海洋较大面积污染	加强与邮轮的信息互动,通过紧急呼叫报告上级;通过预警互联机制通知海事部门及相关公司和旅行社做好应急措施
Ⅳ级	一般(蓝色)	邮轮发生一般火灾;邮轮触礁导致邮轮一般损坏;一般人员伤亡;邮轮设备损坏造成海洋一般面积污染	与邮轮信息共享,了解实况信息;用广播或屏幕通知相关工作人员做好应急准备;通知相关公司与旅行社做好应急措施

(二)气象灾害预警

气象灾害是指在港区内由于不正常的气温、降水、能见度等对邮轮航行带来不便或给邮轮及游客带来安全威胁。预警级别根据气象灾难的严重程度分为特别重大(Ⅰ级)、重大(Ⅱ级)、较大(Ⅲ级)、一般(Ⅳ级)4级,分别用红色、橙色、黄色、蓝色表示(见表10-3)。

表10-3 气象灾害预警级别

预警级别	级别描述	较大可能发生的事件类型	信息发布
Ⅰ级	特别重大(红色)	12小时内可能或已经受到平均风力12级以上的台风影响并可能持续;3小时内降雨量达到100毫米,并可能持续降雨;天气酷热,24小时内最高气温将会达到39℃以上;2小时内可能或已经出现能见度小于50米的强浓雾,并可能持续	与气象部门、邮轮密切互动;通知海事、海警、相关邮轮公司、旅行社做好相关应急准备;通知港口应急组织立即做好应急准备;立即向上级报告
Ⅱ级	重大(橙色)	12小时内可能或已经受到热带气旋影响,平均风力10级或阵风11级,并可能持续;3小时内降雨量达到50毫米,并可能持续降雨;天气酷热,24小时内最高气温将会达到37℃以上;6小时内可能或已经出现能见度小于200米、大于50米的浓雾,并可能持续	加强与气象部门信息共享;加强与邮轮信息的互动;加强与相关邮轮公司和旅行社信息互动;通知海事、海警,做好相关准备;通知港口应急组织立即做好应急准备;立即向上级、市级报告
Ⅲ级	较大(黄色)	24小时内可能或已经受到热带气旋影响,平均风力8级或阵风11级,并可能持续;2小时内本市任意地方将有雷暴发生,或雷暴正在影响并将持续一段时间;6小时内有雷暴发生或强降水,并可能持续;天气酷热,24小时内最高气温将会达到35℃或接近35℃;12小时内可能或已经出现能见度小于500米、大于200米的强浓雾,并可能持续	加强与气象部门信息共享;加强与邮轮信息的互动;通过信息互动向海事部门传达预警信息;通知港口应急组织立即做好应急准备;立即向上级报告;通知相关公司
Ⅳ级	一般(蓝色)	24小时内可能或已经受到热带气旋影响,平均风力达到6级;3小时内降水达到1000毫升,并将持续降雨	与气象部门信息共享,随时关注天气变化;通知港口相关工作人员做好应急准备;通知相关公司

(三)突发公共事件预警

突发公共事件是指在港区内由于群体性事件(如"滞船"事件)、港口自身通过能力突然出现问题等导致港口秩序混乱的事件。预警级别根据突发公共事件的严重程度分为特别重大(Ⅰ级)、重大(Ⅱ级)、较大(Ⅲ级)、一般(Ⅳ级)4级,分别用红色、橙色、黄色、蓝色表示(见表10-4)。

表10-4 突发公共事件预警级别

预警级别	级别描述	较大可能发生的事件类型	信息发布
Ⅰ级	特别重大(红色)	港口瘫痪、港口通过能力遭受特别严重损坏或港口秩序严重混乱且影响重大,重要航道搁浅。参与人数在1000人及以上,发生群体性恶性事件,如打砸抢等,造成30人以上人员受伤,造成200万元以上直接财产损失	邮轮港公司及时通报当地政府,各级政府逐级上报,立即与公安部门信息互动,做好应急准备;通知港口工作人员立即做好应急准备
Ⅱ级	重大(橙色)	港口局部瘫痪、港口通过能力遭受特别严重损坏或港口秩序严重混乱且影响重大,重要航道堵塞严重。参与人数在300人及以上、1000人以下,发生群体性恶性事件,如拥挤、踩踏等,造成10人以上30人以下人员受伤,造成50万元以上直接财产损失	邮轮港公司及时通报当地政府,各级政府逐级上报,加强与公安部门信息互动;通知港口工作人员立即做好应急准备
Ⅲ级	较大(黄色)	港口堵塞、港口通过能力遭受较严重损坏,重要航道堵塞严重。参与人数在30人及以上300人以下,发生群体性恶性事件如打架、斗殴、闹事等,造成3人及以上、10人以下人员受伤,造成10万元以上直接财产损失	邮轮港公司及时通报当地政府,加强与公安部门信息互动;通知港口工作人员立即做好应急准备
Ⅳ级	一般(蓝色)	港口拥挤,港口通过能力遭受损坏,重要航道堵塞。参与人数在5人及以上,30人以下,发生群体性恶性事件,如闹事等,造成小范围人员受伤,造成3万元以上直接财产损失	邮轮港公司及时通报当地政府;通知港口工作人员立即做好应急准备

第三节　邮轮港口突发性事件的应急处置

一、应急处置相关主体

(一)应急管理责任单位

应急管理责任单位是具有应急管理职责或受突发事件影响的组织,是应急处置工作的发起人和最终责任人。一般而言,应急处置责任单位包括不同层级的政府及其职能部门和非政府组织等。以吴淞口邮轮港为例,在邮轮港区域内主要包括上海市旅游局、上海市口岸办、上海市交港局、上海市外办、上海市政府新闻办、上海市公安局(水上公安局、宝山区公安分局)、上海海关(吴淞海关)、上海出入境检验检疫局(吴淞出入境检验检疫局)、上海出入境边防检查总站(吴淞出入境边防检查站、浦江出入境边防检查站)、长航公安局、上海海事局(宝山海事局)、宝山区政府、宝山区旅游局、宝山区滨江委、邮轮港公司等。

(二)应急处置实体

应急处置实体是指具有特定技能,并在现场工作中完成特定应急工作的团队和人员,包括消防分队、执法分队、宣传分队以及医疗救护分队等。应急处置实体是事件现场应急处置工作的具体执行者,他们的职责是接受应急指挥人员下达的指令,并解决执行过程中出现的相关问题。

(三)事件发生当事人

事件发生当事人是在突发事件发生地点或者与事件具有直接关系的人员,是突发事件的直接作用对象和最早获知事件信息的人员。突发事件发生以后,事件发生当事人应该向相关应急管理责任单位报告事件相关信息,开展突发事件的先期处置工作,并积极参与现场应急处置工作。当事邮轮公司职员、旅行社导游和邮轮港公司员工需要担负起当事人的责任。

二、应急主体的职能分析

(一)不可抗力

不可抗力是指合同签订后,不是由于合同当事人的过失或疏忽,而是由于发生了合同当事人无法预见、无法预防、无法避免和无法控制的情况,以致不能履行或不能如期履行合同,发生意外事件的一方可以免除履行合同的责任或者推迟履行合同,我国《民法通则》对不可抗力的解释是指"不能预见、不能避免和不能克服的客观情况"。

在我国《合同法》中,不可抗力解释为:"不能预见、不能避免并不能克服的客观情况。"不可抗力条款中主要包括以下几种情形:

(1)自然灾害,如台风、冰雹、地震、海啸、洪水、火山爆发、山体滑坡。

(2)政府行为,如征收、征用。

(3)社会异常事件,如战争、武装冲突、罢工、骚乱、暴动等。

合同签订以后,发生了当事人既不能预见,又无法事先采取预防措施的意外事件,以致不能履行或不能如期履行合同,且非订约者任何一方当事人的过失或疏忽导致,遭受意外事件的一方可以免除履行合同的责任或延期履行合同。

不可抗力的特点是:

(1)不可抗力是当事人不能预见的事件。

(2)不可抗力是当事人不能控制的事件。

（3）不可抗力是独立于当事人意志和行为以外的事件。

（4）不可抗力是阻碍合同履行的客观事件。

在邮轮行业中，不可抗力多体现在天气原因（如大风、大雾、潮汐等）导致邮轮无法靠港，由此导致邮轮行程变更或取消部分依靠港口等，甚至取消邮轮班次。

以上海吴淞口国际邮轮港为例，不可抗力情况下应急主体职能分析见表10-5。

表10-5 不可抗力情况下应急主体职能

Ⅳ级（蓝色）：一般群体性事件（涉及人数5人及以上，30人以下）	Ⅲ级（黄色）：较大群体性事件（30人及以上，300人以下）	Ⅱ级（橙色）：重大群体性事件（300人及以上，1000人以下）	Ⅰ级（红色）：特别重大群体性事件（1000人及以上）
1.邮轮港现场应急小组：①报告邮轮港公司应急小组。②措施：加强与气象台、船方联系，掌握气象消息和船舶动态	1.邮轮港现场应急小组：①报告邮轮港公司应急小组。②措施：加强与气象台、船方联系，掌握气象消息和船舶动态，同时加强与交通广播电台等媒体的联系，及时发布船期变更消息	1.邮轮港现场应急小组：①报告邮轮港公司应急小组。②措施：加强与气象台、船方联系，掌握气象消息和船舶动态，同时加强与交通广播电台等媒体的联系，及时发布船期变更消息，指挥船舶安全靠离港，并启用备用泊位	1.邮轮港现场应急小组：①报告邮轮港公司应急小组。②措施：加强与气象台、船方联系，掌握气象消息和船舶动态，同时加强与交通广播电台等媒体的联系，及时发布船期变更消息，指挥船舶安全靠离港，并启用备用泊位
2.邮轮公司应急小组：①组织客运员加强服务和秩序维护。②加强广播宣传，稳定乘客情绪。③分管领导将相关情况上报宝山区滨江委。④发布蓝色预警	2.邮轮公司应急小组：①组织客运员加强服务和秩序维护。②加强广播宣传，稳定乘客情绪。③加强广场、码头和备用候船室的客运服务。④分管领导将相关情况上报宝山区滨江委。⑤发布黄色预警	2邮轮公司应急小组：①组织客运员加强服务和秩序维护，启用备用候船室。②加强广播宣传，稳定乘客情绪。③加强广场、码头和备用候船室的客运服务。④分管领导将相关情况上报宝山区滨江委。⑤发布橙色预警	2邮轮公司应急小组：①组织客运员加强服务和秩序维护，启用备用候船室。②加强广播宣传，稳定乘客情绪。③加强广场、码头和备用候船室的客运服务。④分管领导将相关情况上报宝山区滨江委。⑤发布红色预警

（二）旅行社票务纠纷

旅行社票务纠纷是指由于旅行社原因导致游客所享受的服务未到位所引起的票务纠纷。通常体现为旅行社输入游客身份错误导致游客无法上船；旅行社无法提供相应的附加服务，如岸上观光、升舱等。

以上海吴淞口国际邮轮港为例，旅行社票务纠纷情况下应急主体职能分析见表10-6。

表10-6 旅行社票务纠纷中应急主体职能

Ⅳ级（蓝色）：一般群体性事件（涉及人数5人及以上，30人以下）	Ⅲ级（黄色）：较大群体性事件（30人及以上，300人以下）	Ⅱ级（橙色）：重大群体性事件（300人及以上，1000人以下）	Ⅰ级（红色）：特别重大群体性事件（1000人及以上）
1.邮轮港现场应急小组：报告邮轮港公司应急小组	1.邮轮港现场应急小组：报告邮轮港公司应急小组	1.邮轮港现场应急小组：报告邮轮港公司应急小组	1.邮轮港现场应急小组：报告邮轮港公司应急小组
2.邮轮港公司应急小组：①分管领导将相关情况上报宝山区滨江委。②组织客运员加强服务和秩序维护工作；配合邮轮公司、旅行社积极组织"非强行滞留"邮轮游客迅速、安全、有序下船。③做好必要的服务，积极协助经劝导后愿意离船的"滞船"游客离船、离港；做好广场、码头的服务工作。④加强广播宣传，稳定乘客情绪。⑤加强与邮轮工作人员以及旅行社领队的联系，掌握群体性事件的动态信息；同时，加强与交通广播电台等媒体的联系，及时发布船期变更消息。⑥发布蓝色预警	2.邮轮港公司应急小组：①分管领导将相关情况上报宝山区滨江委。②组织客运员加强服务和秩序维护工作；配合邮轮公司、旅行社积极组织"非强行滞留"邮轮游客迅速、安全、有序下船。③做好必要的服务，积极协助经劝导后愿意离船的"滞船"游客离船、离港；做好广场、码头的服务工作。④加强广播宣传，稳定乘客情绪。⑤加强与邮轮工作人员以及旅行社领队的联系，掌握群体性事件的动态信息；同时，加强与交通广播电台等媒体的联系，及时发布船期变更消息。⑥发布黄色预警	2.邮轮港公司应急小组：①分管领导将相关情况上报宝山区滨江委。②组织客运员加强服务和秩序维护工作；配合邮轮公司、旅行社积极组织"非强行滞留"邮轮游客迅速、安全、有序下船。③做好必要的服务工作，积极协助经劝导后愿意离船的"滞船"游客离船、离港，做好广场、码头的服务工作。④加强广播宣传，稳定乘客情绪。⑤加强与邮轮工作人员以及旅行社领队的联系，掌握群体性事件的动态信息；同时，加强与交通广播电台等媒体的联系，及时发布船期变更消息。⑥发布橙色预警	2.邮轮港公司应急小组：①将相关情况报告给宝山区滨江委。②组织客运员加强服务和秩序维护工作；配合邮轮公司，旅行社积极组织"非强行滞留"邮轮游客迅速、安全、有序下船。③做好必要的服务工作，积极协助经劝导后愿意离船的"滞船"游客离船、离港。做好广场、码头的服务工作。④加强广播宣传，稳定乘客情绪。⑤加强与邮轮工作人员以及旅行社领队的联系，掌握群体性事件的动态信息；同时，加强与交通广播电台等媒体的联系，及时发布船期变更消息。⑥指挥船舶安全靠离港，并启用备用泊位。⑦发布红色预警

（三）游客个人原因

游客个人原因是指其他责任人及责任单位无责状态下，由于信息不畅而引起乘客的突发事件。通常体现为游客突发急性病、游客无法按时到达或离开港口等。

以上海吴淞口国际邮轮港为例，游客突发事件情况下应急主体职能分析见表10-7。

表 10-7　游客突发事件中应急主体职能

Ⅳ级（蓝色）：一般群体性事件（涉及人数5人及以上，30人以下）	Ⅲ级（黄色）：较大群体性事件（30人及以上，300人以下）	Ⅱ级（橙色）：重大群体性事件（300人及以上，1000人以下）	Ⅰ级（红色）：特别重大群体性事件（1000人及以上）
1.邮轮港现场应急小组：①报告邮轮港公司应急小组。②措施：维持现场秩序，疏散人群；确保人群远离传染病源	1.邮轮港现场应急小组：①报告邮轮港公司应急小组。②措施：维持现场秩序，疏散人群；安抚人群情绪，确保人群远离传染病源	1.邮轮港现场应急小组：①报告邮轮港公司应急小组。②措施：维持现场秩序，疏散人群；安抚人群情绪，确保人群远离传染病源；暂时停止通关，启用备用通关通道	1.邮轮港现场应急小组：①报告邮轮港公司应急小组。②措施：维持现场秩序，疏散人群；安抚人群情绪，确保人群远离传染病源；暂时停止通关，启用备用通关通道
2.邮轮公司应急小组：①收拢受染人员，并对其他人员进行安全排查。对已经出现症状的人员，分别引领到不同的临时隔离室（控制点）。②建立快速通道和隔离区；保障后续医疗卫生部门专业人员、车辆、设备物资等进出处置现场的通畅；禁止无关人员、车辆进入污染区。③发布蓝色预警	2.邮轮公司应急小组：除①②项外，④组织有关人员对污染环境进行安全检测，并评价消毒效果；及时通知相关医疗机构和人员抢救伤员。⑤分管领导将相关情况上报宝山区政府及有关部门。⑥发布黄色预警	2.邮轮公司应急小组：除①②④⑤项外，⑦及时通知相关医疗机构和人员抢救伤员，启用"邮轮港口客运楼疏散预案"。⑧发布橙色预警	2.邮轮公司应急小组：除①②④⑤⑦项外，⑨保障后续医疗卫生部门专业人员、车辆、设备、物资等进出处置现场的通畅；根据可疑传染病的种类、病例数量、病原微生物、生物毒素和生物战剂的种类、数量、危害性等实际情况，划定封锁和隔离区域，禁止无关人员和车辆进入污染区。⑩发布红色预警

（四）船方处置原因

船方处置原因是指由邮轮公司引起的船期误点、邮轮事故等原因造成游客无法享受到或全面享受其合同上本应该享受的权利，由此造成的群体性突发事件。通常体现为邮轮擦碰（碰到其他船只或港口）、邮轮误点（非不可抗力原因）以及因不可抗力原因的误点却未能够及时通知游客。

以上海吴淞口国际邮轮港为例，船方突发事件情况下应急主体职能分析见表10-8。

表 10-8　船方突发事件中应急主体职能

Ⅳ级(蓝色):一般群体性事件(涉及人数 5 人及以上,30 人以下)	Ⅲ级(黄色):较大群体性事件(30 人及以上,300 人以下)	Ⅱ级(橙色):重大群体性事件(300 人及以上,1000 人以下)	Ⅰ级(红色):特别重大群体性事件(1000 人及以上)
1.邮轮港现场应急小组:①报告邮轮港公司应急小组。②措施:迅速启动"应急处置机制"	1.邮轮港现场应急小组:①报告邮轮港公司应急小组。②措施:迅速启动"应急处置机制"	1.邮轮港现场应急小组:①报告邮轮港公司应急小组。②措施:迅速启动"应急处置机制"	1.邮轮港现场应急小组:①报告邮轮港公司应急小组。②措施:迅速启动"应急处置机制"
2.邮轮公司应急小组:①组织客运员加强服务,维持秩序,疏散旅客,并及时救助船上游客,协助其安全下船。②加强广播宣传,稳定乘客情绪。③积极组织人员对邮轮相关设施进行初步应急修复,最大限度保障邮轮及游客的安全。④加强广场、码头和备用候船室的客运服务。⑤分管领导将相关情况上报宝山区政府。⑥发布蓝色预警	2.邮轮公司应急小组:①组织客运员加强服务,维持秩序,疏散旅客,启用备用候船室并及时救助船上游客,协助其安全下船。②加强广播宣传,稳定乘客情绪。③积极组织人员对邮轮相关设施进行初步应急修复,最大限度保障邮轮及游客的安全。④加强广场、码头和备用候船室的客运服务。⑤分管领导将相关情况上报宝山区政府。⑥发布黄色预警	2.邮轮公司应急小组:①组织客运员加强服务,维持秩序,疏散旅客,启用备用候船室并及时救助船上游客,协助其安全下船。②加强广播宣传,稳定乘客情绪。③积极组织人员对邮轮相关设施进行初步应急修复,最大限度保障邮轮及游客的安全。④加强广场、码头和备用候船室的客运服务。⑤分管领导将相关情况上报宝山区政府。⑥发布橙色预警	2.邮轮公司应急小组:①组织客运员加强服务和秩序,疏散旅客,启用备用候船室并及时救助船上游客,协助其安全下船。②加强广播宣传,稳定乘客情绪。③积极组织人员对邮轮相关设施进行初步应急修复,最大限度保障邮轮及游客的安全。④负责广场、码头和备用候船室的客运服务。⑤分管领导将相关情况上报宝山区政府。⑥发布红色预警

(五)码头异常

码头异常是指由于码头原因导致邮轮无法按时通航或游客滞留的情况。具体表现在码头设施瘫痪,码头突发事件(水灾、停电、发生恐怖事件或疫情等)。

以上海吴淞口国际邮轮港为例,码头突发事件情况下应急主体职能分析见表 10-9。

第10章 邮轮港口突发事件管理

表10-9 码头突发事件中应急主体职能

（一）码头火灾			
Ⅳ级（蓝色）：一般群体性事件（涉及人数5人及以上，30人以下）	Ⅲ级（黄色）：较大群体性事件（30人及以上，300人以下）	Ⅱ级（橙色）：重大群体性事件（300人及以上，1000人以下）	Ⅰ级（红色）：特别重大群体性事件（1000人及以上）
1.邮轮港现场应急小组：①报告邮轮公司应急小组。②措施：在场工作人员利用附近的灭火器械扑救，尽量控制火势发展；可能情况下，关闭门窗以减缓蔓延速度；在扑救无效的情况下，拨打火警电话	1.邮轮港现场应急小组：①报告邮轮港公司应急小组。②报警：向长航公安局上海分局宝山派出所报警，报告内容包括火警具体地点、燃烧物性质、火势蔓延方向等	1.邮轮港现场应急小组：①报告邮轮港公司应急小组。②报警：向长航公安局上海分局宝山派出所报警，报告内容包括火警具体地点、燃烧物性质、火势蔓延方向等	1.邮轮港现场应急小组：①报告邮轮港公司应急小组。②报警：向长航公安局上海分局宝山派出所报警，报告内容包括火警具体地点、燃烧物性质、火势蔓延方向等
2.邮轮公司应急小组：①将监控镜定在起火位置，密切监视火势发展态势。②启用消防紧急广播，加强广播宣传，稳定游客情绪。③发布蓝色预警	2.邮轮公司应急小组：除①②项外，④启用消防设备，将游客有序疏散到安全地带。⑤做好泊位、船期调整的准备工作；启用"邮轮港口客运楼疏散预案"。⑥分管领导将相关情况上报宝山区政府及有关部门。⑦发布黄色预警	2.邮轮公司应急小组：除①②④⑤项外，⑧参加自救和秩序维护工作。⑨清除路障，指挥无关车辆离开现场，维持港区外围秩序；禁止无关人员进入港区，指挥疏散人员离开港区；等待引导消防局消防员到火灾现场。⑩发布橙色预警	2.邮轮公司应急小组：除①②④⑤⑥⑧⑨项外，⑪发布红色预警
（二）码头停电			
1.邮轮港现场应急小组：报告邮轮公司应急小组	1.邮轮港现场应急小组：报告邮轮港公司应急小组	1.邮轮港现场应急小组：报告邮轮港公司应急小组	1.邮轮港现场应急小组：报告邮轮港公司应急小组
2.邮轮公司应急小组：①组织客运员维持秩序，做好内疏外堵工作，并及时动用应急备用队伍。②启用手提喇叭，做好宣传工作，稳定游客情绪。③立即组织检查，排除故障，恢复供电，如外线停电，马上与宝山供电所值班室联系。④待供电系统修复后，继续安排游客登船和开展其他各项业务活动	2.邮轮公司应急小组：除①②③④项外，⑤开启备用油机为助航灯光、港口管理指挥及客运楼等地提供电源，确保主要部门和区域的用电需求。⑥分管领导将相关情况上报宝山区政府	2.邮轮公司应急小组：除①②④⑤⑥项外，⑦内部信息系统采用UPS实施供电，固定电话用UPS和油机提供保障，及时请求移动和电信部门提供应急供电车，对移动通信设备予以保障	2.邮轮公司应急小组：除①②③④⑤⑥⑦项外，⑧待供电系统修复后，继续安排游客登船和开展其他各项业务；启用"邮轮港口客运楼疏散预案"

续表

(三)港区恐怖事件			
1.码头保安及工作人员:及时将现场情况报告给分管领导,组织游客迅速疏散到安全地带,视情况对恐怖分子进行有效监控	1.码头保安及工作人员:及时将现场情况报告给分管领导,组织游客迅速疏散到安全地带,视情况对恐怖分子进行有效监控	1.码头保安及工作人员:及时将现场情况报告给分管领导,组织游客迅速疏散到安全地带,对现场局势进行有效控制,视情况对恐怖分子进行有效监控	1.码头保安及工作人员:及时将现场情况报告给分管领导,组织游客迅速疏散到安全地带,对现场局势进行有效控制,视情况对恐怖分子进行有效监控
2.邮轮公司应急小组:①组织客运员维持秩序,做好内疏外堵工作,启用"邮轮港口客运楼疏散预案"。②启用手提喇叭,做好宣传工作,稳定游客情绪。③参加自救和秩序维护工作。④清除路障,指挥无关车辆离开现场,维持港区外围秩序;禁止无关人员进入港区,等待并引导外援力量到达现场。⑤发布蓝色预警。⑥上报长航公安局上海分局宝山派出所及宝山政府	2.邮轮公司应急小组:①组织客运员维持秩序,做好内疏外堵工作,启用"邮轮港口客运楼疏散预案"。②启用手提喇叭,做好宣传工作,稳定游客情绪。③参加自救和秩序维护工作。④清除路障,指挥无关车辆离开现场,维持港区外围秩序;禁止无关人员进入港区,等待并引导外援力量到达现场。⑤发布黄色预警。⑥上报长航公安局上海分局宝山派出所及宝山政府	2.邮轮公司应急小组:①组织客运员维持秩序,做好内疏外堵工作,启用"邮轮港口客运楼疏散预案"。②启用手提喇叭,做好宣传工作;在稳定游客情绪的同时,对恐怖分子进行有效震慑。③参加自救和秩序维护工作。确保游客疏散过程的安全有序。④清除路障,指挥无关车辆离开现场,维持港区外围秩序;禁止无关人员进入港区,等待并引导外援力量到达现场。⑤发布橙色预警。⑥上报长航公安局上海分局宝山派出所及宝山政府	2.邮轮公司应急小组:①组织客运员维持秩序,做好内疏外堵工作,启用"邮轮港口客运楼疏散预案"。②启用手提喇叭,做好宣传工作;在稳定游客情绪的同时,对恐怖分子进行有效震慑。③参加自救和秩序维护工作。确保游客疏散过程的安全有序。④清除路障,指挥无关车辆离开现场,维持港区外围秩序;禁止无关人员进入港区,等待并引导外援力量到达现场。⑤发布红色预警。⑥上报长航公安局上海分局宝山派出所及宝山政府

 知识链接

应急预案

应急预案应形成体系,针对各级各类可能发生的事故和所有危险源制订专项应急预案和现场处置方案,并明确事前、事发、事中、事后的各个过程中相关部门和有关人员的职责。生产规模小、危险因素少的生产经营单位,综合应急预案和专项应急预案可以合并编写。

1. 综合应急预案

综合应急预案是从总体上阐述事故的应急方针、政策,应急组织结构及相关应急职责,应急行动、措施和保障等基本要求和程序,是应对各类事故的综合性文件。

2. 专项应急预案

专项应急预案是针对具体的事故类别(如煤矿瓦斯爆炸、危险化学品泄漏等事故)、危险源和应急保障而制订的计划或方案,是综合应急预案的组成部分,应按照应急预案的程序和要求组织制订,并作为综合应急预案的附件。专项应急预案应制定明确的救援程序和具体的应急救援措施。

3. 现场处置方案

现场处置方案是针对具体的装置、场所或设施、岗位所制订的应急处置措施。现场处置方案应具体、简单、针对性强。现场处置方案应根据风险评估及危险性控制措施逐一编制,做到事故相关人员应知应会,熟练掌握,并通过应急演练,做到迅速反应、正确处置。

第四节 国内外案例经验解析

一、"协和号"事件案例分析

2012年1月13日,意大利歌诗达邮轮公司的"协和号"邮轮在托斯卡纳大区吉廖岛附近违规驶入近岸浅海水域,随后因触礁而侧翻,大量海水随即涌入船体,导致邮轮侧倾。该船是在驶离罗马附近港口奇维塔韦基亚仅几小时后发生事故的,当时船上有4232名乘客,其中至少有32人死亡,包括4名乘客和1名船员。

此次搁浅导致"协和号"损失惨重,保险业界估计,承保的保险公司将要向歌诗达邮轮公司最多赔付8亿美元,包括船身、船员和旅客人命赔偿等。但劫后余生的旅客却未必赔偿,连因船难造成的额外住宿和餐饮等费用,要索赔也很困难,可能最终要自费。在1月17日,已有逾70名"协和号"乘客参与集体诉讼,控告歌诗达邮轮公司,要求歌诗达邮轮公司向每位游客赔偿至少1万欧元。有美国海事法专家指出,邮轮旅游合约定明,任何诉讼必须在意大利热那亚提出,因此索偿必须在意大利兴讼,海外难受理。1月27日,"协和号"所属的歌诗达邮轮公司宣布,将赔偿"协和号"每一位未在事故中受伤的乘客1.1万欧元,以补偿乘客所丢失行李和所承受的精神损害。此外,公司还会全额退还船票费用,并支付他们回家的路费。接受赔偿的乘客可在7天内拿到钱,但以后不能对邮轮公司提出任何诉讼。而在事故中受伤的乘客,公司将会另外赔偿。不过,有消费者组织正在美国兴讼,要求集体赔偿,每人索赔12.5万欧元。

类似事件屡见不鲜,对此,美国在灾害处理方面有借鉴意义:美国国家应急管理主要是根据《斯塔福减灾及紧急事件援助法案》(Robert T. Stafford Disaster Relief and Emergency Assistance Act)改进而来,联邦政府支持地区组织、地区级组织负责灾害现场救援是应急管理组织协调的基本理念。以洛杉矶市为例,突发事件发生后,一般是由洛杉矶市应急处理中心(EOC)负责。具体处理步骤如下。

(1)接到突发事件报警后,应急处理中心的相关部门马上行动。有明确职责的政府部门负责本部门应急中心范围内的应急资源和现场指挥,而部门应急指挥则以各种通信工具与洛杉矶市的应急处理中心保持联系。

(2)洛杉矶市应急处理中心与其他部门协调合作,管理配置资源,部门应急处理中心向洛杉矶市应急处理中心提交有关灾情的损失、影响程度等相关信息报告。

（3）若洛杉矶市的应急救援资源不够，应急处理中心可向周边地区的政府或应急处理中心寻求帮助。情况严重时，可直接向联邦应急管理署申请支援。美国所设立的这种应急管理组织架构模式，一方面充分利用了来自国家级水平的专业信息搜集处置能力和全面调动的权威性，保障快速发现潜在可能的危险；另一方面也有利于在第一时间对突发性事件进行处置。

二、"奥罗拉"传染性疾病案例分析

随着国际邮轮旅游的日益繁荣，在邮轮上暴发的急性胃肠炎数量近年来呈显著上升趋势。一项回顾性研究表明，2001—2004年，发生在美国口岸有记录的邮轮急性胃肠炎暴发（感染人数>3%乘客量）的事件数量呈显著上升趋势，且很大程度上归结于细菌感染。其中在2002年，美国口岸共报道了21起邮轮急性胃肠炎疫情，在明确病原体的12起事件中，有9起是由诺如病毒（Norovirus）引起的。

诺如病毒是急性肠胃炎最常见的病原体，该病毒基因多样且高度变异，每隔数年就会出现新变异株。由于诺如病毒传播力强，通过粪—口途径传播，因而容易在养老院、餐馆、学校、托儿所、医院、邮轮等相对密闭的场所引起暴发，主要表现为呕吐、腹泻等。感染该病毒后，潜伏期为24~48小时，病程一般为2~3天。该病为自限性疾病，病程一般2~3天，发病后1~3天是排毒高峰期。由于目前没有疫苗，也没有特异的抗病毒药物，所以积极预防至关重要。

诺如病毒全年均可感染，寒冷的冬季是感染的高发季节，主要感染对象是老人和学龄儿童，且多在密集区域以群体性暴发形式出现。1996—2000年，美国疾病预防控制中心共接报了348起诺如病毒感染事件。2006年10月底，英国豪华邮轮"奥罗拉号"在航行途中暴发诺如病毒感染疫情，先后共有500多名游客和船上工作人员等出现呕吐、腹泻等症状。

诺如病毒传染性强，但病死率较低，邮轮随行医务人员可迅速为游客提供医疗诊治；同时邮轮上的船务人员和随行导游也要及时向游客解释疾病发生的原因和具体的诊治方案，避免引起公众恐慌，甚至是群体性事件的发生。从传播途径来看，该病毒主要通过污染的食物、水传播，也可经接触病人排泄物和呕吐物，经污染的手、物体和用具，以及呕吐产生的气溶胶等方式传播。邮轮采购的近海养殖的贝类等水产品，由于过滤和吸附的功能强，如果生食贝类食物，没有煮熟和煮透，感染诺如病毒的风险非常高。因此，邮轮提供贝类水产品前，需要检验病毒含量，确保病毒已经在食物制作过程中消灭。

对于邮轮游客，应注意个人卫生，饭前便后要洗手，生吃瓜果要洗净。邮轮在病毒感染的高危时期，要加强传染病健康宣教工作，并严格按照相关规定进行环境消毒工作。近期感染诺如病毒的食品加工者，也应暂时脱离工作岗位。如果出现诺如病毒感染，患者呕吐物应迅速清理，污染表面用漂白剂消毒，被污染的食物应丢弃，纺织品包括衣服、毛巾、桌布和餐巾等沾染呕吐物或粪便时，应迅速高温清洗。此外，一旦发现有游客或船务人员等出现关联性恶心、呕吐、腹泻等症状，应指导其就诊、隔离治疗，追查与感染者接触较多的其他游客或船务人员等的健康状况，及时向疾控中心和上级部门报告。此外，口岸检验检疫部门也需要加强对游客和船务人员等聚集的区域进行重点监管,密切关注诸如病毒感染事件的发生。

对于邮轮旅游中发生的病毒疫情事件,通常的应对措施如下。

(1)隔离患者。要求船方对患者的门卡加贴标记,统一隔离在房间、活动室或会议室等固定区域,由服务人员统一送餐,并对患者的呕吐物和排泄物等进行清理消毒。使用消毒剂等对公共场所和物品进行循环消毒处理,尤其是对餐厅、娱乐场所和游泳池等人员密集区域要进行全面彻底的消毒处理。

(2)切断传播途径。查清病毒的来源途径,如食品等。不允许餐饮部门继续供应生冷食品,封存、销毁被检测出还有诸如病毒的食品。对已经或疑似感染病毒的食品从业人员,采取强制性隔离措施,停止一切工作,由其他服务人员统一送餐等。此外,船上原有的宴会活动等,根据疫情的严重程度,全部取消或暂缓举行。此外,在疫情不确定或较严重情况下,游客需要尽量减少离开房间的时间和次数,用餐改为由服务人员统一配送。

(3)诊断治疗。对已经感染或疑似感染的人员,船方需组织医护人员做好现场处理和诊断治疗。对于感染者或疑似感染者的密切接触者采取医学观察等预防性措施;同时对于进入现场进行调查和诊断患者的医务人员等,也需要进行细致的检查,并要求做好清洁工作。

(4)预防教育。针对调查发现的可能传播途径,需告知船方和游客。向游客及船务人员宣传疾病预防的相关知识,缓解游客情绪,预防疫情的扩大及其导致的群体性事件爆发等。

三、国内案例分析

2011年3月,皇家加勒比"海洋神话号"邮轮一次前往韩国的行程,因大雾导致游客登船延误12小时,并在游客登船6小时后起航。皇家加勒比公司提前通知游客,在表达歉意的同时积极安排游客的午餐及休闲娱乐,带游客前往炮台湾湿地公园休憩,并赔偿每位游客40美元。此举措得到了游客的理解与支持,无游客"滞船"。

2011年7月某航次,锦江国旅包船旅游,并为乘坐的游客购买了价值120元人民币的保险,其中包括了延迟赔偿条款。由于种种原因,该航次延时4小时,每位游客最终得到600元人民币赔款。

2013年4月5日,歌诗达"维多利亚号"邮轮原定的"济州+仁川/首尔"行程,因为天气原因,邮轮刚刚到吴淞口就开始返回,之后滞留了约7个小时才再次出发。行驶期间,船方在未告知游客的情况下,取消了济州岛行程。行程期间,由于天气变化导致海面风浪较大,船舶颠簸,许多游客晕船,部分游客因此而负担了200元一次的医务诊疗费用。这样一段始料不及的旅程,令不少游客感到不满,并最终出现约200各游客"滞船"的行为,双方僵持了近10个小时,导致下一批游客无法按时登船。在行程变更后,对于通过携程网订票购买了济州岛岸上游产品的游客,携程网给予每人300元人民币的赔偿,船方退还每位游客193元人民币的港务费。

2013年11月某航次,某邮轮计划依次航行到济州岛和釜山。当邮轮驶近济州岛时,因天气原因导致邮轮无法停靠,船方多次尝试未果后,继续前行停靠釜山港。回程到达济州岛时再次尝试停靠,仍未成功,只好返航。到港后有200多名游客"滞船"抗议。邮轮公司提出退还每名游客500元人民币的港务费,并外加300元人民币保险赔偿费用,部分游客同意该赔偿额度而下船,但仍有 94 名游客不同意赔偿额度而继续"滞船"。后查明此 94 名游客通过 5 家旅行社订购船票,旅游局通知这 5 家旅行社上海负责人前来港口与游客直接对话,要求游客先下船再谈条件。最终双方同意追加 200 元人民币补偿,此事和解。

2014 年 2 月 2 日,歌诗达"大西洋号"邮轮因大雾无法进入吴淞口,导致大批游客滞留船上。港口公司立即安排下一批登船游客前往宝山附近酒店休息,至凌晨 3 点左右,邮轮终于靠港,游客有序上船,并无"滞船"现象,因事先买有保险,住宿费等由保险公司承担。

本章小结

邮轮群体性事件,主要特指在邮轮旅游中,由于邮轮班次不正常或其他特定原因,发生的邮轮旅客 10 人以上聚众共同实施违反国家法律、危害公共安全、扰乱公共秩序的行为。邮轮承运纠纷中会涉及一系列的责任关系,即邮轮公司与旅行社、游客及邮轮港口的直接合同关系,旅行社与游客的合同关系,游客与港口的间接责任关系。

邮轮港区的突发事件主要包括邮轮事故、气象灾害以及突发公共事件。想要减少这些突发事件给邮轮港口带来的危害,就要建立健全邮轮港口突发事件监测预警体系。

预警体系包括检测环节和评价环节;预警类型包括邮轮事故预警、气象灾害预警、突发公共事件预警三种。

突发事件应急处置相关主体包括应急管理责任单位、应急处置实体和事件发生当事人。

在不可抗力、旅行社票务纠纷、游客个人原因、船方处置原因、码头异常等情形导致的邮轮港突发事件中,各应急主体分别承担相应的职能。

思考题

1. 邮轮游客突发性事件与社会上群体性事件有哪些本质上的区别?请具体描述。
2. 在整个邮轮旅游过程中,游客除了享有享受合同所拟定的各种权利外,也应该履行哪些相关义务?
3. 预警级别根据气象灾难的严重程度分为几类?在信息发布方面其他突发事件又有什么区别?

案例分析

邮轮"海娜号"扣船事件

中国海航旅业控股集团有限公司旗下豪华邮轮"海娜号"2013 年 9 月 13 日在韩国济州岛遭当地一家法院扣押,船上 2300 多人滞留。截至 15 日下午,滞留在韩国济州港的中国邮轮"海娜号"上的游客开始陆续乘坐中国海航调拨的 6 架次包机回国。

据悉,作为首航后的第二期航班,"海娜号"9 月 11 日从天津港出发之前,已经通过海航济南乐游国际旅行社有限公司(下称"海航济南乐游")在山东收了大量山东游客。虽然据该公司有关负责人透露,该集团的应急工作组在与韩方协商之后,为游客做了大量安抚工作,船上游客始终情绪稳定,但此事在山东旅游界还是引起了不大不小的震动。

由于是"海娜号"的第二期航班,而且已经有8月14日由海航济南乐游组织的500余人山东首发团从天津出发的先例,济州岛扣船事件发生后,人们很自然地猜测"海娜号"上可能有山东游客。

经济导报记者致电海航济南乐游核实此事时被告知,"根据要求,所有信息由乐游总部对外统一回答和发布,不方便透露",并说船上有充足的食物,非常丰富,在邮轮上生活没有什么问题。

导报记者通过对济南其他旅行社的采访了解到,"海娜号"是海航济南乐游独家产品。自从今年春天"海娜号"移师北方之后,该公司在济南及山东范围内做过大量招客广告,替海航济南乐游承揽游客。截至目前,虽然各家开展此项业务的业绩无法详细统计,但可以肯定的是,被扣的"海娜号"邮轮确有山东游客,至于山东游客的数量具体是多少,还不得而知。

与山东各旅行社三缄其口的风格不同,北京海涛假期旅行社负责人许涛向导报记者坦承,他们与海航旅业有着深度合作关系,并为"海娜号"第二期航班提供了接近4位数的游客数量。由于"海娜号"被非法扣留济州岛,该旅行社16日的游轮客人也将无法正常出行。在此之前,这家旅行社已经向海航全额支付了此次航程全部相关费用,但他们还是决定先行无条件地向游客全额退款并支付相关费用,如客户坚持要去韩国,他们将给予机票五折的优惠,并享受质量监督员待遇。

尽管由于业务类型不同,山东嘉华文化国际旅行社与此次事件擦肩而过,但该公司总经理张明还是用"比较震惊"来形容对此事的感受。他认为,作为典型的服务业,服务质量应该被全旅游业奉为圭臬,无论业务链前端的相关旅行社与此事有多大程度的关联,旅行社都应该在第一时间向游客做出适当的解释。

在对山东的旅游资源有着颇多研究的济南新峰尚品牌策划有限公司董事长宋广坤看来,业务开展历史悠久,对韩出境游业务比较成熟,是山东旅行社在此次济州岛扣船事件中相对比较超脱的原因。但是宋广坤认为这也并没有值得庆幸的,况且山东的旅行社在目前的邮轮经济中收获难说很大,因为接的大多是二手单,做起来利润空间并不是太大。他更关心的是,山东作为一个拥有丰富的港湾资源和旅游资源的大省,应该通过加大对邮轮母港和相关配套设施的建设力度,围绕邮轮旅游架构起一个与邮轮经济相匹配的旅游资源体系,使山东成为邮轮旅游的目的地,而不再是单纯的游客输出地。

(资料来源:经济导报。)

结合案例思考以下问题:

1. 在本案例中,与此事件相关的旅行社的做法正确与否?如果不正确,那么旅行社该履行什么样的义务?

2. 该邮轮集团应该如何处理与此相关的旅行社以及游客之间的关系?

3. 结合所学知识,作为"海娜号"船上的游客,应该如何维护自己的权利以及应该履行什么样的义务?

参考文献

[1] 陈伟炯,殷佩海. 船舶安全与管理[M]. 大连:大连海事大学出版社,2000.
[2] 黄媛艳. 三亚做大邮轮业舵该怎么打?[N]. 海南日报,2015-09-10.
[3] 刘军. 规制视角的中国邮轮(旅游)母港发展研究[D]. 复旦大学,2011.
[4] 刘银芬,刘钧. 长三角港口群一体化发展必要性研究[J]. 商业经济,2012(5):45-46.
[5] 牟德鸿. 邮轮"海娜号"在鲁余波[N]. 经济导报,2013-09-16.
[6] 肖钟熙. 港口管理体制改革回顾与建议[J]. 水运管理,2012(10):7-9.
[7] 辛曼玉. 国内外港口一体化发展模式及特点探析[J]. 中国水运,2013(9).
[8] 王远平. 区域港口群一体化模式探讨[J]. 现代商贸工业,2012,(14).
[9] 张向辉. 邮轮"母港"热背后的隐忧[J]. 中国船检,2015(3).
[10] 张维平. 突发公共事件和预警机制[J]. 消防科学与技术,2006(3).
[11] 赵刚. 计算机在航运管理中的应用[M]. 北京:人民交通出版社,1996.
[12] 真虹. 港口管理学[M]. 上海:中国纺织大学出版社,2002.
[13] 中国港口网[EB/OL]. http://www.chinaports.org.
[14] 中交协邮轮游艇分会网[EB/OL]. http://www.ccyia.com/.